出于无有，入于无间

……心中不再纠结

原来看不开的，现在都能看开了

道德经说什么 ③

温故知新·典藏系列

罗大伦 著

Tao Te Ching

北京联合出版公司

目录

第四十一章

人生阅历，有时恰恰是您做事的障碍

01. 无论事物如何发展，最后都一定回到本源　　002
02. 学会"用弱"，一切才顺　　008
03. 这一世生而为人，就要把这一世修行好　　013

第四十二章

人生最重要的是学会守"一"

01. 懂得涵养本源，才能益寿延年　　022
02. 万事万物都并非一成不变，保持平衡才是大智慧　　026
03. 选择哪种人生，过何种生活，在于您自己　　030
04. 您选择了哪种人生模式，最后人生就会走入哪种轨道　　035

第四十三章

真正的力量来自爱

042　01. 能保持柔弱的品性，才是最坚强的人

047　02. 最高明的管理是"不言之教"

第四十四章

做事的常青之道：
不要在意名相，将利益让给他人

054　01. 都知道身体比名誉重要，但很多人依然汲汲于声名

060　02. 钱真的很重要，处理好钱与身体的关系更重要

065　03. 得到后，如果不付出，则注定会失去

071　04. 不要把什么事都做到"甚""泰""奢"的程度

078　05. 如果您知足，就不会被侮辱，不会遭受损失

第四十五章

行动加强，欲望降低，
才是领导者的真品行

01. 有些东西缺一点儿，才能福运久长　　088
02. 要想成就持久，就要对成就持"若渝"的状态　　092
03. 朝着善的方向走，才是真正的捷径　　097
04. 一个人的境界高到一定程度，看起来会有点儿笨拙　　100
05. 有些事看似吃亏，最终却是大赢　　107
06. 清静难得，难得清静　　112

第四十六章

不停衡量做事结果的人，活得最累

01. 一旦欲望太多，就有可能让自己和组织崩溃　　116
02. 没有比"总想得到，总是不知足"更大的罪过了　　122
03. 无论做事的结果多与少，一切都是最好的安排　　125

第四十七章

您的心念如何，命运就如何

- 132　01. 为人处世的真理："得道者多助，失道者寡助"
- 138　02. 知道"道"，才是真正的"知道"
- 143　03. 念念不忘，必有回响

第四十八章

人生的"减法"，您会做吗

- 152　01. 在生活中，愚者不断做加法，智者不断做减法
- 161　02. 要损就损跟过度欲望有关的东西
- 165　03. 有些道理的确很简单，但是您能做到吗

第四十九章

人生就是如此——越得不到，越想得到

- 174　01. 做事以众人之心为己心的人，会得到上天的加持

02. 永远不要轻易地断定善恶　　179
03. 凡事只有自己先做到，才能感化他人　　186
04. 为什么有人想得而得不到，有些人不想得却收获满满　　190

第五十章

减少欲望，就能从容出生入死

01. 越想获得什么，就会离它越远　　198
02. 福禄寿之道　　205

第五十一章

人生是一次修炼的过程

01. 无处不是道　　216
02. 道德为什么如此尊贵　　221
03. 强求来的东西是不牢靠的，
　　靠德行感召来的东西才恒久　　225

第五十二章

发心正不正，是能否做成一件事的关键

- 232　01. 生活中事事有因有果
- 237　02. 把欲望的"进出口"堵住，您会终生平安
- 242　03. 为了得到而得到，就会在得到时欣喜，失去时痛苦
- 247　04. 人和人之间相处是一种"爱的循环"

第五十三章

人生就两种模式：走大道，抄近道

- 254　01. 大道特别平坦，但人们为什么还是喜欢抄近路
- 258　02. 领导者要是走了小道，人生的境界会越来越低下

第五十四章

为什么我对道特别推崇——
自己德行高，子孙也能混得好

01. 把德行修好，外在自然强大　　266
02. "吾日三省吾身"的人，未来不可小觑　　272
03. 观察自己在悟道、行道前后的改变，一定非常美　　279

第五十五章

修行得好，猛兽不咬

01. 如何让别人对您放下敌对之心　　288
02. 生活中很多事强求不得："你若盛开，蝴蝶自来"　　293
03. 修德之人，精气神会特别充足　　296
04. 欲望是把双刃剑，警惕伤人　　301
05. 学了《道德经》后，最忌讳挑别人的不是　　307

第五十六章

您说您知"道",那您可能还是不知道

314　01. 无论何人何事,都是因缘而聚、因缘而散

320　02. 您所种下的善因或恶因,终有一天会遇缘结果

325　03. 人贵有"不争之德"

330　04. 人生应该是"但行善事,莫问吉凶"

335　05. 所谓的贵贱都是相对的,您不要太在意

第五十七章

《道德经》也能当兵法

344　01. 大领导如何在"有为"、"无为"、"无事"间自如转换

351　02. 领导者忌讳越多,下面的人就越活得不好

355　03. 如果人太有智慧了,
　　　　天下就会出现很多稀奇古怪的东西

360　04. 珍贵的东西越多,盗贼也就越多

05. 领导者不为了自己捞取，下面人的心就会被感化　365

06. 一旦您明白了道，内心想不安宁都不行　371

07. 想让自己富裕，就要先让下面的人富裕起来　377

08. 领导者要把没有欲望当成自己的欲望　382

第五十八章

只要内心纯净，管他狡猾不狡猾

01. 领导者施行严政，下面的人就会变得特别狡猾　390

02. 福和祸，都当不得真　395

03. 知道福祸相依是智慧，能看清福和祸的转折点在哪里才是大福之人　402

04. 只要领导者把道和德的境界做好，法用的地方就非常少了　406

第五十九章
好好积德，度人度己

414　01. 积德，人间才值得
420　02. 积德才是人生幸福最重要的法则

第六十章
无须探知世间神秘的力量，做好自己就能转境

428　01. 作为领导者，不要轻易折腾下面的人
434　02. 人之所归就是"鬼"
439　03. 得道的人，不会伤害他人，也不会被伤害

道德经说什么

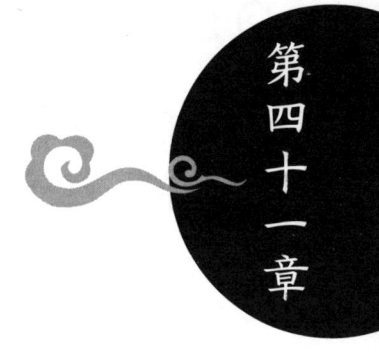

第四十一章

人生阅历,有时恰恰是您做事的障碍

01

无论事物如何发展，最后都一定回到本源

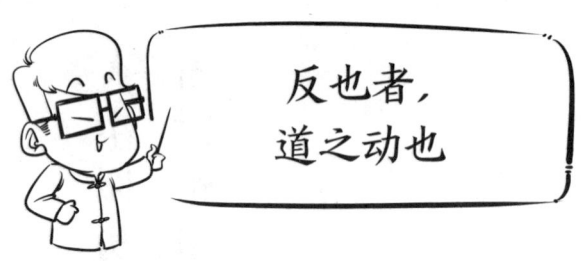

树叶变黄，不是树叶的问题，一定是树根

"反也者，道之动也。"（在帛书乙本和郭店的楚简里，"反"写的都是"返"；在通行本里，写的是这个"反"）有的人将这句话解释成"道是向它相反方向运动的"，还有人理解成"但凡跟人的想法相反，就是符合'道'的"。

比如买股票，有人认为，别人在买的时候我就抛，别人在抛的时候我就买，所以我在股市上发财了，因为符合老子的"反者，道之动也"的原则。当然这么理解也可以，但如果全这么解释，凡是反的都是"道"，就有点儿问题了。"反也者，

道之动也"讲的"道"是追根溯源的意思——事物无论如何发展，最后都一定回到本源。

从这个角度思考问题，您会有新的启发——**虽然外面的事物会呈现出各种状态，但只要找到问题的根源，就能找到解决之道。**

曾经有位大姐来找我，说自己有失眠、头晕、脸色苍白、怕风怕冷、大便不成形等症状，她去医院看了很多次都解决不了问题，为什么？她说的这些病症需要挂不同的科检查，比如失眠是神经内科，大便不成形是消化内科，但怕风怕冷看哪科？没力气、脸色苍白又挂哪一科？不好划分。所以，她看了很多次都没有什么效果。

后来她问我："您看我这到底是什么病？"我看了她的舌象，发现她的舌质颜色淡白，然后我说："您这是典型的血虚舌象。"

血虚之人会有什么表现呢？血不养心，所以这个人晚上就睡不好觉；血不能濡养四肢，从而导致四肢没有力量。《黄帝内经》里说，血一旦亏损，就会四肢解堕（倦怠无力）不收，怕风怕冷。

大便不成形是什么缘故呢？人一旦血虚，脾血就会不足，从而脾气虚弱，导致无力固摄，自然大便会不成形。

可见，她的症状只是血虚的不同表现，所以我建议她吃玉灵膏。我给大姐开完药之后，她说："罗老师，您这给我开的不是零食吗，能治好病吗？"然后，她给我看了其他医生给她开过的方子，厚厚的一沓。她的意思是，别的医生开了那么多好药都没治好我的病，您让我吃的像零食似的，能治好我的病吗？

我对大姐说："您先吃着试试。"结果大姐吃了一个星期后给我打电话："罗老师，我的病全好了，这是怎么回事？"

其实，现代医学越发展分科越细，研究得也越细。这就好比一棵大树，树上有一千片树叶，其中有一百片树叶变黄了，您一片接着一片研究是研究不完的。

古人思考了一个问题——为什么这么多树叶都变黄了，一定跟树根有关。树根吸收的水分多少，会导致树叶出现不同变化——这就是追根溯源找问题。

这和大姐的身体问题一样，她的根本问题是血虚（树根的问题），那些症状就如同大树的树叶，当您把树根的问题（血虚）解决好了，身体自然就好了。

美国梅奥诊所的医学权威为什么要看中医书

从美国梅奥诊所出来的何健博士讲，梅奥诊所里集中了美国很多顶级的西医权威，他跟这些西医权威一聊天，发现他们全在看中医书。

何博士是西医大夫，美国医生一看到他就聊中医，他很疑惑，然后好奇地问这些西医权威："你们为什么看中医书？"

西医权威说："这里边有很多先进理念，怎么把人看作整体、看作一个系统去调整它，我们把这些理念拿来，就可以去引领西医的发展。"

何博士对我说了一句话，他说："你们中医都不知道，在引领西方医学的发展过程中，中医起到了什么样的引导作用。"

我当时听完很感动，这是古人思维给我们带来的一个优势，古人会找问题的根源，把根源调好了，表面的问题就解决了。

我记得曾经有个小朋友过敏，一测体内有一百多种过敏源，她连吃大米都过敏。当时，我看她的舌头，是典型的地图舌，舌苔里边的舌质很红。

我说这很可能是阴虚体质，因为阴虚会导致很多问题——皮肤过敏、眩晕、脱发、眼睛干、嘴干、手心热等。

您说一百多种过敏源要怎么调理？皮肤过敏只是其中的一个结果，因为"树根"阴虚，液体少，我就给她滋阴，滋阴后小朋友的过敏源很快就消失了。

治病要寻根溯源，找到根源，任何症状都能很快解决。

把自己的心调好，周围的人和事就会跟着变好

看问题寻根溯源的思路在管理中也一样管用。比如，有的领导在管理员工的时候觉得很难管，人心复杂，这个时候怎么办？

领导者要先想想自己的心正没正，自己做得有没有纰漏——如果您每天认真上班，给大家带来正能量，为客户认真服务，员工的态度会逐渐调正；可如果您每天不认真工作，想的都是怎么给自己赚钱，员工的心一定会乱。

因此，根源在哪儿？在领导者的心。**您把自己的心调好，周围的人和事就会跟着变好**。

比如宁波方太厨具的老总在公司推行儒家文化，他经常在公司内部的期刊发表自己的学习心得，每天带头背诵经典。他从不强迫大家学习，但是因为他每天都在认真学习、落实，所以员工就都逐渐开始学习了，整个企业的风气也随之越来越好。

一旦领导者把问题的根源解决了，员工的问题就会迎刃而解。

为人处世，要懂得追根溯源

看问题要追根溯源，在生活中也一样。

有时候您可能会感觉最近身边的事特别乱，您不要想其他的，只要追根溯源，把自己的内心调正，外边的事尽量淡化它，爱怎么样怎么样。只要您心里知道自己的发心是正的，您就会发现外面的事都会慢慢平息。可如果您的心不是正的，您的周围只会越来越乱。

为人处世一定要懂得追根溯源，这是每个人必须领悟和学会的。

因此，老子说"反也者，道之动也"，这个"反"通"返"，指返回事物的最初状态，保持一种安静、居下、守柔的状态，这是老子讲这句话的本意。

02

学会"用弱",一切才顺

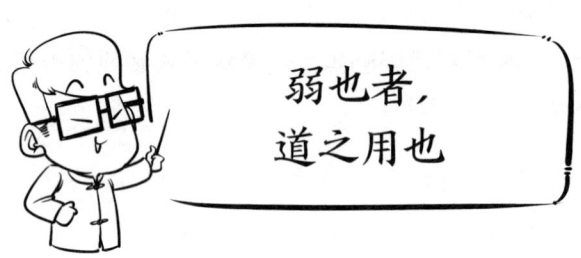

弱也者,
道之用也

踏踏实实做事,对做事带来的结果"用弱"

什么叫"弱也者,道之用也"?这句话的意思是,道运用起来以后,表现的方式是"用弱"。

"用"是使用的意思,"弱"在这里指什么呢?老子为什么让我们用弱呢?

用弱,就是让我们尽量保持一种弱的状态。在前面的章节中,老子曾经用各种各样的比喻来说明用弱的好处。

其实,"弱"指的并不是做事要弱,老子是想让我们把做事带来的结果弱化。

对很多领导者来说,一旦处于某种高位以后,他们容易为了自身的荣誉、金钱、地位而做事，目的是位置越高越好，权力越大越好。

在《道德经》里，老子讲为人处世要做到有虚、有实。比如"虚其心，实其腹"，这句话说的是您要扎扎实实地做事，但通过做事带来的名利等东西，您要尽量地弱化它。所以，"弱也者，道之用也"的意思并不是让您自己本身弱，而是让我们把那些做事之后的"华"的东西尽量弱化掉。

开车时，每个人都在自己的道上开，才能开得又快又安全

生活中，如果您能学会用弱，会有很多好处。

我每次开车回老家沈阳，都会受到特别大的刺激。因为每个人开车都很急躁，但凡车与车之间有点儿距离，就一定有人加塞儿。被人加塞儿之后，火就上来了："你敢插队，我要超你！"马上去超车，很多人都因为这样的事打起来。

基本上，我每次开车出去，都会看到交通事故，而在肇事的车里，出租车的比例很高。有些出租车司机开车的速度就像"飞"一样。

按常理说，出租车司机的车技应该高，但他们撞车的概率都很高。有一次我和出租车司机聊天："您一天能看到多少起交通肇事？"他说："我每天看到二十起都不止。"

您看，这就是用强带来的后果，大家的心态都是"你强我更强"，所以就会出现很多冲突。

但我在上海开车的时候发现，大家的车也都开得很快，几乎没有人轻易变道，每个人都在自己的那条道上开，非常守规矩。结果不仅车开得速度快，肇事的车辆也很少。

每个人都守规矩，看起来好像是弱的，但实际上反而效率更高，也更安全了。

因此，我在开车的时候，绝对不会开快车，通常都是保持正常速度——谁爱超我就超我，此时的不争可以保证安全。

处处争强的结果，只能是自己的日子不好过

和家人相处也是如此。都是一家人，您在家里争强有什么用？有的人不懂这个道理，自己的女儿每次回娘家，都会问："你过得怎么样？婆婆对你怎么样？"

但凡女儿说了一点儿家里的烦心事或者婆婆的不好，当母亲的听完立刻就急："你婆婆怎么这么说话？你老公怎么这样？我告诉你这样不行，不然你以后总被他欺负……"

您这样教育自己的女儿，回去之后一旦她和老公、婆婆争强好胜，搞得家里一团糟，您觉得家里还能和谐吗？

家里哪有什么胜负，过日子讲的是和谐。和谐不是靠暴力或者谁压制谁换取的，而是靠彼此谦让、体谅、关爱换取的。

您爱他，他才爱您。您对他暴力相向，他更爱您了——这可能吗？

我们要搞懂家庭关系的本质，处处争强的结果，只能是大家的日子都不好过。

没有员工会因为领导的威严而选择好好干活

在公司管理中，用弱的道理也适用。比如很多爱摆谱的领导，只要他一进办公室，大家必须保持静默，每个人都得很尊敬地等待他发号施令。

我有一个朋友是一家大集团分公司的老总，他说："我们所有分公司的老总都是'后宫嫔妃'，董事长就是'皇上'，我们整天围着他，想尽办法讨好他……"

他看《甄嬛传》的时候说："我太有感触了，这讲的就是我们公司的企业文化。"后来他实在受不了，就提出了辞职。

作为一个领导，如果把自己的名誉、地位抬得很高，虽然看似很有威严、很强，但整个公司的凝聚力会减弱，因为员工不会因为领导的威严而干活。一旦失去了向心力，大家就不会追随您了，但凡有一家待遇好的公司，他就会跳槽。

真正好的领导什么样？比如顺丰的王卫、老干妈的陶华碧，他们都把自己的位置放得很低，建立好规则以后，给员工好的福利，大家努力去做，每个人都是自己的老板。

这也是一种用弱。因为他们把自己的光环搞弱了，但是做事一点儿没弱。

老子的本意不是让我们什么事都持弱，做事还是要扎扎实实地做，他只是让我们对光环、欲望用弱。

用弱是人生的一大智慧、一大法则，如果我们能够把用弱的思路参透，人生一定从此不同。

其实，很多人人生不顺遂的原因就在于事情的本身没有做好，还过分在意名利。

我们学完这句"弱也者，道之用也"，可以在生活中的小事里体会一下用弱的智慧。如果您踏实地做事，对结果用弱，您会发现，生活顺利了。如果没做好事情，还要对结果用强，您会发现这时的强是暂时的，最终一定会栽跟头。

03

这一世生而为人，
就要把这一世修行好

只有两手空空，我们才能拿得起碗吃饭

"天下之物生于有，有生于无。"什么是"天下之物"？所谓"天下之物"，就是肉眼能看到的世界，"生于有"指从有形的东西里生出来的。这句话的意思是万物都是从"有"生出来的，而"有生于无"，"有"是从无名无形的道中生出来的。这里的"无"并不是空虚，而是无名无形之道。

老子说"有生于无"，实际讲的是宇宙的根源，我们的世界是从无名无形的道中生出来的，是从"空"里来的，但是"空"并不是什么都没有，它的里面有道。

有朋友留言问我:"罗老师,您讲的《道德经》总跟佛教的经典对应,老子讲了很多'有''空',难道老子讲的就是空性吗?这不是和佛教一样嘛。"

我认为所有的大道,溯其根源一定是相通的,最终讲的都是同一件事。

佛教里讲的空性,并不是真的什么都没有,难道世界上的一切都是虚无的吗?不是的,它介于"空"和"有"之间,"空"里有经、有信,所以既"空",又"有"。

《道德经》也是如此,您说"有生于无","无"就是什么都没有吗?不是的,这是无名无形的,是有道的。所以佛教和道教的根源有点儿相近,讲的都是"有"和"无"之间的事。

老子讲的是宇宙的生成观,他告诉我们这个世界是有形的世界,这个有形世界是从"有"这儿来,而"有"是从"无"而来。

老子的这句话对人生也很有指导作用。

每个人的人生都是在"有"和"无"之间来回切换,我们要切实、灵活、透彻地把握"有"和"无"的关系,有无相生。

当您做一件事,做好了"无"、坚持了"无"的状态才能真正"有"。比如您把自己的心态放空,才能学到东西,如果您骄傲自满,觉得自己了不起,压根儿看不到别人的优点,就不可能达到"有"的状态。

只有我们两手空空，才能拿起碗吃饭。您不放下手里的"苹果"和"鸭梨"，是吃不到碗里的"饭"的。

即使看似没有一点儿价值的人，也可以发出巨大能量帮助人

有一年我和朋友们聚餐，我发现大家都在聊天，但其中有个朋友一直不怎么说话，眼睛也不知道在看哪儿，无论别人说什么，他都呆呆的，没有表情。吃完饭后他开车送我，我问他怎么回事。他说最近经济形势不好，经营压力很大，所以整个人状态都不大对。

因为我经常在商学院讲课，他就问我："你说公司经营有没有什么好的法则？"

其实，我也不知道公司经营的具体实操是怎么回事，我说："小的法则我不懂，但是大的法则我倒是知道，人生最好要有信仰。"

很多有信仰的人，情绪会多些平和与正能量，因此，我对他说："我建议你心中找一个信仰，内心坚毅的人，人生会有所不同。"说完这句话我们就分开了。

一年之后，我正好碰到他，再看他的状态已经和之前完全不同了，神情完全"活"了过来，而且在经济情况如此不好的情况下，他的公司逆势而上，现在做得非常好。

他问我："你还记不记得去年我们见面的时候？"

我回答记得，他说："你知道我后来怎么样了吗？我当时得抑郁症了，每天晚上严重失眠，对什么都不感兴趣，只想自杀，你记得你跟我说过什么话吗？"

我说："我记得，我让你心中有一个信仰。"

他说："你的这句话把我救了，那时儒家的书我几乎都看了，但佛家的书没有看过，于是我就买了南怀瑾先生的《金刚经说什么》。有一天我看着书，突然就开始痛哭流涕，我在那一刻感受到了佛菩萨为众生奉献的慈悲，然后我就觉得心里的乌云散了，当天晚上我就睡得着觉了。从那以后，抑郁的症状就逐渐消失了，我再也没有想过自杀，不仅情绪开朗了，公司的经营也越来越好了。现在我每天早晨都念佛经，我发现这也是在提升经营的境界。"

他和我说完后，我也觉得很神奇。其实他找我开药也未必这么有效，他这种情况属于不药而愈。

我觉得这是有道理的。首先，《金刚经》告诉您"凡所有相，皆是虚妄"，万事万物都是"空"的，您说再过一百年我们在哪儿？没了，归于黄土。那这个世界会永远存在吗？**凡事因缘而聚、因缘而散，无论您的自我评价有多高，我们的价值最终都会归零。**

得抑郁症的人就是认为自己没有价值，没有任何作用。《金刚经》告诉我们，您说得是对的，**不光您没有价值，所有**

人的价值终将归零，因为"凡所有相，皆是虚妄"，但是，您依然要好好度过此生，这叫修行。

为什么《金刚经》开篇要讲佛祖沿街乞食要饭，把要来的饭吃了之后，把脚也洗了，然后开始坐下讲法？这是佛祖的日常修行，尽管他讲的佛法如此高明，也要正常生活、修行，这一世生而为人，就要把这一世修行好。

《金刚经》讲的两个道理，一个是告诉我们"凡所有相，皆是虚妄"，劝我们放下；另一个是慈悲，告诉我们在学会放下的同时，还要发出无边的愿力去帮助众生，这是真正的大慈悲。不要想回报，也不要想着您修行之后境界就高了，"若菩萨有我相、人相、众生相、寿者相，即非菩萨"，菩萨如果着相了就不是菩萨了。

您把自己归零，放低自己，对他人发出善念，才是真正的了不起。

因此，您不要觉得自己没有价值，没有价值是正常的。但即使看似没有一点儿价值的人，也可以发出巨大能量帮助他人。而且您越这么做，境界越高，您的福德越不可思议。

当您一无所有时，还能为众生发出善念，才是真正的大慈悲

从零和无出发，每个人都是一般无二的，您只有把自己归

零,再去帮助众生,才是真正该做的。

很多患抑郁症的人也正是因为看到了这儿,内心才被深深打动,为什么?

不是当您有了什么价值之后,才可以为众生发出善念,当您一无所有时,还能为众生发出善念,这才是真正的大慈悲。很多患抑郁症的人觉得,原来像我这种没什么价值的人也可以做到,他心中的生机会由此被打开。

我觉得这是一种特别高明的心理调适方式,很多人去看心理医生都解决不了的问题,在读完《金刚经》以后,会流眼泪,觉得原来自己还有点儿作用,结果病就逐渐好了。我觉得这个方法值得一试。

您看完这个例子一定要知道,这不仅仅符合抑郁症患者的心理状态,它其实也符合大部分当代人的心理状态。**我们的心中都太"有"了,人生有了一定阅历后,心中充满了偏执、成见,以及各种各样对自己的期望、欲望等,这些都是我们做事的障碍。**

如果您能学会"无中生有"的思维模式,把自己放空、归零,然后再整装前行,为大家发出善念,您放心,您生活中的点点滴滴都将是温暖的,您的人生也一定会真正获得幸福。

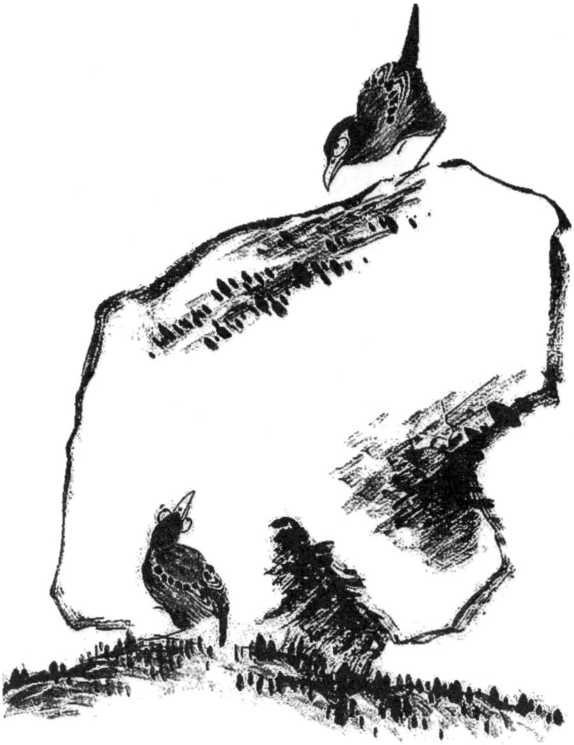

道德经说什么

第四十二章

人生最重要的是学会守「一」

01

懂得涵养本源，才能益寿延年

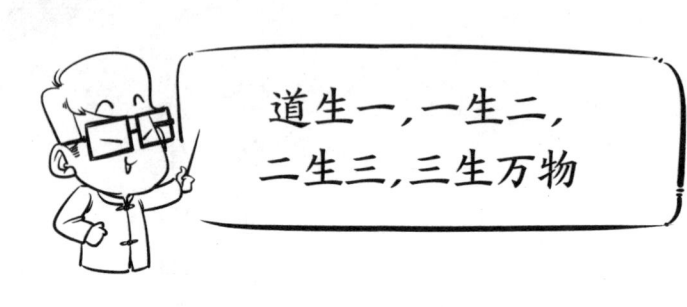

> 道生一，一生二，二生三，三生万物

您要是想年轻、想长寿，就要尽量减少肾精的损耗

"道生一，一生二，二生三，三生万物。"这句话是什么意思呢？为什么"一"变成"二"，"二"变成"三"，"三"就能生出万物呢？

老子在这儿讲的是世界生成的原理，告诉我们这个世界是怎么生成的。

道是虚空中无名无形的一种力量，它制定了世界的运行规则，但是它到底是什么样的，没有人知道。现代科学家也只能测到137亿年前的宇宙大爆炸，在此之前的物质是完全无法被测量的。

"一"是一种混沌之气，是混沌的状态，"一生二"指在混沌之气里分出了阴阳，有阴阳才能生出万物。那什么是"二生三"呢？当阴阳之气开始交汇，阴阳就动起来了，阴阳和合，从而形成万物。这就是老子说的"道生一，一生二，二生三，三生万物"。

其实，很多中医理论体系借鉴了中国古典哲学思想。比如人体的精，是一种最初的物质本源，最早的时候，精和气表示的是同一个含义。精是一种介于阴阳之间的物质，我们身体里的精，都是从父母那儿遗传而来，里面包含了很多遗传信息（和现在的DNA比较接近），被称为"先天之精"。而后天的食物滋养，以及呼吸的清气补充，被称为"后天之精"。先天之精和后天之精都封藏在肾里，统称为"肾精"。

通常，肾精会随着人体的生长而逐渐损耗，一旦肾精损耗过多，靠人为补充，是不大可能的。您要是想年轻、想长寿，就要尽量减少肾精的损耗。

肾精在肾里分为肾阴和肾阳，合起来形成我们的肾脏。

最初的精是一，生出阴阳——肾阴、肾阳，这是二；肾阴、肾阳合在一起形成肾，然后形成第三物质——肾的功能。

在生活中损耗肾精的情况有很多，比如过度劳累、经常熬夜、纵欲过度等。肾精一旦被损耗，肾阴、肾阳都会出现问题，有的人会发展成肾阴不足，有的人会发展成肾阳不足。

精在人体内主生发、生长，肾精一旦损耗就会提前衰老，表现为牙齿松动、牙齿损坏、头发变白、精力衰退，尤其是性功能、性欲减退等症状。

肾精不足的人，可以在生活中食用一些熟地黄、枸杞子、山萸肉等。这几味药材最大的特点就是滋补肾阴。比如肾阴不足，会造成人体虚热。

需要注意的是，此时的热是虚热，并不是真的热，是因为体内的阴少了。就好比润滑油少了，机器空转时摩擦生的热。此时，需要补阴来平衡体内的虚火。

严格来说，补阴的药性通常偏凉，因为它要把阴补足，让阴阳不要出现偏颇。当阴阳平衡时，被称为"水火既济"——指水和火抱在一起，不寒不热，此时人的肾才是正常的。

在这个过程中，就体现了老子讲的"道生一，一生二，二生三，三生万物"的道理。中国文化是一脉相承的，《道德经》和很多中医道理都是相通的。

身体的"一"破坏了，您的身体就垮了

我们的身体相当于"道"，肾精相当于"一"，如果把身体的"一"破坏了，您的身体也就垮了。

可是很多现代人不懂这个道理，每天都在大量消耗自己的

肾精，其实这都是在跟自己过不去。

过去道家特别讲究涵养肾精，他们经常会用熟地黄来做药膳给自己吃。我建议您可以去一些老字号药店买一些比较好的熟地黄，买回来以后，您可以在平时做菜、做汤的时候，拿一两块放到里边一起炖着吃。

熟地黄的味道是甜的，几乎没有药味，也没有很难喝的感觉，只不过颜色有点儿黑，就跟您做菜多加了酱油的颜色一样，可以放心食用。经常补一补肾精，对身体很好（全家都可以吃，但儿童慎用）。

现在肾精不足的人真的越来越多，比如很多患慢性咽炎的人，都以为自己是上火了，吃几天牛黄解毒丸，只能见效两天，之后还犯。包括口腔溃疡、三叉神经痛、莫名其妙的咽喉肿痛等，问题的症结都和肾精亏损、虚火上扬息息相关。

还有很多人身体功能衰退、衰老得特别早，这都跟肾精不足有关系。

成年人可以隔三岔五煲个熟地黄汤喝，一定有好处。补和不补是不一样的，一周喝三次或一个月喝一次都可以。但最重要的是要节制，不要无度消耗，不要熬夜，不要放纵，不要过度思虑。

用中医的理念来解释《道德经》的这句经文，恰恰能特别好地体现出老子的本意。我们懂得了这个道理后，也能对自己的身体有更好的把握。

02

万事万物并非一成不变，
保持平衡才是大智慧

> 万物负阴而抱阳，
> 冲气以为和

人最要懂得在变化中求平衡

"万物负阴而抱阳，冲气以为和。"这句话是什么意思呢？

"负"是凭借的意思，"负阴"指依靠着阴。"抱"是包裹的意思，"抱阳"指抱着一团阳气。

拿我们的身体来说，后背属阳，腹部属阴，在人体背面和侧面的经络叫阳经，前面的经络叫阴经。

有人说这不是负阳而抱阴了吗？不是，您的后背是阳，对应的外界是阴，所以它背的是阴；腹部的经络属阴，对应的外界是阳，所以它是抱阳——因为阴阳相对应。实际"负"和

"抱"没有太大区别，讲的就是阴阳互相合在一起，万物阴阳相合的格局。

"冲气以为和"的"冲"是涌摇的意思，指阴阳二气在一起互相冲击、涌摇、交汇，合成一种冲和之气（在动态中平衡的状态），这是一种有生机的气，万物就是这么构成的。

通过这两句话，我们能学习到阴阳平衡的道理。但是，这句话虽然说着简单，在生活中却有很多人都不懂阴阳平衡的道理。阴阳在动态中保持平衡，动态就说明它不是一成不变的。"冲气以为和"指这两种气体像云一样涌动，却能在动态中保持平衡的状态。

人要保持阴阳平衡才健康，过度消耗会严重伤身

在生活中，一旦您不懂得"冲气以为和"的道理，就会进入阴阳失衡的状态。

有一次我去商场吃饭，看见有一家麻辣香锅店，去吃饭的人很多，大家买完后都把碗端到大厅里坐着吃。我正好看到一对年轻的恋人一起吃饭，男孩很瘦，在那儿看着他的女朋友吃。我再一看他的女朋友，面前摆了两个超大号的碗，一个碗里是麻辣的蔬菜，另一个碗里是水煮鱼。这姑娘吃得那叫一个香，两个碗来回挑着吃。

我再仔细看了一眼那个姑娘的脸，长满了红色的疙瘩。麻

辣的食物具有辛香、温热之性，比如您体内的湿气重，少吃点儿可以振奋阳气，祛除湿气。但如果您体内的阴不足，您还使劲儿吃麻辣食物，就会伤阴。阴是属于静的、润的液体类物质，您吃了麻辣的食物后，机能会亢奋，从而消耗更多的阴。人体内的阴不足以后，则会出现皮肤干燥、手脚心热，盗汗，失眠，烦躁，大便干燥等问题。

像这个姑娘就是不懂"冲气以为和"的道理，人的身体要保持阴阳平衡才健康，否则就不是"冲气以为和"，而是冲气以为胜了。类似的还有熬夜不睡觉的人，也伤阴，因为夜里阴滋生，您过度消耗它，就会对自己造成损伤。

为了一时的美丽和痛快而伤阳，值吗

现在过度伤阳的人也特别多。有一次坐飞机，天气很冷，我看见一个女孩穿了一件长袖露腰牛仔服。上了飞机后，在飞行的过程中，我看到这个女孩一直用手捂着肚子，您说她冷不冷？她也冷，这么冷的天，她穿得这么少，阳气一定会受伤。这样的女性很容易出现月经量少、肚子疼、子宫肌瘤等问题。

为了美丽，很多女性都会不自觉地损害自己的健康，尤其是损伤自己的阳气。和很多爱喝冰啤酒的男性一样，冰凉的啤酒直接进入体内，这对身体是一种多大的冲击，您的脾胃能受得了吗？一旦脾肾阳气受伤，身体就会逐渐出现很多问题。这都是不懂"冲气以为和"的道理啊。

老子说的"冲气以为和"，是让阴阳在动态中保持一种平和的状态。如果我们能学点儿国学知识和中医知识，能够经常有这种意识，就能让身体保持在一种阴阳平衡的状态，您的身体健康了，就是自己的福分。

03

选择哪种人生，过何种生活，在于您自己

> 天下之所恶，唯孤寡不谷，
> 而王公以自名也。
> 物或损之而益，益之而损

为什么古代的君王要称自己为"孤家""寡人"

老子说："天下之所恶，唯孤寡不谷。"什么意思呢？天下人都讨厌自己的人生状态是"孤寡不谷"。"孤"指没有父母，就剩自己；"寡"是什么？两口子死了一个，剩一个人就叫"寡"；"不谷"指一个人没法吃东西了，活不了多久了。

因此，"孤寡不谷"就是说人活得比较孤单，命不长了。

"而王公以自名也。"本来"孤寡不谷"这种状态基本是天下人最忌讳的事了，可是古代的君王却经常称自己为

"孤""寡人"，这其实都是他们在提醒自己要尽量放低自己，国家的各种危险、不幸自己要一肩承担，这样才能为下面的臣民负责。

国君把最不美好的称谓放在自己身上，就是告诉大家我不是为了自己的荣耀、金钱、财富去做事，我愿意承担种种不祥，承受倒霉事，为大家做事，为大家谋福利。

这是上古时代中国人总结出的领导者法则。

"物或损之而益，益之而损。"老子说万物都在不断地变化，但变化有着一定规律。当您觉得自己处于人生低谷，负重前行的时候，这说明您开始走上坡路了。当增加到一定程度时，又会开始逐渐减少，万物都在曲线的变化中不断推演。这种变化就好像月亮圆缺的规律，每天都在盈亏之间变化。

世上的事，很多都是如此。

老子的这句话是在告诉我们，当您处于人生低谷时，别太消沉，好好平心静气地积累自己，因为低谷过去就会走向高峰；当您达到高峰时，也不要自满而觉得自己了不起，因为这个世界的竞争太激烈，要小心谨慎，好好做事，切莫自满、骄傲，这是一种做人的智慧。

懂得人生中的损益之道，您才会逐渐幸福起来

人生总有起伏，我们如果想让自己过得幸福，应该怎么

做呢？

尤其在起伏的阶段里，您把自己放到哪个阶段好呢？

老子说有两种模式：一种模式叫"损之而益"，就是把自己放到"减少"的位置，然后慢慢增加；另外一种模式就是"益之而损"，就是把自己放到很高、很满的位置，然后一点点减少。

我相信大部分人都会把自己放到"损之而益"的位置上，处于这个位置的人，会觉得自己的人生逐渐幸福起来。

因此，这个基础是"损"，把自己先"减少"才能有所收益。实际上，老子说的"物或损之而益，益之而损"是在讲"损"和"益"之间的关系。

很多人往往不明白我们损的是什么，益的是什么，这个是问题的关键。因为您会发现，如果单纯地说损了会益、益后会损是不成立的，比如有的人天天要饭，这已经是人生低谷了，您觉得他一辈子靠乞讨就能走上坡路吗？

如果您不懂得损的是什么，益的是什么，那您所在的低谷就永远都是低谷。您一定要了解其中的关系，否则泛泛而谈往往似是而非。

老子在这里告诉我们，您损的是"自名也"，就是您自己的名誉、地位、金钱等虚幻的东西；您益的是扎扎实实做工作，是做事本身，而在其中得到利益的是您身边的人和您自己。

一旦您不怎么做工作，光想着钱最多、地位最高才好呢，这就是"益之而损"——您把关系搞反了。

如果您能理解这几层关系，就能够把握好人生在损益之间的道理了。

过度追求名利和结果，最后会得不偿失

把握好损和益的关系，其实在生活中也有广泛的用处。比如我在喜马拉雅FM讲《道德经》的时间，除去周末，持续了长达两年，课程都是公益的，我没有收取一分钱的费用。

我每天要备课、看《道德经》、录音，然后每个月还要给编辑、办公室人员开工资，这都是有成本的，所以在这件事上，我损的是时间和金钱。

而我益的是大家，很多人听了我讲的《道德经》后，都说自己慢慢释然了……而我身在其中，也获得了幸福。

坦诚地讲，如果我做这件事没有幸福感，是不会坚持这么久的。作为一个医学工作者，每当我看到大家心情豁然开朗了，以前纠结的事不纠结了，好多事都放下了，无论从心灵还是身体上都获得了解放和自由，这就是我最幸福的事了。

如果回过头来看，您问我这一年赚了多少钱，我可能没赚什么钱。但若是您问我能不能记得这段时间的事，我可以很真诚地告诉您这期间的点点滴滴，我都记得非常清楚，《道德经》

里的每一句难点，包括朋友们的留言，我都看在眼里，记在心上。

这样的人生是一种非常幸福的状态，而我在这个过程中也不断提升、丰富。我相信您看了这本《道德经》，对您的生活也会很有启发。

相反，如果您处于"益之而损"的状态就不会那么幸福了。如果您过度追求名利和结果，就难免会损失好好工作本身，最后得不偿失。

这是人生的两种状态，选择哪种人生，过何种生活，在于您自己。

04

您选择了哪种人生模式，最后人生就会走入哪种轨道

> 古人之所教，亦我而教人。
> 故强梁者不得其死，
> 我将以为学父

做人越追求强大、强硬的状态，可能下场就不会太好

"古人之所教，亦我而教人。"老子说，上古时期有智慧的人是怎么教育人的，我也怎么教育人。

"亦"是也的意思，"而"字当已讲。"亦我而教人"，就是我也把它拿来教诲别人。

老子是非常讲究的人，引用的话他都会写明。他把这些话说在前面，这是"古人之所教"，不是我编的。

"故强梁者不得其死"这句话老子引自《金人铭》，这本书是上古时代君主用来教育接班人的教材，被刻在太庙里金人的背后。这里面记录的都是管理智慧，只要将这些内容学会了，就掌握了管理的关键。

《金人铭》的原话是"故强梁者不得其死，好胜者必遇其敌"，比《道德经》里多了一句。

"强梁者"的"强"是强大、强硬的意思。"梁"在过去当桥梁讲，现在通"桥"。以前的桥和梁是有区别的，通常桥是木头做的，有弧度的；而梁是直的、低的、贴着水面的，后来引申为凡是有支撑的、直的木头都叫梁，比如房梁。

"强梁者"指不能弯曲的、直的、强的，也就是强硬的人。"不得其死"，是不能够正常死亡的意思。

这句话的意思是，**做人不要太强硬了，您越追求这种强大、强硬的状态，可能下场就不会太好。**

在生活中也一样，那种强大的、坚硬的、看似坚固的东西，往往最容易被摧毁。

把自己当作武器的人，迟早会崩掉

老子接着说"我将以为学父"，我将把这个作为教育的开始。在这里，"学"是"教"，"父"通"甫"，"甫"是开始的意思。

在生活中，有一类人的人生态度就是战斗，每个人都是他们的竞争对手，他们的目标就是超越所有人，他们觉得把其他人给比下去，自己就能出人头地，就赢了。

这种态度就是老子说的"强梁者"，非常强硬。在今天的社会，这种态度越来越流行，好像您不竞争就倒霉了一样。

平心而论，您说有这种人生态度的人，他能活得好吗？

对于他来说，每个人都是敌人，他随时看到的都是危机，随时要跟不同的人 PK。这样的人面对失败会非常沮丧，打赢了也只是痛快一时，因为新的敌人马上又出现了。所以，您觉得他真的那么开心吗？把自己当作武器的人，迟早会崩掉。

现在很多家长都把孩子当作武器，有的人刚生完孩子就认为不要让孩子输在起跑线上；还有的人认为我这辈子没有什么大出息了，我的孩子必须出人头地，一定要超越其他孩子！

我见过太多这样的孩子，这些孩子要么是肝气不舒，身体出现很多问题，严重的，甚至出现了精神分裂。

我曾经收到过一个求助的信息——孩子考上了一所美国名校，结果精神却崩溃了。我的心里真的很替孩子和家长难过，**有时候我们太在意跟周围人的比较了，所以一直在拼命做事，人生如果一直维持这样的状态，最后您会遍体鳞伤。**

很多女强人，身体一塌糊涂，因为太要强了，所谓要强就是老子讲的"强梁者"，老子后面的话是"不得其死"。这句话看起来很吓人，却是真的。

做好自己，不要过于在意结果

人生就是人生，您按照自己的节奏把事情做好，尽力而为，至于事情的结果能不能比过别人，不要过于在意。

赢了会怎么样？输了又怎么样？再过一百年，一切都将归零，为了赢别人而损伤了自己的身体，是为了什么呢？您能青史留名吗？

这些生活中的事，都何其平庸，我们应该秉持另外一种生活态度——做好自己，不要过于在意结果，这样既能帮到大家，也能帮到自己。

只要您一直很平衡地做下去，您会发现，这其实才是做事的捷径。因为您走的是一条直线，您会越做越好，而且结果更好。当您获得大家的支持，您才能活得更好，如果总想超越大家，大家都觉得您讨厌，最后您未必能获得众人的支持。

这两种人生态度的结果导向完全不同，我们结合前面损、益的智慧，您就明白该怎么选了。

古时候很多人当了国君以后，就想着把别的国家都干掉，自己就能成为天下霸主了，结果劳民伤财，生灵涂炭。老子的思想是，领导者要做好自己，让老百姓吃得好、住得好、穿得好，让国家和谐，大家自然来支持您、成就您。这和孟子讲的"王道"是有相通之处的，所以老子和孟子的思想没有本质区别。

好胜者必遇其敌，争强好胜的人最后会很倒霉

有两种人生态度，您可以自己衡量。

一种是跟外界竞争，导致自己遍体鳞伤——不知道有多少人的病就是这么来的。"好胜者必遇其敌"，您这么争强好胜，一旦遇到强大的敌人，您就要倒霉了——很多人甚至因此患上了抑郁症。

另一种是把自己做好，心态平和，只问耕耘，不问收获，这种人心态平和，不仅身心健康，事情也会越做越好。因此，无论是在工作还是生活中，都尽量不要做"强梁者"。

老子讲这句话的本意并不是让我们做人做事要软弱，要委曲求全，而是表明了两种人生态度。我们领会了以后，要问问自己：想要哪种生活模式？想要哪种生活态度？该怎么生活？

您选择了哪种人生模式，最后人生就会走入哪种轨道。一念之差，最后人生可能完全不同。

因此，如果您要想过一种心态平和、圆融无碍、与周围的人互相成就的生活，就按照老子的指示来做，幸福就在这儿等着您。

道德经说什么

第四十三章

真正的力量来自爱

01

能保持柔弱的品性，
才是最坚强的人

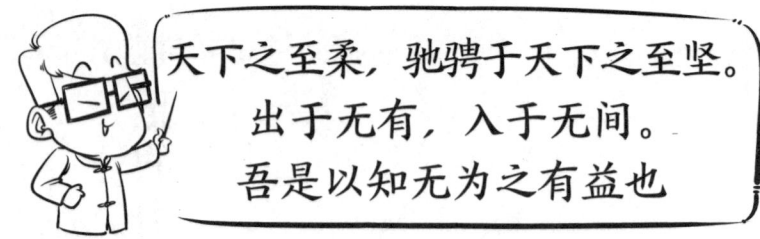

> 天下之至柔，驰骋于天下之至坚。
> 出于无有，入于无间。
> 吾是以知无为之有益也

水是天下最柔的东西，但却战无不胜

"天下之至柔，驰骋于天下之至坚。出于无有，入于无间。吾是以知无为之有益也。"什么是"天下之至柔"？老子在本章讲的是水的特性，因为老子曾说"天下莫柔于水，而攻坚强者莫之能胜"，这说明在老子心中，天下最柔的东西是水，但它却可以"驰骋于天下之至坚"。

您看水那么柔软，可是一旦发起威来，就没有什么能够挡得了它。我们到大山里面去，经常会看到溪谷附近，有圆咕隆咚的大石头在那儿立着,您说这石头原来在这儿吗?不是的,大部分是从山上冲下来的,是什么把它冲下来的呢?洪水冲下来的。

通常,古代的城墙都是土做的,而在打仗时最有用的攻城方法就是放水,用水冲墙就能把城墙冲垮。

我们都听过一个成语叫水滴石穿,它是经常能看到的一种自然界的景象。所以,老子说:您别看水特别柔软,但是它好像能够战胜天下最强的东西。

做一个有水德的人

"出于无有,入于无间。"这句话在《文子·道原篇》引作"无有入于无间",通行本、河上公本、严遵本写的都是"无有入无间",帛书甲本作"无有入于无间",傅本里写的是"出于无有,入于无间"。我认为帛书乙本的原文应该和傅本一样,无论是从意思还是对仗考虑,都是"出于无有,入于无间"更合适。

"出于无有"指从"无有"中产生,然后进入没有间隙的、坚强的物体里。

进入的是什么呢?历代学者对此解释不一,有人认为这说的是气,因为您看不到气,它却贯穿于万物之中,没有间隙它也能进去;但也有人说这描述的是神,其解释跟气有点儿相像；还有人说这是道，您看不到它从哪儿来，但它能进到最坚强的、没有间隙的事物里。

但我认为，老子讲的依旧是水，比如雨是从天上下来的，可是天上原本是没有水的，是飘过的云彩慢慢凝结成水，这就是"出于无有"——好像从无有中生出来的一样。

"入于无间"指大地干裂时有很多石头在地面，那些看似坚硬的、没有空隙的物质，水也一样能进去，进去后就看不见了。

因此，老子这句话的本意是，这些柔弱、无名无形之物，往往能够主导特别坚硬的事物。老子拿水来比喻人生的两种状态，一种是无名无形的、柔弱的状态，另一种是坚强的状态。老子认为前者的状态要比后者好一些。

爱才是真正强大的力量

"吾是以知无为之有益也。"老子说，我知道"无为"对人生的益处。

什么是无为？老子用水来比喻无为的状态，水的特点是"善利万物而不争"，它能滋养众生，并且从不为自己争什么，这就是无为的品性。这种品性和道很接近，老子称这种品性为"水德"，这种品德可以战胜天下最强的力量。

水不为自己争取，把自己的位置放得非常低，往低处流的状态就是无为。

老子说"吾是以知无为之有益也",我们可以从这里学到做人的态度、做人的姿态。这非常关键,如果您能保持柔弱的品性,您的人生一定会与众不同。

现在,很多人长期接受的教育都是做大、做强,他们不明白在竞争如此激烈的社会,为什么还要让我们柔弱?其实,我们可以思考一下这个问题,什么都最厉害就好吗?真的不是这样。

在人的一生中,通常跟自己母亲的纽带是最强的,母爱的力量特别强大,几乎是无敌的。有人说这是血缘的关系,不一定,因为有的孩子是被养父母养大的,就算长大后他真的找到了自己的亲生父母,大部分孩子还是会选择继续在养父母身边生活,为什么会这样?

实际上,真正的力量来自爱。母爱是最无私的爱,她无微不至地照顾您,为您付出,这种无私的不求回报的力量反而更加强大。

越强力,越无法让人心甘情愿

在公司里,有的领导者靠强力让员工做事,制订各种各样苛刻的制度,想着法儿扣员工工资。但苏州固锝电子的老板吴念博,一直在公司推行传统文化,亲自践行,并且关爱员工,所以大家都愿意在他手下工作。到了过节的时候,吴念博还会给员工的父母准备礼物，并给一些员工准备慰问金。

他的公司在全世界是数一数二的二极管生产企业，这么大的一家上市公司，不设打卡机，所有人都凭自觉，结果全公司几乎没有人迟到。

这就是您发出爱，大家就会自动向您靠拢，团结到您周围。可是如果您只是靠强力来管理公司——必须准时上班，不上班就扣工资，有的员工可能就会想：您愿意扣就扣吧，反正我今天不去了。

强力未必会让人心甘情愿地遵守规矩，可能稍微有点儿风吹草动，这些人就辞职了，核心原因就是没有向心力。

像吴念博的品性就是无为，但无为不是什么都不做，他还是正常管理，研究新的技术，但是他把自己像水一样放低。试想，能够给两千多位员工鞠躬、送礼物的人，他把自己放得多低，把员工看得多高——这种品性跟道特别接近。

老子认为这种看似柔弱、不为自己争取的状态，反而最容易团结员工往前走。

老子在此打破了我们长期的思维惯性，告诉我们不是越强大、越能控制别人才越好。他为我们提供了另一种思维——**您为大家做事，放低自己，这种无为的状态才是真正对人生有益的。**

02

最高明的管理是"不言之教"

> 不言之教，无为之益，天下希能及之矣

员工是跟着领导者的行为走的，而非言语

"不言之教，无为之益，天下希能及之矣。"这句话是什么意思？什么是"不言之教"？

一个人以身作则的教化被称为"不言之教"。我说过，老子的《道德经》是给领导者写的，领导者一般会有什么问题？地位高以后，怎么教育员工？居高临下，你必须怎么样，我的做人经验如何如何，你一定要照我说的去做。

实际上老子并不欣赏这种管理方式，他认为，您自己做到了，周围的人就会跟着改变，这叫"不言之教"。作为领导者，您不用讲太多，也不要把自己抬得很高，而是要把自己放到跟员工一样平等，甚至比员工还低的位置上。您如果做到了，员工就会跟着您改变。

如果一家企业领导者每天出去花天酒地，打高尔夫，不务正业，还要求员工提升境界，**这样的领导者不管用什么言语都无法改变员工的内心，因为员工是跟着您的行为走的，而非言语。**

"无为之益"是什么意思呢？"无为"就是把自己的私欲放下，专注做事。比如吴念博从创业开始，就把自己放下了，他说他不是为了自己创业，而是为了大家努力。吴念博的公司在外面包了很大一块地，就为了种有机蔬菜给员工吃。有时候为了调剂，他们也会去外面的市场买点儿菜，但是他们食堂的菜大多数都是自己种的，不加农药，不加化肥。我去参观过那个菜园，菜叶上真的有虫孔，整块地种的都是有机蔬菜。

吴念博的想法很简单，他就是希望员工吃得健康。我不知道现在的企业里有多少食堂吃的菜是老板特意为员工种的有机蔬菜，我觉得这非常不容易，这种理念也非常超前。为什么吴念博要花费精力、财力做这些？因为他的心里真的觉得要关爱员工。

在他的企业里像这样的例子有很多，比如说员工夜班下班了，会有人专门给他把饭菜准备好，热饭热菜，像家人般的关爱；如果员工家里是双职工，小孩放学了，但他还在上班，厂区里专门有一个小园区，像小教室一样，是开放式的，里边有桌椅、小孩玩的东西，有人专门帮他照顾孩子，帮助他的孩子在这儿写作业等，等他下班了再把孩子带走……

总之，吴念博为员工考虑得特别周到，他认为，我当老板赚那么多钱干什么？我应该尽量从各方面照顾好大家的生活。

因此，这家企业能做成全世界数一数二的二极管生产企业，不是没有道理的。因为，员工会从各方面帮他节约材料，帮他提升工作效率，这就是一个高明领导者的"不言之教，无为之益。"

"天下希能及之矣。"这种"不言之教，无为之益"的好处，很少有什么东西能比得上。比如那些有为的人，为了自己的私欲做事的人，即使一时将事业做大了，最终也难以维系。

一个人只有感知到自己渺小，行为才会开始伟大

自从用了华为手机以后，我就去了解了一下任正非。我觉得，华为能做得这么好是有道理的。

任正非很少接受采访，是一个非常低调的人。他说："我是在生活所迫、人生路窄的时候创立华为的，那个时候我已经领悟到个人是历史长河中最渺小的，我深刻体会到了组织的力量、众人的力量才是无穷的。一个人只有感知到自己渺小，行为才会开始伟大。"

在历史的长河中我们都微不足道，太渺小了，您不要觉得

自己有多了不起，众人的力量才是最了不起的。

任正非还说过一段话："也许是我无能、傻，才如此放权，使各路诸侯的聪明才智得以发挥，成就了华为。"

您看任正非给自己的定位，他觉得自己没有那么强大，所以事事都征求大家的意见，让大家发挥自己的聪明才智。

华为的员工都是知识分子，通常来讲，知识分子都很有思想，不好管理，可是任正非是怎么做的呢？他把自己放得很低，他说要赋予华为人利益公平共享的原则。华为这么大的一家企业，任正非的股份比例只占1.4%（2019年数据），他把其他股份都分给了员工，让大家在付出辛苦的劳动之后，有所收获——一个老板在这么大的企业里只占比1.4%的股份，我觉得需要一定的境界。

任正非在生活中也非常节俭，之前还有人拍到过他跟大家一起坐机场的摆渡车，就是为了和他的员工在一起。甚至还有人拍到过任正非在虹桥机场自己拎着箱子排队打车，您想这么大的老板出门一般不应该安排接待吗？但他从来不讲究这些。

据说任正非有一个特别强的理念——在华为里，一定要把"笑脸"给客户，把"屁股"对着领导。他认为不用阿谀奉承领导，领导是为大家服务的。所以他的理念就是把自己放低，为员工提供平台，让大家生活得越来越好。

当年有那么多的电信企业，最终只有华为脱颖而出，这里有一部分市场的因素，但是我们绝对不能忽视的是领导者个人境界的因素。正因为任正非有这种境界，才让每个人都有机会发挥自己的力量，**所有员工的力量发挥出来，就是惊天动地的力量。**

可是怎么让所有人心甘情愿地把自己的力量发挥出来，是非常考验领导者境界的。所以，**领导者的德行，才是一家企业的核心向心力。**

老子讲"不言之教，无为之益，天下希能及之矣"，看似只有短短的一句话，实际却蕴藏着领导的智慧。我们仔细想想，您用这个道理教育孩子不适用吗？夫妻相处不适用吗？跟同事相处不适用吗？

世间的道理都是相通的，我相信只要有人心在，这个道理就会适用，这就是大道。

道德经说什么

第四十四章

做事的常青之道：
不要在意名相，
将利益让给他人

01

都知道身体比名誉重要，但很多人依然汲汲于声名

名与身孰亲

当一个人突然名气增大，怎么面对值得深思

"名与身孰亲？"这句话是什么意思？"名"指名誉、名位、名气，但这些与您的身体相比，哪一个对您来说更重要呢？

每个人都知道身体很重要，但是跟其他因素比起来，比如名誉与名位，有些人就会放下身体。

生活中，名声重要吗？其实名声也是重要的，一个人要与他人交往，积累的名誉、名气，往往就是他生活的基础。

为什么别人都找您合作？因为您的名誉好，值得信赖。为什么有的人去世的时候，国内外的人都去参加他的葬礼？其实

就是因为这个人在世时,积累了很好的名誉,所以众人去送他最后一程,给他的人生画上一个完美的句号。

在古代要是有名医去世,大家都会来祭拜。比如傅青主去世时,送葬的有几千人之多,这在当年是非常了不得的事——众人都是靠口口相传赶来的。这是他在大家心中名望很高,帮助过很多人的缘故。

有时我们可能会因为某些原因,导致名气突然增大,这个时候您要保持警惕,因为您的名气和您做的事不一定是相符的。

比如我有多大本事自己是清楚的,我擅长调理一些小病,一些功能性疾病,但有些大病我调理起来也非常吃力,还有一些病我根本调理不了。坦诚地讲,我绝对没有大家讲的那么神,我连古代大医的皮毛都赶不上,他们的很多书我都没有看完。我只是一名普通的中医工作者,但因为有了互联网的存在,把我讲的中医故事传播开了,后来我又上了《百家讲坛》,**名气就大了起来。**

当一个人名气突然增大,怎么面对名气,是一个需要深思的问题。

从某种程度来说,这是好事,比如传播知识时更容易了。我在上中学的时候悟出来一个道理——身体长疮,不能用药膏把那一块全部敷上,一定要在长疮部位的周围敷药,让毒气从中间出来,这样一两天的时间就可以让疮收回去,这叫"箍围法"。

我上大学的时候，用这种方法帮过很多同学调治他们身体的疮。后来有一次我在看古书的时候，发现古人就是这样治病，那时候我就很想宣传这个方法，可是我认识的人非常有限，想把这个好方法传播出去都没有途径——名气不够大，所以没有什么人能听到我的声音。

有了名气以后，传播知识就容易多了。比如我在互联网的平台写一篇文章，就会有将近一两万人看，这样一传播开，就会越传越广。

名气还能为我们带来做事的便利，外界会对您有一种认知和信任，做事的机遇就会不请自来，您也更容易施展自己。

此外，名气还能给您带来生活的改善。我以前天天在家读中医书，有时候真的入不敷出，经常跟家里要钱。后来有了名气以后，生活得到了改善，比如有些活动的主题和我讲的内容比较吻合，就会请我过去参加，然后给我一点儿费用。我不是个贪婪的人，但是这个费用真的能改善我的生活，能支撑事业的运行。比如我们运营工作室，给粉丝送点儿书，或搞点儿慈善捐款，要是我没有收入，就真的没办法实施。

名不副实，就会出现很多问题

一个人有了名气以后，必须冷静，因为一旦名气大到和自身做的事不相符，就会出现问题。

比如说我，其实没有那么大的本事，但是大家都认为我和古代的中医是一个水平，结果全国各地的人都想来找我看病——我每天都能收到几百条求诊信息。但很多人我是无能为力的，因为很多身体问题需要见面分析，如果我轻易地给人开方子，就可能误诊。

有时候一些朋友把舌象图拍过来，可能当时我分析了他是什么问题，等见面了再看他的舌象，发现怎么和之前看的舌象不一样？他说之前是开着日光灯拍的，所以舌头发蓝、发紫。所以，很多因素会影响实际的判断。

名气会给人带来太多虚幻的东西，让大家误认为我是了不起的人，其实我也需要看古书，再一点点继续学习。

人要随时保持冷静，知道自己几斤几两，一旦名不副实，就会出现很多问题。

老子在《道德经》里一再强调，要把事情扎扎实实做好，至于做事带来的结果，不要太在意。如果您把重点放在结果上，您做事的根基就会动摇。

现在很多人为了名气炒作自己，尤其是一些演艺圈里的明星，今天和某某疑似恋爱，明天疑似在国外已经结婚了……有时就为了热度，拿一生中的大事开玩笑。

再比如现在很多人讲经济学，如果他客观地讲就无法吸引眼球，所以他要危言耸听："我告诉你们，所有中产阶级在十年之内全部会破产！"大家一听，这可了不得，自己在十年内要破产，这要怎么办啊……

这种危言耸听和您做事本身是不相符的，一旦您的名气衰退，您的信誉就破产了，您也就失去了做事的根基。

总之，为了名气而做事，其实是舍本逐末。

名气带来的便利和烦恼，几乎是等价的

我们常常会为了名誉不考虑自己的身体健康。很多人不明白，这两者冲突吗？

出名是要付出的，比如有的人为了写些耸人听闻、博人眼球的文章，要成宿地熬夜来拼命写；有的人下了班后还要出去应酬，周旋于同事、客户之间。

现在每天喝酒到凌晨两三点的人有很多，有些可能是因为和自己的好朋友许久未见，但大部分都是应酬，为了能认识彼此，能够在这个圈子里站住脚……您说身体每天这么熬，能健康吗？

这些人都觉得自己的身体绝对没有问题，是可以支撑的。但是您想不到，您的健康就在这种汲汲于名利、企踵豪门的过

程中，逐渐地被您消耗了。

因此，老子在这儿提出了一个非常严肃的问题："名与身孰亲？"

答案到底是什么，各位应该很清楚。您的健康没了，您哪儿来的名誉、名声呢？如果您能根据身体的状况，随缘、扎实地做事，名气自然就来了。

如果您把着眼点放到名誉上，就会损害做事本身和您的身体，这是老子教我们的一个非常重要的、关乎人生的通理。

对于这句话，我深有感触。**我觉得名气带来的便利和烦恼几乎是等价的，但我们要尽量忘记这个东西。**所以我也在努力地改变，现在尽量不出镜，好多电视台找我，我都委婉回绝了，只有这样，我才能认真地讲好国学经典，自我提升。

通过老子的这句"名与身孰亲"，希望大家都能思考一下其中的关系。如果您能把这个关系摆正，您的人生才能真正顺畅。

02

钱真的很重要，
处理好钱与身体的关系更重要

> 身与货孰多

身体要是不在了，所有的钱就都跟您没关系了

"身与货孰多"的"身"是身体的意思，"货"是财物的意思，老子说您的身体与财富到底哪个更重要？

如果您问大家身体和钱哪个更重要，大家肯定会一致回答"身体重要"。因为身体要是不在了，所有的钱就都跟您没关系了。

2016年，"春雨医生"的创始人去世了，这位老板年仅四十四岁，在凌晨三点时因心梗去世。据说他曾经在两个月里见了一百多位投资人，每天睡觉前他就想：资金链要是断了该怎么办？所以他经常失眠，然后早晨起来又要去做路演，跟大

家讲企业的前景，来争取众人的投资。这个过程非常辛苦，最后企业终于要上市了，他却突然去世了。

这样的事我见过太多了，为了公司的经营，为了赚钱，结果失去了生命。

这个故事虽然已经过去一段时间了，但我们要从中看到这个故事的警示意义。它警示我们什么呢？身体是"一"，后面的一切都是"零"，"一"没了，一切都将归零。

钱的本质是您付出劳动的等价物

尽管我们一再说，身体比赚钱重要，但坦诚地讲，很少有人会听这些话。大部分人都是看完新闻，感慨一番，接着第二天就开始加班了。

身体和金钱的关系，是人生中一种非常重要的关系。很多人都说钱不重要，可实在地讲，钱是重要的，因为钱可以改善生活。当家人生病的时候，是需要钱来支撑的，这不是开玩笑的。

曾经有位患了尿毒症的作家说，尿毒症这个病特别残酷，有钱就可以做透析，没钱就只能眼睁睁看着病情恶化，最后去世。他说这是一个有钱人与没钱人的分水岭，生死两重天。

虽然这位患者的说法有些绝对，但也有一定的道理。钱很重要，有钱不仅可以给父母很好的养老条件，还能在培养孩子方面有更多的选择；如果没钱，孩子放假了就只能在家里看电视。其实带孩子出国走一走，看看外面的世界，对他的成长是一件特别好的事。

而钱的本质是什么？钱的本质是您付出的劳动的等价物。

现在的人往往都过于追逐外在的结果，忘记了做事的本身。我认为赚钱的本质是舍与得的关系，先有舍后有得，先舍的是您付出的劳动，您一旦把事情本身给锤炼到炉火纯青的地步，又怎么可能不得呢？

比如有些生意一开始是不赚钱的，您做不做？如果您只想着赚钱，那这个生意您肯定不会做。但好多生意都是慢慢积累起人脉，然后在某一天才开始赚钱的。

我们最开始做一件事，一定是因为这件事是有意义的才做，您在做的过程中机会就来了，人就向您靠拢了。

如果您为了追求钱而做事，就会汲汲于名利，最终损害自己的身体。其实现在有相当比例的疾病，是因为赚钱而过度劳累所致。因为大家把赚钱看得太重了，欲望也太多了，您又想出国旅游，又想买别墅，又想开好车……整天想的就是早点儿过有钱人的日子，您的身体能不被损伤吗？

不要上半辈子用健康换钱，下半辈子用钱换健康

我们常说："上半辈子用健康换钱，下半辈子用钱换健康。"

说实话，健康与钱的关系不好处理。但我的建议是先踏实做事，才能保持自己的节奏，不至于让自己失常，甚至因为想要的太多而损害自己的健康。

有一次我在长江商学院讲课，这里的学员很多都是企业家，其中有一位叫陈湖雄，是上海晨光文具的老总。这个人的经历非常了不得，他十几岁的时候就带着仅有的五百块钱，从老家潮州到上海创业，现在晨光文具在全国的文具业里也算得上是第一品牌了。

他为什么会这么成功呢？他跟我讲，在一次经销商大会上，有一个经销商问他："陈老板，我问您一个问题，您到底为什么这么会赚钱，您的秘诀是什么？"陈湖雄回答道："这件事我得好好想一想再回答你。"他当天晚上回到酒店想了一晚，等到第二天他是这么回答的："我赚钱分为三个阶段：第一个阶段不敢想钱。我当时一共就五百块钱，花没了，吃方便面都成问题，所以这个时候是我不敢想钱的阶段。第二个阶段是没有时间想钱。我的工作非常忙，没有时间想钱。第三个阶段是不用想钱。在能保障生活后，财富对我来说没那么重要了。我现在想的就是怎么能让员工活得更幸福，怎么把产品做得更好。现在赚钱的多少对我的生活影响已经不是那么大了，我还是该睡觉睡觉，该吃饭吃饭。"

他在这三个阶段里，都没有把钱放到前面，所以最终成功了。我觉得他的感悟特别好，这是成功者的感悟，通常这种一直合理地按照自己节奏走的人，是不会把身体累垮的。他会不断地总结自己哪儿做得好与不好，然后进行调整，所以他的水平也越来越高，收入也越来越多，这就叫舍得，先舍后得。

如果您不按照这个节奏走，一开始就想着"我要赚一个亿"，然后玩儿命去干，结果身体一定会被损害。

我们可以有理想，有使命感，但是不要超出现实的目标，这种目标会害人。您每天只要努力工作，做对他人有益的事，该来的回报不会缺席。

老子说的这个"身与货孰多"的关系，实际是您要先想好"舍与得"的关系，如果"舍与得"的关系想不清楚，"身与货"的关系您一定摆不正，这是老子教给我们的智慧。

03

得到后，如果不付出，则注定会失去

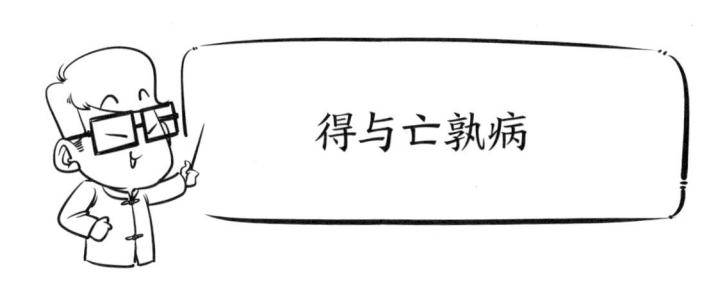

得与亡孰病

人的内伤是由患得患失所致

老子说："得与亡孰病？"什么意思呢？"亡"就是失去，"病"当糟糕的、痛苦的讲。也就是说，"得与失"到底哪个好？哪个会令您痛苦呢？

其实，人世间绝大多数的痛苦都来自"得与失"之间，得到了则开心，失去了则痛苦。得失之间，很容易就使我们的心态不平衡，大部分人常常陷入得失之间，得到点儿利益就欣喜若狂，失去点儿钱就觉得不开心，凭什么这个钱让我花呀？

得失之间，会出现一喜一悲，七情也因此而生。

中医认为人的内伤是由七情所致，七情包括喜、怒、忧、思、悲、恐、惊。

"喜"就是您获得了什么东西，比如多赚了一笔钱。

"怒"是别人要侵犯您的利益，您可能要失去什么东西，您不想让他人侵犯您。

"忧"和"思"是您为了获得什么去忧思，比如您想获得什么位置，想着要怎么搞手段争取上位，或者每天思考怎么赚钱、怎么扩大业务等。

"悲"是什么意思？"悲"字的上面像两片会飞的羽毛，下面是一个"心"，向两侧飞，代表失去、分离，所以失去就会悲伤。

"恐"和"惊"是什么东西突然要侵犯您的利益，您既怕自己受到伤害，又怕自己失去什么。

您看，七情都与得失相关。得失就像一个大的坐标，如果您把这两个坐标对立，就会出现七情，从而导致生病。所以老子问我们："得与亡孰病？"得与失哪一个会令您痛苦？

我们要看清楚得与失之间的关系是互相转化的，您千万不要认为得就喜，失就悲，有时您觉得得到了，实际您未必真的得到了。这个世界的能量是守恒的，您得到什么的同时，一定要知道您会相应失去什么。

世界上所有的事都是平衡的，您得到的同时，一定会付出。

有时，失去未必是真的失去

很多企业家的事业都做得非常好，常常引来众人的羡慕，每个人都想着自己要是能这么有钱该多好。但我们往往只看到了一个好的结果——有钱，可是从来没有想过人家当年创业的时候，有多少个节假日没有休息过，整天不是在厂子里干活，就是在外面跑业务。而您可能在这个时间里陪着家人，您说哪多哪少？

您要是真的像他一样努力赚钱，就失去了很多陪伴家人的时间。很多企业家对家人都充满了愧疚，因为奋斗时压根儿没时间陪伴家人。

比如我在前文提到的晨光文具的总裁陈湖雄先生，他的企业在全国都是数一数二的，但是您知道他付出了多少辛苦吗？当年全国的加盟店，他都亲自去跑，每一家学校门口的小加盟店，他都会细致地告诉他们要怎么摆放这些文具，去下一个店里也讲一模一样的话……当时他的副总都崩溃了，说："这些话您已经讲了好几千遍了，您烦不烦啊？"他说："不烦，这些人跟我们加盟，万一赚不到钱那是我的罪过，所以我一定要讲到位。"

据说他跑这些小加盟店跑坏了好多双鞋，所以他的鞋没多久就得换一双——有付出才有所得。而这个时候，您在享受周末时光，可能正在咖啡厅里坐着喝一杯咖啡或者上网玩儿着游戏……他是靠自己的付出和牺牲才换来了如今的所得。

我们在得到的时候，一定要想到有相应的东西付出；在失去的时候也要想到，其实未必是真的失去。

任何失去，都是在给您腾空，然后让新的机会到来

在生活中也是一样，比如有些人婆媳关系十分紧张，搞得家里乱七八糟。婆婆和儿子、儿媳妇一起吃饭的时候，发现儿子给儿媳妇夹菜，不给自己夹菜，就觉得我白把儿子养这么大了，儿媳妇一来就把我儿子抢走了。您觉得自己失去了，可是换个角度想想，儿媳妇到您的家里来了，其实您是有了一个更大的家庭，所以您真的失去了吗？这难道不是得吗？您要学会看清其中的得与失。

再比如有的女孩和男孩在一起，一旦男孩说分手，她就感觉天塌下来了，自己的这辈子毁了，活不下去了……我见过很多这样的女孩来找我看病，她们的舌象几乎都是肝气不舒的表现。通常我会问她们是什么导致的肝气不舒，是不是压力大？情绪不好？为什么情绪不好呢？很多女孩都和我说，因为男朋友跟她分手了，她觉得自己这辈子都毁了，觉得离开他根本活不了。

这其实就是不懂得与失的关系，您觉得真的失去这个人了吗？您会不会由此获得一个更好的人呢？也可能您们继续在一

起,最后您会发现他的毛病很多。

其实,任何失去,都是在给您腾空,然后让新的机会到来。

但行善事,莫问吉凶,得与失让老天来定

经营也是一样的道理。在日本被称为"经营之神"的著名企业家松下幸之助,年轻时身体不是很好,得过肺结核,所以他创办了企业以后,大部分时间都在医院或疗养院度过。

有的人会觉得,这也太倒霉了,在松下幸之助看来,这属于一种失去,因为他没有良好的身体素质去经营企业。

其实,我们看问题,要看全面,松下幸之助离开企业以后,每天都在琢磨如何更好地经营,他把自己的管理心得都写了下来,传递给中层领导。这些领导学习以后,充分发挥自己的积极性来工作,结果就算他本人不经常在公司,企业里的员工的才能也得到了充分发挥,企业越办越好。这种经营方法比领导天天在企业里指挥要高明得多。

您看,得与失之间,是不是在来回转化?那么是得好还是失好呢?

有的人可能会认为是失去好,因为失去可以转化为得到,而得到会转化为失去。

只要您看清了得与失之间的转化以后,就会明白,并不是

失去比得到好，而是得失都不重要。

我们学了《道德经》以后，要看清这个世界的事情永远都是在变化的，没有真正的得与失，这就是《金刚经》中的"凡所有相，皆是虚妄"。

所有的得到，都是暂时的得到，它终将会随着时间失去。不要太过在意，失去了也不要悲伤、怨怼，因为"本来无一物"。

老子告诉我们，不要得到就喜悦，失去就悲伤，得与失只是一种结果而已。只要您做好自己该做的事，这些所谓的结果不会对我们造成任何影响。

我们每天踏实做事，得与失由老天来决定，人家多给您点儿别高兴，少给您点儿也别生气。平淡去做，"但行善事，莫问吉凶"。

04

不要把什么事都做到
"甚""泰""奢"的程度

> 甚爱必大费，
> 多藏必厚亡

您喜欢什么东西，就会为了它多花钱

"甚爱必大费，多藏必厚亡"是什么意思？其中，"甚"是过分的意思，"爱"是爱惜、爱护的意思，"费"指更多的花费。"甚爱必大费"指过分喜欢什么东西，一定有更多的花费。

很多人在生活中都是这样，喜欢什么东西，就会为它多花钱。比如一个知识分子，要是在古旧市场看到一本古书，一问价格，二百块钱，觉得有点儿贵，心里就会一直考虑到底要不要买。当天要是没买，晚上回家后可能一直都在想这本书，越想越喜欢，越觉得这本书应该买回来。可能第二天古旧市场一开行，您就跑去摊前和卖书的老板说："我想了一晚上，还是觉得我应该买下这本书。"老板想了一下，说："小伙子，我昨天回家找了一下，这本书是孤本，所以二百块钱可能不行了，六百吧？"

老板把价格一下增加了两倍。为什么？人家知道您是真喜欢，喜欢就要多花钱，所以老子讲"甚爱必大费"。但其实买本书还是小事，这都不算什么大损失。如果人生中的一些大事，因为您的甚爱，导致损失惨重，就得不偿失了，甚至有时会把您的人生都搭进去。

为什么贪官都没有什么好下场？因为他们太爱钱了，当别人送钱、送别墅的时候，他们的眼睛都是亮的，问题就出在了"甚"字上。

老子特别反对把什么事做到"甚""泰""奢"的程度，他说"圣人去甚、去泰、去奢"，老子的意思是您把极端都去掉，这世界上没有什么事是需要您极端地追求的，这些都是外在的东西，一味地追求极端的结果，会毁掉一个人的人生。

"甚爱"，是一个特别想得到外物的过程，比如名誉、地位、金钱等。老子在前面讲"得与亡孰病"，"得"的极致就是"甚爱"，老子这句话是接着前边的话讲的，给我们展现了一个太想得到的状态，这是一种不好的状态。

太想得到，一定会大大地失去。

"皮之不存,毛将安附焉"

"甚爱必大费"这句话对普通人有用吗?当然有用。

张仲景在《伤寒杂病论》的序言里曾讲过,为了追求超出自己生活本身需要的名利,导致身体受伤的状态,就是"但竞逐荣势,企踵权豪,孜孜汲汲,惟名利是务,华其外而悴其内,崇饰其末,忽弃其本,华其外而悴其内,皮之不存,毛将安附焉?"

这句话的意思是说,您追求荣耀、势力,踮着脚去"够"那些权豪的家庭,全身心地投入到追求名利的事业中去,您崇尚的这些东西都是虚幻的,最后身体搞得一团糟。一旦您身体的皮都不在了,毛要长在什么位置呢?

这跟老子讲的道理是一样的,一旦这些人"卒然遭邪风之气",被风邪吹到了,"婴非常之疾",得了非常严重的疾病,这个时候着急了,最后治不好,一旦丧失生命,他的名誉、地位、金钱还有吗?没有了。

老子在这儿讲,您不断地追求超出生活本身的附加值,就糟糕了。

我认为老子是我们的榜样,他写完《道德经》以后,隐去功与名。现如今,没有人知道老子做过什么官,家乡在哪儿,最终是在哪儿消失的,留给我们一个个谜团。有的人说,老子最后出了函谷关,骑着牛走了。这都是传说而已,在学术界的文献证据是不足的。

这何尝不是一种人生态度,说明人家不在意这件事,但是我们反而因此更加尊敬老子。

您想要赚大钱,就要接受没有时间休息

老子接着讲"多藏必厚亡",这句话是什么意思?"藏"字最早是把打来的粮食储存起来的意思,后来引申为把东西藏起来或躲避起来,不让别人看。在这句话里,"藏"是储存、积聚的意思,"厚"是多的意思,"亡"指失去。

这句话的意思是,您越想为自己多积累财物,反而失去得越多。真的会这样吗?

"多藏必厚亡"这句话,可以分两个层面来解释。第一个层面是,"多藏"的过程会让您"厚亡",您会失去很多,为什么呢?

比如您一个月的工资是五千块,每天工作的时间是早九点至晚六点,下班后您可以在家里享受生活,比如看电视、陪家人、锻炼身体等。如果您想赚五千万,您想"多藏",您就要付出更多,比如您要开个厂子,您可能要把家里的房产抵押出钱来用于买设备、包地、租场地、雇工人、开工资、研发产品、研究市场、销售等。总之,您需要付出很多精力,这不是一件容易的事,如果其中一些环节出现了差错,导致生意赔

了，房子也搭进去了，这就属于"厚亡"。即使您真的借此发财了，赚到了五千万，在其他方面也一定会有所损失。

举个例子，我在商学院的一个学员，自己办了一个非常大的工业园，他有四个同学的公司都在他的工业园里上市成功。他住在一栋大别墅里，里面布置得非常漂亮，我在一楼参观都快转晕了，他们家的餐厅跟一个教室差不多大，家里面游泳池、网球场都有。

但他每天几乎快到凌晨三点才下班回家，早上八点半又要上班，他的应酬特别多，每天有各方面关系需要打理，到了晚上常常累得筋疲力尽，整个人也瘦得一塌糊涂。他一见到我就说："罗博士，您帮我看看舌象，帮我号号脉吧，我的身体太虚弱了，您给我开点儿滋补的药方吧？"

我说："不用开补药，睡觉就好了。"

他压根儿没有时间睡觉，当老板付出太多，失去也太多，没有时间陪家人，没有时间休息，整天在各种社会关系的旋涡中周转，非常辛苦。

这些人在"多藏"的过程中，同时也失去很多，这是等价交换的原则。

为什么很多有钱人家往往富不过三代

第二个层面是，"多藏"的东西有可能都会失去。

比如有的人说，我准备了一地窖的黄金，用来传家。历史上有很多富可敌国的家庭，却未必能把财富传到第三代，古人讲"富不过三代"，这都是无数人观察了不知多少世事变迁总结出来的。

比如在明末时期，江南的一些大收藏家的家族都特别富有，当时论国内哪里收藏的文物最多，皇帝是第一，魏忠贤（明朝末期宦官）是第二。剩下排名第三、第四、第五的收藏家，全部在江南。这些家族通过经商收获了巨大的财富，有钱以后就想多收藏一些宝贝，他们没什么文化，就委托一些懂文物收藏的人，只要见到文物就不计代价地收到自己家里来。

如果您了解过历史就会发现，这样的家庭几乎没有谁能够把家产传到两三代以后的，大部分家族到了第二代等家里的老爷子死了，好多个儿子就开始分家，每个人分一大堆字画、好几间房子、店铺回去，平时挥霍无度，没钱了就低价卖字画，可能没到十年或二十年，把家里分的遗产卖光了，家族也没落了。

这些古玩字画在不同的巨富人家，如一艘小船、一片树叶般来回漂泊，它们见证了这些巨富人家财富的散去。

为什么会散去？因为他们的眼里只盯着钱，没有教孩子们该如何做事、做人等，所以孩子们的挥霍和败家是必然的，这就是老子说的"多藏必厚亡"。

我在前文中讲过，在晚清时期，曾国藩的外孙写了本书叫《保富法》，书中详细记述了如果家里没有把做人的道理教给孩子，只给孩子钱的下场。

"藏"的是钱，孩子们就只会挥霍，反而是教孩子做人的道理，让孩子好好读书的家庭，不仅越来越兴盛，对社会也做了很多贡献。大家有时间可以看看这本书。

老子讲的道理是非常深刻的，所谓"多藏"，"藏"的全都是名、利、地位等，一旦您把这些东西看得太重，就很难有好的结果。

什么样的人生才好呢？只有不计较结果，坚持做好事，为了大家而做事的人，人生才会幸福。您一旦这样做，言传身教，您的孩子也一定能带着这种人生态度生活。

05

如果您知足，
就不会被侮辱，不会遭受损失

> 故知足不辱，
> 知止不殆，可以长久

知足不是不进步的借口

"故知足不辱"是什么意思？"知足不辱"的"辱"是耻辱、损失的意思，这句话的意思是如果您知道满足，就不会被侮辱，不会遭受损失。

老子在这里是让我们"知足"什么呢？很多人通常解释为知足以后就什么都不做了，人生要知足——我现在一个月赚两千多块钱挺好，我能吃上一顿红烧肉，就知足了。很多人往往把"知足"当作一个不进步的借口，意思是我知道满足就可以了。

从某种程度来讲这种说法没有错，知道满足，就不至于太费力去做事，这是一种人生态度，而且有时知足也是一种智慧。但老子在这儿讲的"知足"是什么意思呢？

我们从前面的铺垫推理下来，就能知道老子讲的"知足"不是指做事本身，而是做事带来的结果。

知足不是我们什么都不做的借口，**您该做事还是要做事，但是对于做事带来的结果，您知足就可以了**。就像您把竹竿立起来，有太阳的时候，它的影子自然会来，但如果您要追影子，这事就没戏了。

没有任何必要去讨好任何人，
也没有必要用礼物来达到让别人帮助的目的

"故知足不辱"这句话应用在生活中也一样，比如很多人都给领导送过礼，为什么要给领导送礼呢？因为我们想从领导那儿获取一些资源。所以，有时我们的耻辱是自己有所祈求带来的。

我给大家举一个例子。以前家庭住宿条件都很差，大家都等着国家分房子，当时我奶奶、妈妈、爸爸、我和我妹妹，五口人住在一间十二平方米的房间里。

十二平方米是多大，就相当于现在的两室一厅中的一间小屋，另一个房间别人家住，我们两家共用一个厨房和卫生间，空间非常紧张。我们家一直盼望能改善一下住宅条件。

当时，楼不断地盖，每次盖楼我妈妈心里都充满了憧憬，都会去工地看一下这个房子的房型，但是每次分房的时候，都没有我们家的份儿。

我妈妈难免着急："怎么还没有分到我们家？"有的人对她说："你要跟领导沟通一下，讲讲你们家的困难情况。"

有一次我妈妈就买了两盒糕点准备去给领导送礼，因为跟领导都住在一个院子里，平时也很熟。结果去的时候正好赶上领导吃饭，连门都没让她进，就把她轰出来了……我妈妈现在讲起这件事还会流眼泪，当时她是含着眼泪回家的，内心感到特别耻辱。因为平时她和领导很熟，这次以为没什么问题呢，没想到不但话没说上，礼也没送出去，从此我妈就把这事记住了，以后再也不提分房子的事了——我们就住这房子，认命，爱怎么分怎么分吧。

后来，到我爸分房的时候，改成集资共建，要拿钱来买。接着就改革开放，我妈开始"下海"自己开诊所，她每天认真做事，来找她看病的人特别多，都站成排等着，所以诊所的效益是不错的。从这以后，我们家的生活条件就逐渐改善了，后来买了一个两百平方米的房子，很宽敞，有大阳台，我妈就觉得她的梦想终于实现了。

孩子往往受父母的影响，我记得我妈经常告诫我和妹妹："千万不要送礼，送礼没用，如果领导偏袒你，那是他违反原则了；领导不偏袒你，送礼有什么用呢？做好工作就行了。"

从那以后，她再也没有给领导送过礼，而我受到她的影响，也从来不给领导送礼。**我真觉得没有任何必要去讨好任何人，也没有必要用礼物来达到让别人帮助我的目的，所以我从来不给领导送礼。**

公平地说，我妈妈当年送礼的事情，那位领导做得很对，但她为了改善家里环境，那种迫切的心情也是可以理解的。我觉得因为此事让我妈妈一辈子不送礼，反倒是件好事，由此也对我产生了很大的影响。

老子不是让您不进步，而是告诉您不要太在意结果

我们在做事的时候，尽力把事情做好就可以了，如果事情没做到位，您却想要一个距离您很远的结果，这种"上赶着"的行为，往往会让您遭受到耻辱和损失。

忘记结果，踏实做事，事情做到位以后，结果自然会来，这才是"知足不辱"的真实含义。

如果您认为知足就是不做事，满足现状，那您永远都不会进步。老子不是一个消极的人，他不会让您永远不进步，而是告诉您不要太在意结果。

《道德经》的最后一句话是"圣人之道，为而不争"，老子

是让您"为",不是"不为"。老子在《道德经》里讲的话,都有所指,那时很多国君都将国家治理得一团糟,老百姓穷得没饭吃,这些国君欲壑难填,不断地强占邻国的土地,最后生灵涂炭,甚至亡国。

作为一个国君,自己国家老百姓的生活都无法保障,还继续贪得无厌,这种情况是不知足,所以最后这些人都遭受了"耻辱"。

因此,老子讲的"知足不辱"指领导者要把该做的事做好,把百姓管理好,让他们的生活富足起来,不要过多考虑自己的权力、地位等,否则一定会举措失当。

好好做事,不在意结果,基业才能长青

"知止不殆,可以长久"的中"殆"是死亡的意思,也就是说您知道停止就不会死亡,"可以长久"是可以长久地存在。

很多人将"知止不殆"解释为您知道停止就不会有什么事了。您可以问问自己,您的生活可以随时停止吗?正在做的事停止了不会遭受损失吗?解释成知道停止就不会有事,看似很有智慧,实则似是而非。

"知止不殆"是一种人生通用法则,老子特别强调我们要把事做好,但是对做事带来的名利、地位等结果,不要太在意,这叫"知止"。"知止"才能"不殆",这是老子讲的道理。

老子认为人生有两件事情，一件是虚，一件是实——"虚其心，实其腹"。虚的是"心"，指自己的欲望；实的是"腹"，是做事本身。

在春秋时期的晋国六卿中，有一家叫中行寅，当时他们这一家很有地位，但因为后来的分裂，六卿之间互相侵占，导致了他的败亡，他的国家快要被灭的时候，他非常气愤地把他的家族里负责祭祀的太祝给找来了。中行寅说："你祭祀的时候肯定没有尽心，你向上天祭祀的肉一定不肥、不新鲜，你在斋戒、沐浴的时候一定没有怀着尊敬的心，所以老天愤怒了，让我亡国，你究竟为什么要这样做？"

于是"祝简对曰"，"祝"就是太祝，指官名，他的名字叫简。他回答："昔日先君在的时候，就只有十辆车，但是他一点儿不觉得自己的车少，只怕自己的德行不够，怕自己做的好事不多，令老百姓有损失。现在您当了国君以后，您的车有百辆之多，而且还都是镶着皮革的好车，'不忧义之薄也，惟患车之不足也'，您从来不担心自己的德行不够，只怕自己的车不够。您不断地收赋税，导致百姓怨声载道，您觉得我一个人为了您向老天祈求降福，能挡过万民的诅咒吗？"中行寅听完后感觉非常惭愧。

作为领导，一旦贪得无度，下面的员工就没有了利益，员工没有了利益，公司怎么可能越来越好呢？

一个好领导，一定知道把利益让给公司的员工，这就是稻盛和夫讲的"无我利他",让全体员工获得物质和精神两方面的幸福。

经常有人问我,"无我"是什么概念?我都没了,这不讲空吗?空了有什么意思?

其实,"无我"不是我没了,"无"的是那些光环、名誉、地位和利益。一旦您这样做了,并且让您身边的人得到利益,大家都会来成就您。

只要您好好做事,一心向善,对那些名相"知止",无论您做什么都会越做越好,这叫"可以长久"。

老子在本章给我们指出了做事的常青之道,这是每个人都必须学习的智慧和人生态度。

在生活中,可能您的孩子学习好,排名就会靠前。但您要知道,排名靠前只是他人生中的某一项衡量的指标,所以您别太把这个当回事。如果您把孩子的名次看得比什么都重——孩子考第一就高兴,不考第一就找孩子谈话,质问他为什么不考第一,或者给他报很多补习班,孩子在这种压力下,会逐渐丧失学习的乐趣。

如果您能引导孩子找到学习的乐趣,他的名次自然就会上去,这就是"知止不殆"的道理,做好事情本身,比什么都重要。

老子讲的这些道理都蕴藏在生活中的每件小事里,您一旦懂得了这个道理,做事就不再焦虑、不再焦急,人生也会更加从容,只有这样,您的人生才能幸福。

善恶圣说什么

第四十五章

行动加强,欲望降低,才是领导者的真品行

01

有些东西缺一点儿，才能福运久长

> 大成若缺，其用不弊

把做事和做事带来的名誉、利益、地位分开

"大成若缺，其用不弊"什么意思？在这句话里，"弊"当弊病、弊害讲，意思就是有问题；"成"当成就、完成讲。老子在这里说，真正大的成就，看起来像有缺陷，用起来却一点儿问题没有，越用越好。

这句话有很多种解释，但我觉得河上公的解释特别好。河上公是一个高人，也叫河上丈人，是历史上真正的隐士，他把《道德经》逐句进行了注释，对后代的影响非常大。然后他就隐身而去了，深藏功与名，您根本找不到他。后人传说，说他成道、成仙了，他的徒弟就是著名的仙人——安期生。

另外，文景之治怎么来的？据说跟河上公的指点有关。当时，汉文帝对《道德经》推崇备至，但是却不怎么懂，读不透。于是他就派人四处求访，看哪儿有高人能讲《道德经》。后来有人说，河上有一个老头，叫河上公、河上丈人，他能讲。文帝就派使者去了，结果河上公对文帝的使者说："《道德经》讲的是大道，如此尊贵的经典，他怎么能够派人来学，而不亲自来学呢？"文帝一听，这看来是高人，于是亲自到河边开始跟河上公学习。

"大成若缺，其用不弊"说的是什么？河上公解释为：有道的君主，通常都有很大成就，他们能将国家治理得非常好，但他们却对名誉、地位、金钱等一点儿都不重视，这种领导者看上去好像缺了点儿心眼，但是他们取得的丰功伟业却不会有任何损坏、穷尽的时候。这叫"大成若缺，其用不弊"。

河上公的解释一上来就直指要害，我认为他非常清楚地把一个领导者做事和做事带来的名誉、利益、地位分开了，这是一种非常高明的做法。

有人认为"大成若缺，其用不弊"的意思是：事情快做好了，就停下来不做，留一个缺陷。这就好比盖一栋楼，快封顶了，然后您就不盖了，说"大成若缺，其用不弊"，这样的楼能用吗？又比如医生给患者开方子，方子一共五味药，写到第四味药的时候，医生说："最后一味药不写了，老子说了'大成若缺'。"这就是胡解《道德经》，我甚至觉得这是在侮辱老子。

如果这样解"大成若缺，其用不弊"这句话，就曲解了老子的本意。老子说的是做事要好好做，但是不要在意做事带来的种种结果。在外人看来，好像您是缺了一块，但是您自己知道，有些东西就如同浮云一样，放下它们，您做事会更加坦然，这是老子讲的道理。

让名誉、地位、利益缺一点儿，可能是福

我认识一些企业家，公司规模很大，很多人都认为他们的孩子肯定生活得很富裕，要什么有什么，长大后可能孩子想创业了，家里就给他拿一笔钱，爱怎么做就怎么做。

我曾经见过一些很有钱的商人，他们的孩子白天开着跑车招摇过市，晚上去夜店蹦迪、喝酒，每天变着花样地花钱，甚至有些孩子最后走上了吸毒的道路……

很多事并不像我们认为的那样，好像这些有钱人家的孩子什么都有，生活也应该是圆满的，实际上并非如此。

再举一个李嘉诚的例子。李嘉诚是一位非常值得尊敬的商人，他在商业领域的成绩可圈可点。李嘉诚在教育孩子方面也颇有心得，当年他的孩子去美国留学，他让孩子每天自己骑自行车去打工赚钱，只是定期会给孩子一定的生活费。

李嘉诚当时可是华人首富，他没有给孩子买豪车，就让

他骑自行车，让他勤工俭学。看起来他的儿子好像是"缺"的——这么有钱的家庭，却让孩子骑自行车代步，过得连很多普通人都不如。但恰恰是这样，才培养了孩子的品性。

李嘉诚不仅对孩子这样，对自己的要求也非常严格，之前有新闻报道说他戴的手表是一块价值三千港币的日本牌子的表，一般有钱人戴的都是几万块钱的表。而且他还特别节俭，据说他的鞋带断了都不会轻易扔掉，他的椅子也是用了几十年都没有换过。

您看，这么大的老板，这么有钱的人，生活却如此简朴。这就是老子说的"大成若缺，其用不弊"。**这种"若缺"的样子，不是装出来的，而是我们真正意识到了，这些形式上的东西没有大用，我们微笑着看一看就可以了。**

02

要想成就持久，就要对成就持"若盅"的状态

> 大盈若盅，其用不穷

尊贵而不骄傲，富裕而不奢侈

接下来的一句话是"大盈若盅，其用不穷"。"盈"是满的意思，"若盅"的盅通盅。酒盅的中间是空的，老子认为这种中空的状态是一种丰盈的、满的状态，这种状态"其用不穷"，怎么用都不穷尽，因为这种状态会一直持续下去。

河上公将"大盈"解释为功德圆满的君主、领导者，"若盅"指尊贵而不骄傲，富裕而不奢侈。这些有德行的君主，都把自己的位置放得很低，一直保持一种虚空、谦卑的状态，正因为他们有这种德行，才会"其用不穷"，一直很好地领导

下去。

老子在这里是借万物来讲领导者。

据我观察，但凡做事有成就的人，基本上都在"若盈"这方面颇有心得。

比如京剧名角梅兰芳，当年他的地位特别高，深受众人喜欢，只要他一唱戏，全场爆满，很多票友都跟着他走，他去哪儿演出，大家就跟到哪儿。但他虽然地位高，还是一心想着学习，想着提升自己。

有些功夫不在戏里，而在戏外。这些角儿在演戏的时候一举手、一抬足，这些修养都是戏外的，比如文学、书画等，都要了解、学习。那时梅兰芳拜了齐白石为老师学画画。一般像这种名角拜个老师私下里都比较低调，但梅兰芳特别高调，为人非常谦虚，有什么不懂的就向齐白石请教，对齐白石特别尊敬。

有一次两人同时被邀参加某达官贵人的堂会，齐白石先到，由于齐白石本身是木匠出身，不太讲究穿着，所以他穿得很寒酸。而聚会里的达官贵人都衣衫光鲜，互相寒暄，齐白石慢慢就被挤到角落里去了，于是他就自己默默地坐着。这个时候梅兰芳来了，他一来，众人都纷纷过来跟他握手、寒暄。梅兰芳知道齐白石已经来了，就一直找齐白石在哪儿，终于看见齐白石一个人在角落里坐着，跟大家没过多应酬，就直奔齐白石老人，过去了就鞠躬："老师您来了。"

其实很多人都听过齐白石的大名，只是不知道他长什么样。一看齐白石是这种状态，再看梅兰芳看到老师后，不理别的达官贵人，先过来给自己的老师鞠躬，嘘寒问暖，在边上给老师倒茶……这件事被众人传为美谈，因为大家都觉得梅兰芳真的很谦虚，一个京城名角还能把自己放得这么低，如此尊敬教他画画的老师。

通过这件小事，我们看到了两个人的"大盈若盅"。第一是齐白石，这么大的名气，不讲究穿着，去参加聚会也没有趾高气扬，自己就在一个角落里安静地坐着；第二是梅兰芳，这么高的地位，那么多达官贵人跟他寒暄，他要先找到自己的老师，以礼相待。

其实，很多人获得成就绝非偶然。

先把事情本身做好了再说

我学习中医，大部分时间都是自己读古书，有时也能获得老师的指导。

当年我在沈阳的时候，有位老先生给了我很多指导，这位老先生叫张道宽，是辽宁中医研究院的一位很有名的老中医。老先生除了在中医研究院出诊之外，也在外出门诊。

我硕士毕业的时候正好在那儿学习，老先生很喜欢我，经常把我叫到他的诊室跟我聊天，他在出诊的时候，也会特意把我叫到身边，他摸到什么脉，就会让我也来摸一下，体会这是什么脉，简直是手把手地教我。

其实诊脉是最难学的，我就是跟着老先生这么一点点地摸脉才学会的，而且每次差不多能说出个八九不离十。

沈阳当地的老百姓有一个风俗——看病不说自己的病症，来了先伸手号脉，让医生号脉判断症状，说好了竖大拇指，说不好宁可白挂号，也会不开方就走——很多人有这样的习惯。当时，张老号脉特别神，一摸脉就能把患者的症状说出来，让人心服口服，所以只要他出诊，来看病的患者都得站成排等着。

我记得有一次，他说："中医院校请了西医大夫来给我们讲怎么看CT片，晚上我们吃完饭以后一起去。"

吃完饭，我们就到了阶梯教室听西医大夫的讲座——为什么一个中医要学看CT片呢？因为经常有患者拿CT片让他看，虽然老先生号脉很厉害，但是他绝对不保守，他觉得这些东西自己也要学，学会之后可以与号脉结果相对照。

老先生都是一个快八十岁的人了，坐在那儿和大家一起上课，很认真地记了笔记。下课后，老先生还去找上课的老师请教问题："我问您几个问题，我刚才有三点没听懂……"

老先生的这种精神对我的影响特别大，他在中医界已经有一些成就了，但是他依旧保持着一种虚空的状态，只要是对患者有好处的，他就要学习，哪有什么门派之争呢？

后来，老先生在我读博士的时候去世了，我现在还会经常想起老先生的样子，想起他跟我们聊天的情景，他教我们如何诊脉、如何思考患者的状态等。在我的人生中，张道宽老先生是一位非常让我感动的导师，在和他相处的时光里，我受益良多。

张老先生的精神是一种做人应该有的基本态度，只要我们把事做到了，就算您什么都不说，大家也能看到。

03

朝着善的方向走,
才是真正的捷径

大直如诎

"抄近道"的人,大部分都在半路上翻到沟里去了

"大直如诎"是什么意思?"直"是直接、比直的意思,"诎"同"屈",指屈服、弯曲的状态。老子说,真正笔直的道路,反而看起来好像弯弯曲曲的。

为什么真正的直反而看上去像弯曲的一样?如果从字面来理解,会解不清楚,我们可以放远点儿看,看道路。老子曾经讲过这样的话:"大道甚夷,而民好径。"这句话与"大直如诎"有点儿类似,老子的意思是:大道很平坦,但是很多人就喜欢走小道、喜欢抄近路。可是我们要知道,您抄近路时,稍有不慎就可能会偏离方向,最后导致找不到方向。所以您还不如沿着大道一直笨笨地往前走，最后一定会抵达目的地。

"大直如诎"也是一样的，那些正直的人，看上去好像有点儿笨笨的，不知道取巧，但是人家走的方向是对的。

比如有些人当官了，非常正直，从来不走捷径，您看着感觉他很傻——明明有这种权力，可以早点儿致富，"抄个近道"多好，但是人家没有，就是一直往前走。反观那些"抄近道"的人，大部分都在半路就翻到沟里去了。

"大直如诎"是一种人生准则，只有这样做事，人生才能真正顺利。

很多事吉凶难测，找准做事的方向尤为重要

您一旦确定了自己的目标是行善，那所谓的吉凶指的就是您在行善时的水平高低和快慢。吉的时候，就是您的时运到了，借这个运会让您做得更好。但若是时运不成熟，就说明此时力量不足，需要您慢慢积蓄力量。因为您的方向已经定了，您迟早会把这件事做成，只是时间早晚的问题。可如果您的方向偏了，就算您技巧再多，再有本事，可能最后结果都不会太尽如人意。

做事的方向尤其重要，只要您定好了大目标，比如为众生做事，您朝着这个善的方向走，人生才不会出现偏差。可如果您事事为了自己的利益而走捷径，就会逐渐失去判断。

有时，所谓的"捷径"会带您走入"死胡同"。

"大直如诎"，是每一个人都应该秉持的信念。在我们的生活中，一定会碰到很多挫折和诱惑，或者各种各样的波动，但是您要坚信，只要您朝着向善的方向迈进，并让您周围的人都受益——为大家带来有用的知识、有用的帮助、有用的产品等，坚持一直做下去，您的人生定会进入一种从容的境界。

04
一个人的境界高到一定程度，看起来会有点儿笨拙

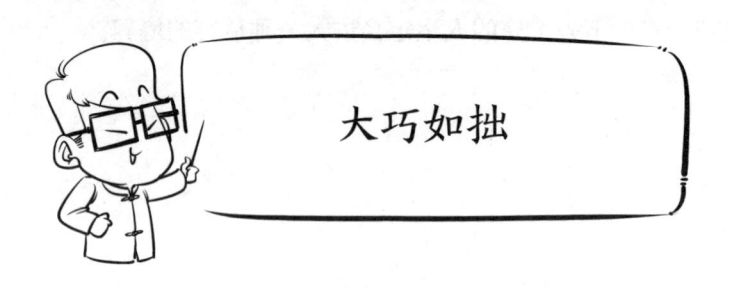

大巧如拙

真正的高手，看上去都特别普通

"大巧如拙"的"拙"是笨拙的意思，这句话的意思是：一个人的境界真正高到一定程度时，看起来会有点儿笨拙。

比如看武侠电影时您会发现，电影里有两种角色，一种角色是自己打得漂亮，各种炫技，结果对手过来一拳把他打倒了——这种人通常都不是高手，只是学了一身花架子。第二种角色是真正的高手，可能看上去呆若木鸡，却能以不变应万变，等待对方露出破绽，然后瞬间制敌。

很多高手看起来都特别普通，等到真正该出手的时候，您拿多好的兵器都没用，他可能拿一根树枝，点了一下您的穴

位，您就定住了。这也是"大巧如拙"的一种。

在《淮南子》中，记载了这样一个故事，有一天秦穆公问伯乐（发现千里马的那位）："您这么大岁数了，我再让您到处风餐露宿帮我找马，有点儿于心不忍，您家中还有没有会找良马的人？"

伯乐回答说："对于一般的良马，可以从其外表、筋骨上观察出来。而天下难得的千里马，是若有若无、若隐若现的。这样的马奔跑起来，让人看不到飞扬的尘土，寻不着它奔跑的足蹄印儿。我的儿子水平不够，他可以说出好马的特征，可是千里马的特征，是只能意会，不可言传的。"

秦穆公着急了，问："那您帮我想想办法，我要找好马。"

伯乐说："我知道一个人，是打柴的，名叫九方堙，他相马的境界很高，应该不在我之下。"

秦穆公一听，赶快命人把九方堙找来了，并让他去帮忙找马。

九方堙找了三个多月以后回来了，秦穆公问："你找了什么样的马？"

他回答说："一匹黄色的公马。"

秦穆公问了马的所在地之后，就派人赶了过去，牵回来一看，这匹马怎么和九方堙说的不一样，他说是黄色的公马，可面前的这匹是黑色的母马。

秦穆公非常不开心，就命人把伯乐找来了，说："你这个朋友太不靠谱了,他对我说他找的是黄色的公马,结果我让人把马牵来一看,是黑色母马,这差得也太远了!"

没想到,伯乐听完后长叹一声,说:"原来他的境界已经这么高了,现在我远远不及他了。"

秦穆公一听都晕了:"他连公母都不分,颜色都不辨,怎么超过你了?"

伯乐说:"九方堙看到的是马的天赋和内在素质,深得它的精妙,而忘记了它的粗糙之处;明悉它的内部,而忘记了它的外表。"

于是,秦穆公就试骑了一下这匹马,果然是千里马中的佼佼者。

《淮南子》最后说:真正高明的人,看上去好像做事很笨拙,可是他掌握了精髓。这就是老子讲的"大巧如拙"。

肯下笨功夫,才会有大出息

我们做很多事都需要重复、扎扎实实地一点点去做,否则很难达到高境界。比如齐白石画画,自从他学画以后,除非生病,否则他没有一天不画画,这就是在下笨功夫。

您看他画的虾,出神入化,因为他每天都拿着养的虾观察。您说他天天画虾烦不烦?一般人肯定觉得,这谁不烦啊,天天画,画了几十年了有意思吗?可是人家越画越传神,看似下的是笨功夫，最后却达到了"大巧"的境界，这就是匠人精神。

真正的匠人，做出的作品巧夺天工，有些大家雕刻的植物，叶子上的水滴好像是刚滴上去的。这些作品都是他们一点一点，通过无数个简单的重复堆叠而成的。如果讨巧地做，最后的作品肯定不会是精品。

现在为什么推崇匠人精神？匠人精神是扎扎实实地做工作，这跟老子讲的道的精髓是完全吻合的。只有在这种状态下工作，您才能够达到炉火纯青的境界。

中医界有一位面诊大师——王鸿谟老先生，我非常敬佩他，记得当年我在北京电视台《养生堂》栏目做主编的时候，我把老先生请来，希望他给我们讲望诊。

老先生刚到办公室，同事们就都围过来，说："您能不能让我们见识一下您的色诊，据说一看脸色就能分出病来？"我印象特别深，王老师用眼睛从左到右扫了一圈，大约有六七个人，用了不到二十秒的时间，就开始说："这个男编导以后少喝酒了，小肠有热；这个女孩月经不调，要注意月经问题……"

王先生把每个人都分析了一遍，所有编导都惊呆了，那个小伙子说："您怎么知道我喝酒？我在办公室从来没有说我喝酒，和同事之间也没有喝过酒，但我每天晚上睡觉前必须来一瓶啤酒。"

由此可见王先生医术的高超。但他是怎么练出来的呢？王先生告诉我，他是中医世家，从六七岁开始，他爸爸就带着他站在街上，看路过的行人，挨个告诉他，这个人应该有什么问题，他的脸上有什么特点……每天就这么一个人一个人地看。

有的人说这个方法也太笨了，家传的望诊就没有什么秘诀吗？没有那种背下来一个口诀以后，就全会的吗？

您觉得有那种巧功夫吗？真正的"大巧"一定是笨功夫打下的基础，我们现在看起来是笨，但是最后会出神入化。所以您看王鸿谟先生，天天这么看，看了几年之后，到了什么程度？基本上一看这个人脸的颜色，就知道他身体的问题了。

现在很少有人下这种笨功夫了。现在的人每天要看微信、看朋友圈，年轻人要玩儿游戏、看电影、谈恋爱，时间就这样流逝了。

其实，真正把心静下来能一点点下笨功夫的人，未来都会有大出息。

"大巧若拙"，真的是人生的指南针

很多事都是如此，您在低水平时要不断地重复，重复多了就会达到高水平。

为什么我现在经常给大家分享舌象？因为我看一个人的舌象，基本就能看出这个人的体质如何，这是我读博士时需要做的课题。

那时我每天都要拍摄各种舌头的照片，拿着不同的舌头照片跟临床资料去对照，来来回回看了有几千个舌头。那时候真的很枯燥，可是在看了几千个舌头以后，就会逐渐熟能生巧，一开始舌头对应的症状我说得不准，后来就说得准了，现在我再看谁的舌头，基本上就能准确地说出这个人的体质了。

中医号脉也是一样。脉多么微妙，每个人的脉搏都在跳，为什么能号出病来？您要跟着老师一点点摸，天天摸，静下心来抄方，三年后您的感觉就不一样了，这时候您再摸脉就知道这个人的身体大概有什么问题了。这些都是下的笨功夫，最后能达到"大巧"状态的例子。

现代人往往把这种笨功夫视为笨拙，总想用仪器来替代人的专业，觉得扫描一下就完事了。可CT片拍出来，还需要医生来看，不同的医生看片子的水平都不一样，这里面有境界的问题。

我经常讲，想要做好工作有几个要素：第一是这件事必须是您喜欢的，您觉得这件事我做到老也不后悔；第二是这件事一定是对众生有益的，能帮到众生，千万不能害人；第三是这件事您一定要坚持十年以上。

我认为无论什么事，都要坚持精益求精，一点点往下做，要下笨功夫，不断地反思如何能让自己提高，如何做得更好。如果一件事您能坚持做十年以上，您就是这个领域的专家，这是我的感悟。

我们大学毕业多年以后，眼看着都四十几岁，奔五十岁去了，当年那些下笨功夫的人，如今的成就都很大了。而那些当年觉得自己很聪明，不断地跳槽，在各处都显摆自己聪明的人，到现在依旧一事无成——这些都要经过一段人生阅历以后，您才会看到。

因此，老子讲的"大巧如拙"真的是人生的指南针。

05

有些事看似吃亏，
最终却是大赢

> 大赢如绌

真正成功的人，都会把光鲜、高大的形象隐藏起来

"大赢如绌"的"绌"当不足、不够讲，这个字在《郭店楚简》里写成"诎"，这两个字是通用的。相形见绌的"绌"也通"诎"字，当屈服讲。

我认为，《郭店楚简》写的是对的，但帛书乙本里写的这个"绌"也没错，两个字的意思差不多，一个是不足，一个是屈服。

"大赢如绌"的意思是，往往人生成功的人，看上去感觉好像是不足的、屈服的，没有成功的光环。一般人认为的成功人士都应该是光鲜、高大的形象，但一个真正成功的人，往往把这些都隐藏起来了。

记得有一位朋友和我说过,他们家有一个亲戚是一家上市公司的老板,他这个亲戚很有钱,但是穿的衣服常常是一件简单的夹克;他手下的部门经理个个开大奔驰,职业经理人也都穿得笔挺,而他开的就是一辆很普通的车。有时候和员工一起出去谈事,人家都以为他是司机,把他手下的经理当成老板,安排吃饭的时候都差点儿让他和其他司机一起吃。但他从未觉得自己委屈,也没有觉得别人把我当司机,下次我得穿好点儿。

我的朋友就说他非常不理解,这样一点儿都没有当富翁的成就感,我说就是这样的人才能真正做好事业。一个人只有**把自己的位置放低,把成功带来的光环去掉,才能真正做好事业。**

在成功的企业家里,这样性格的人比比皆是。您可以观察一下,会发现特别张扬、把自己位置抬得很高的领导,慢慢企业就衰败了;可是那些为人低调、认真做事、把自己的位置放得很低的人,往往事业都做得很持久。

越不在意自己做事的结果,反而结果越来越好

唐代的郭子仪是一位善战的战将,当时天下大乱,安禄山、史思明等人相继反叛,郭子仪以天下为重,只要国家需

要，立刻就带兵出来打仗。郭子仪打仗很有一套，安禄山反叛的时候，他率领主力部队平叛，等到叛乱基本平息时，就收复了京师。

但朝廷派了一名叫鱼朝恩的太监来做监军，目的就是监视、控制郭子仪，因为他手握兵权。

这种时候，一般人都会觉得难受，我这么高的地位、这么大的功劳，您居然派人来监视我？但郭子仪一点儿也不计较。后来，因为部队没有统帅，开始变得乱七八糟，朝廷才又任命郭子仪为帅，让他来统领众军，因为他有威仪、经验，所以大家都很佩服他，听他的指挥。

但鱼朝恩又开始密告郭子仪很多罪名，皇帝一听，觉得太监肯定是自己的亲信，就决定让郭子仪交出兵权。郭子仪二话不说就把兵权又交了出来，回家休息，毫无怨言。

后来，史思明又攻陷河洛，吐蕃的兵开始逼近京师，放眼望去也没有人能带兵，于是朝廷就又派人去请郭子仪。这个时候一般人会怎么样？您几次用我，又把我给废掉，到底是用还是不用？用我的时候就把我请出来，用完了马上就把兵权释去，这事换了谁不生气？但郭子仪依旧毫无怨言，率军讨伐史思明和吐蕃，最终把这两股叛军都平定了。

这个时候又开始有人说郭子仪坏话了，而皇帝再次听信谗言，又一次罢免了他的兵权。郭子仪这次依旧什么都没说，马上把兵权上交了。结果没多久又有叛乱了，朝廷又派人请他出来，任命他为关内河东副元帅，郭子仪又再次率兵收复"两京"……

他在前线打仗的时候，后方就不断地有人向皇帝告发，说郭子仪要趁此机会谋反。皇帝耳根软，就下令让郭子仪速速回来，郭子仪连夜跑回来，不洗澡、不刮胡子就跑去见皇帝。皇帝一看，这么忠心的人怎么可能谋反呢，肯定没问题。

郭子仪这个人就是这样——只要国家需要我，我就出力，至于那些不公正的待遇，一概视若浮云。郭子仪在生活中也没有什么架子，他的宅邸从来不像其他大官的宅邸一样戒备森严，无论是卖豆腐还是卖水果的人，都可以随便进出，有时他碰上卖东西的小贩，还会和这些人聊天，所以他跟老百姓的关系都特别好。

郭子仪活到了八十四岁，一生位极人臣，富甲天下，子孙满堂。他一共有八个儿子、七个女婿，都是朝廷的高官，他的重外孙是皇帝唐穆宗。司马光在《资治通鉴》里评价他"天下以其身为安危者殆三十年"，就是整个天下因为有了他的存在，才有了大约三十年的安宁；"功盖天下而主不疑"，天下没有人能超过他的功劳，但因为郭子仪态度端正，皇帝最终也保全了他的地位；"位极人臣而众不嫉"，位置已经这么高了，还能和大家和平相处，除了个别小人在皇帝面前进谗言之外，基本没有什么人嫉妒他，因此他最后才能够"得以善终"。

在唐朝能活到八十四岁是非常不容易的，而且郭子仪家业兴旺，能够在乱世之中保天下太平几十年，后代子孙都能够对社会有贡献，这是非常难得的。郭子仪之所以能够达到这个境界，都是由他的处世态度所致——**越是不在意自己做事的结果，反而结果越来越好。**

看似吃亏，好像每次都低头、屈服，但因为他能够看淡这些，所以他的屈服不是真的屈服。真正悟道的人不会觉得自己委屈，自然而然就是这样，这就是老子讲的"大赢如绌"。

"如绌"不是装出来的，而是他真的认为这些东西没那么重要，因为不重要，所以无从屈服。这样的人就是一心集中在做事上，最终才获得了"大赢"。

06

清静难得，难得清静

> 躁胜寒，静胜热，
> 清静可以为天下正

要想摆脱"寒"的生活状态，就要快速动起来

"躁胜寒，静胜热，清静可以为天下正。"这句话什么意思？

"躁"是躁动的意思，"躁胜寒"指躁会战胜寒冷；"静胜热"指安静能战胜炎热的状态。"清静可以为天下正"的"正"是规范的意思，这句话指清静可以作为天下的规范、正道。

这里所说的"寒"和"热"，都不是人们生活的正常状态。

比如寒的状态，我们要想摆脱它，就要快速动起来。当人行动以后，就能战胜寒的、没有生命力的状态，这叫"躁胜寒"。比如您处于赤贫的状态，当您开始行动，不断地努力工作，就会产生"热"。当"热"越来越多时，往往会产生虚热，这时候您保持内心清静，把虚热清除掉，您就保持了脱离"寒"的状态与清掉虚热的状态，这种取中的状态叫"天下正"，这是一种中正的状态。

这种状态不是什么都不动，一点儿都不动就是"寒"，要动起来，再通过清静的方式，慢慢让这种状态回到中正、平和的状态。

一个人想真正做到清静非常难，但再难也要去做

当您用清静的状态将欲望清空时，才可以成为带领大家往前走的领导者，这叫"清静可以为天下正"。

"躁胜寒"是每个人都能做到的，为了摆脱寒，动物都会主动地去找草吃、找猎物吃，但一个人想真正做到清静是非常难的。

作为领导者，基本上都能够做到"躁胜寒"，但"静胜热"是一个领导者在提升境界时必须要思考的。

有的人将"清静可以为天下正"的"正"解释为做天下的领导，其实不是，"正"字的上面是一横，下面是一个"止"字，"止"是足、脚的样子，引申为大家追随的方向，所以这句话的意思是：把欲望清空的人，才能够成为大家追随的人。

也就是说，行动有所加强，欲望有所降低，才是领导者真正的品行。

道德经说什么

第四十六章

不停衡量做事结果的人，
活得最累

01

一旦欲望太多，
就有可能让自己和组织崩溃

> 天下有道，却走马以粪。
> 天下无道，戎马生于郊

天下有道的时候，马都在认真耕地、干活

"天下有道，却走马以粪。"这话什么意思？"天下有道"说的是领导者"有道"，因为领导者"有道"，天下才能按照道做事。

"却走马以粪"的"粪"，现在是粪便的意思，"粪"最早是扫除、清除污秽的意思，指一个人用双手捧着簸箕去撮东西。现在还有个词叫"粪除"，意思就是清扫，后来引申为耕地。

天下无道的时候，连怀孕的马都被征进战场了

"天下无道，戎马生于郊"中，"戎"字的右边是"戈"字，代表武器，左边的"十"字是"甲"的简写，代表铠甲。所以"戎"字是所有兵器的总称，"戎马"就是战马。

"生于郊"是什么意思？连怀孕的马都被征收上战场了，结果在郊外打仗的时候生下小马，这种状态就是"天下无道"。

古代打仗，大多时候都是老百姓自己准备铠甲，比如花木兰就是家里有铠甲，铠甲是一代代往下传的，国家有难了，大家就自备武器，披上铠甲，骑着马去战斗。打仗回来，铠甲就再挂起来。

当"天下有道"的时候，领导者的心思都在国家生产上，思考的是如何才能让老百姓富起来，这时候老百姓都安于生产，马都在耕地。

但当"天下无道"的时候，领导者想的都是自己的国土能不能再大一点儿？其他国家有很多宝贝和美女，我是不是得找一个借口发动战争攻打他们，把这些都抢占过来？这样的领导者，一旦某些国家处于新旧交替的阶段，国内混乱，他马上就发兵去攻打人家……

在老子生活的时代（春秋时期），君主频频与周边国家开战，小国之间互相兼并，时局混乱，老百姓已经没有办法安心耕田了，纷纷带着自家的马出去打仗，最后连怀孕的母马都要

上战场,结果在郊外的战场上生下了小马,说明国家为了打仗已经把老百姓的财富全都压榨出来了。

您千万别觉得战争是想打就打的,战争是需要消耗国力的,不仅前方打仗需要粮食,送粮的人也需要吃饭,等粮草送过去的时候,往往已经被吃掉一半了。当年努尔哈赤从沈阳往关内进,光走就走了两个多月,在这段时间里大家没法干活,田里荒草丛生,消耗的都是老百姓的财富。

因此,领导者的欲望一旦滋生,消耗的都是下面人的能量。

无我利他与损人利己是两种不同的境界,老子管这叫"天下有道"和"天下无道"。老子在本篇特别指出,领导者的欲望对他管理的组织至关重要,如果您能把自己的欲望清除,您的组织就能正常运行,被管理的人也会越来越幸福。如果您的欲望不断滋生,在个人欲望的驱使下,带领大家不断地去"征战",消耗的不仅是个人的财富,还有您管理的人的财富与幸福。

领导者的欲望对组织至关重要

当年某奶业品牌的老板野心膨胀,想要做全世界第一大的奶业公司——每当我听到企业的领导者说出这样的话时,我都会对这个企业画一个问号。那些能成为行业中数一数二的企业，一定是扎扎实实把工作做好，最后才走到那个位置的，绝对不是"大跃进"式地往前冲，因为在冲的时候您会忽略很多细节，从而因为一个细节导致全盘崩溃。

当时，这家奶业公司就是这样，想要当世界第一，问题是哪有那么多的牛？后来就有人出主意了，为了完成那个所谓的目标，没有那么多的牛，我们可以勾兑奶，最后就出现问题了……

这种情况不是一家企业的问题，有时一家企业的一个环节出现问题，整个行业都会遭到灭顶之灾。其实现在国产鲜奶的质量几乎是有史以来最好的了，但是人们还是对过去的事心有余悸。

像这样的例子特别多，有很多企业的领导都是自我膨胀以后，最终把企业拖垮了。

老子讲"天下有道，却走马以粪"，指领导的心思和资源都用在正地方了。而"天下无道，戎马生于郊"指领导者为了野心、地位，将资源浪费在了扩张上，没有把自己该做的事认真做好，这就是老子给我们带来的深刻启示——**领导者的欲望对组织至关重要，控制好是好事，控制不好是灾难。**

当买包对于您来说像买白菜一样时，您再买

有人说，您讲的是领导者的公司管理之道，跟普通人有什么关系？

非常有关系，一个家庭是不是一个公司？如果家里的太太经常关注丈夫的身体，告诉他要好好工作，不要太累，平时提醒他多锻炼身体，把身体保护好，自己没有太多的欲望，实际上，生活就会越来越好。

如果您的家里资产一共就十万元，您太太看上了一个两万块钱的名牌包，觉得同学、同事都有这个包，我也得买一个；或者您看见同学都买别墅了，也想把房子卖了买一栋。您说这些钱都从哪儿来？这是需要加班赚的，这就有可能牺牲您锻炼身体的时间和睡觉的时间。而且这种欲望一旦滋生，就要为了它疲于奔命，这就是老子说的"戎马生于郊"。

有的朋友问，罗老师您不主张买这些东西？不是的，只要您认真工作，锻炼好身体，随着事业一步步上台阶，等您家里有一百万的时候，再买一个包，占您资产的比例就很小了——为什么有的人说买包像买白菜一样，这是人家有实力。但如果您的实力没有达到，就顺着欲望想买什么就买什么，这样对您自己是不好的。

一个有道的家长，能看见孩子真正的需要

在教育孩子方面也一样，一个有道的家长，能看见孩子真正的需要，让他选择自己喜欢的去学，这样孩子就会把精力充分地运用起来。但如果家长无道，为了炫耀，在外面不停地和别人说："我的孩子可厉害了，学习好，还练柔道、钢琴、溜冰、书画……"

您巴不得自己的孩子是全才，一下子让孩子报六七个补习班、课外班，让孩子不堪重负，这就叫"戎马生于郊"，孩子的精力怎么可能集中在学习上？到了晚上睡觉的时候，他都缓不过来，这种孩子的目光是呆滞的，毫无灵性，最后一提学习，只有厌烦和抵触。

很多家长觉得只有让孩子吃苦，他长大了才能成为全才。您看世界上哪有这样全能的人，又是柔道冠军，又是著名钢琴家，又是著名书法家，又是著名数学家……没有这样的人，所以您没有必要让孩子学那么多东西。

老子通过这句话告诉我们，**有时稍微冷静一点儿，生活就会变得顺畅很多，一旦欲望太多，就有可能让自己陷入疲劳之中。**

02

没有比"总想得到,总是不知足"更大的罪过了

> 罪莫大于可欲,
> 祸莫大于不知足,
> 咎莫憯于欲得

人有一个最大的弱点:特别看重结果

老子说:"罪莫大于可欲,祸莫大于不知足,咎莫憯于欲得。"这句话什么意思?

"罪莫大于可欲",指对于一个领导者来说,没有比欲望特别强烈的罪过更大的了。"可"实际也是"甚"的意思,"甚欲"是非常严重的欲望、非常强的欲望。

"祸莫大于不知足",指没有比领导者不知足更严重的祸害了。

"咎莫憯于欲得"的"憯"字通"惨",这句话是说,犯的错误没有比总想得到更惨痛的了。

这几句话强调的核心是:您总想得到,总是不知足,会导致非常严重的后果。

所谓欲望,就是您做事所带来的结果,比如名誉、地位、利益等。如果您做的事是一分,却想收获十分,这就叫不知足。

老子认为,做事要扎扎实实地做,不要过于在意做事带来的结果,这样您才会做得越来越好,而那些您想要的结果都会来。

老子用"虚其心,实其腹"来形容如何把事做好,告诉我们不要在意做事带来的虚幻东西。

可是人有一个最大的弱点,就是特别容易看重结果。比如您问大家为什么工作,通常大家的回答都是:为了买别墅,为了买名牌包,为了吃好东西等。这些全是结果,这种过于关注结果的心态是人类的特点,其他动物对结果不会有这么多关注。比如狮子在草原上吃了一只羊,吃饱了就绝对不会再吃了,它不会把肚子撑得要爆掉,也不会幻想控制一千只羊,让它们谁也跑不掉,等想吃的时候随时吃。它不会这么想,它永远都是先解决好眼前的问题。

过度看重结果，就会导致动作变形

人有联想能力，联想能力让我们能够创造，但其副作用就是，我们容易把得到什么放到前面，这会让我们忽略了做事本身。

虽说人类跟动物相比这个特点有进步的地方，但进步也会带来副作用。

有时我们可以利用联想来合理规划生活，但是过度看重就会导致动作变形。比如您没有升部门经理的资历，就开始想升了部门经理以后多么好。结果您整天就想着要"黑"别人，把现在的部门经理给"干"掉，也不好好工作了，就想着怎么能获得经理的位置等，这样是会出问题的，最终会害了自己。

而且这种人一旦当上了领导之后再浮想联翩，则会出现更大的问题，因为您现在有资源了，所以此时的浮想联翩很快会变成欲望。比如您主管某工程，建筑商都来找您把工程给他，这个项目您给谁都是给，这个时候，有人来向您行贿，您想着您的别墅梦想、出国周游世界的梦想，有了这笔钱一切就全解决了。此时的这种"规划"，就都变成了欲望。

这是人类的本性决定的，我们随时都会产生欲望，会随时想未来怎样更好，但如果您处在领导的位置上还这么想，很容易出现问题。

老子早就指出了人类的弱点。如果您作为领导，不懂得克服弱点，怎么能做好领导呢？您的企业最终也会"崩溃"。

03

无论做事的结果多与少，
一切都是最好的安排

> 故知足之足，
> 恒足矣

知足常乐，是一种不思进取的状态

老子说"故知足之足，恒足矣"，是在说"知足"的状态，"足"是富足的意思。

很多人认为知足常乐是一种安于现状的状态，但这并不是《道德经》所提倡的。

《道德经》里讲的知足，是让我们一点点累积，把事做好，对于做事所带来的结果感到满足。这与很多人讲的那种知足常乐、安于现状、现在很好不用努力了的状态，是截然不同的。

在春秋时期，国家之间发起战争，有时就是因为不知道谁在哪个山里挖出来几块美玉，国君认为自己应该拥有它，所以就要派兵去抢。

据《韩非子》记载，虞国的国君想得到邻国的车乘和碧玉，不听宫之奇的劝说，盲目地发兵攻打，结果不但没打赢，反而国家灭亡了……您说就因为想要车乘和碧玉，最后被人家把国家给灭了，值得吗？因此，老子才用非常犀利的语言，抨击这种当了领导者以后不知足，一定要为自己捞取利益的人。

因此，知足在《道德经》里有特殊的含义，绝非是一种逃避现实的说法。

我们的身体每天真的需要摄入那么多美食吗

"故知足之足，恒足矣。"这句话在生活中也特别有用。比如，我们的身体在维持日常作息规律的情况下，每天需要吃很多美食吗？

其实不需要，我们的身体只要摄入能够正常运转的能量就可以了，但是很多人看到美食就想着多吃点儿，完全不考虑身体的实际情况。

比如，有的人已经五十多岁了，身体开始走下坡路了，但是他觉得不行，别人的公司都上市了，我也要去做！然后玩儿命地去干，结果把身体越搞越惨。再比如，我们的口腹之欲常常被红烧肉、红烧排骨、油爆大虾等美食勾引出来，不管什么时间，也不管吃没吃饱，依旧玩儿命地吃。您说就这样吃下去，身体能不被吃垮吗？

小孩子会积食，大人会脾胃受伤。《黄帝内经》管这种现象叫"饮食自倍，脾胃乃伤"。如果您的口腹之欲不满足，原本按部就班的身体就会开始"大跨步"地往前走，长此以往，您的身体就崩溃了，这是身体上的不知足。

太过追求结果的家长，终会把孩子的兴趣抹杀

在教育中也是如此。您在教育孩子的时候，如果能让孩子踏踏实实地学习，他的才能是会逐渐显露出来的。但是很多家长不容易知足，觉得自己的孩子是天才，应该学小提琴，然而一看朗朗学钢琴都学到世界闻名了，又让孩子参加钢琴培训，与此同时又觉得孩子平时应该多锻炼身体，让孩子练练柔道也不错……您认为用这种报补习班、培训班的方式，能增强孩子的大脑发育，于是就给孩子不断地报班。

在这种急功近利的教育环境下，兴趣班最终都会变为伤害孩子兴趣、扼杀孩子生机的工具。

我见过很多被家长报了五六个兴趣班的孩子，他们的目光是呆滞的，他们每天疲于奔命，毫无生机可言。家长却觉得不错，可是您如此"大踏步"地往前走，只会违反孩子的生理规律和发育规律，这种非让孩子按您的欲望做事的状态就叫不

知足。

太过追求结果的家长,最后会把孩子的兴趣抹杀,导致孩子长大后一提小提琴,就觉得头疼,一提围棋、奥数,也觉得浑身难受,不再想学习,这样就让孩子完全没有了学习的乐趣,也失去了学习的意义。

带着无尽的欲望工作,最后一定会反受其害

工作中也是如此。

比如练书法,如果您真的每天认真临帖,观察名帖怎么写得好,认真拜访老师,写十年以上,您的字一定非常好了。但现在的人都想着要出名,他们觉得只有出名,自己的字才能卖更多的钱,这是出名才能带来的效益,怎么能出名呢?应该搞展览,约一些名人来帮忙站台,或者搞一些炒作来吸引大家眼球……

在这个过程中,您的欲望已经远远大于实际工作基础。

基础是一,欲望却变成一百了,在书画领域这种现象是很多的,找人一起帮忙做营销,然后一起盈利,您说这还是在搞艺术吗?带着这样的心写字,还能写得好吗?

很多人的工作都是这样,工作还没有做扎实,就开始设想工作所带来的欲望该如何满足,以这种态度来对待人生,最后肯定会反受其害。

应该以什么样的态度面对人生？生活好好过，用心地经营，对于它所带来的结果，不用在意——给我多了，挺好；给我少了，也挺好——这种状态才叫知足。

知足是一种从容的状态，用这种状态做事的人，不会因为结果的改变而动摇做事的决心。他知道把自己的事情做好，结果自会如影随形地跟来，这叫立竿见影。而他也不会在意结果的多少，这才是真正从容的人生。

为什么大多数人总是活得累？

我们总在衡量做事带来的结果是多是少、是大是小。只有我们不再衡量它，才能做得更好、更轻松，这是一种非常从容的人生状态，希望我们都能进入这种状态。

道德经说什么

第四十七章

您的心念如何,命运就如何

01

为人处世的真理：
"得道者多助，失道者寡助"

> 不出于户，以知天下。
> 不窥于牖（yǒu），以知天道

我们每天关注的事，大部分都是没用的

"不出于户，以知天下。"这句话很有意思，"户"当单扇的门讲，我们看"门"字就知道，正常的门是对开的。老子说，悟道之人，不用出门就能知道天下发生的事是怎么回事，就能了解天下运行的规律。

"不窥于牖，以知天道"的"牖"当窗户讲，这句话的意思是，悟道之人都不用往窗外看，在屋里坐着，就知道天道了。老子用这两句话来说明这个人很高明、见识很广，他不出门，不看窗户外发生了什么，就什么都知道了。

有人问这算不算吹牛，您看现在我们在家里看电视、上网，可不就是什么都知道了？古人没有这么先进的科技，老子讲的这句话到底是什么意思呢？

我们在这个世界上，所了解的事情大致分为几类，其中一类是新闻，就是世界各地发生的新鲜事，这种新闻随时都在发生。在古代，因为传播方式的限制，信息传播的范围没有现在这么广，人们活得都相对简单一些，也就只是身边或村子里发生的事，比如谁跟谁打架了，谁家的婆媳关系怎么样了。和现在比，事情不是很多，心也相对静一些。

您看现在，只要打开网络，就能看到各种各样的新闻——美国怎么样了，中东又怎么样了，甚至哪个国家的狗掉到井里了，您都能知道……

每个人天生都有想了解新闻的本性，好奇心是人类特有的一种品性，我们想了解周围的动态。尤其喜欢了解负面新闻，这叫负面偏好。比如，鹿一旦发现了狮子的斑纹，马上就会警觉，因为这个东西能威胁到它的生命。

人类也一样，曾经有个国外的媒体人讲过，办报纸很简单，只要里面有凶杀、政治丑闻、色情等内容，报纸就会卖得好。他是以盈利为目的讲的这件事，这恰好说明了负面的东西更能引起人们的关注。

但是我们关注的这些事对我们真的有那么大用处吗？其实没什么大用，对您的人生也不会有什么改变，但从开始的好奇，后来就变成习以为常了，很多人的人生都消耗了相当大的精力在这些新闻里。

说实话，您还能记起一年前的新闻吗？全都记不住了，那些您看过的八卦、奇闻逸事，您几乎全都忘记了。可现在大多数人的大脑每天仍在不断地被这些新闻占据，有时本来您在工作，突然弹出一个网页新闻，您的好奇心就上来了，就开始把注意力转移到这些无聊新闻上……

我们关注的事大部分都是没有用的，要学会从中取舍。

如果您把方向搞错了，获取的知识越多越害人

如果您了解的是知识，就与了解那些杂闻不同，知识是劳动技能。比如，我去看中医书，我去学习怎么分析人的舌象，怎么判断人的身体出了什么问题，用什么方子治等。这些知识不学是不知道的，这是一种术，这种术对人类是有用的。

如果我们能把每天看新闻八卦的劲头拿来去获取知识，我相信这个社会上有一大半人的技能都会得到一个很大的提升。比如，您想学习怎么用电脑，您天天看电脑书或关于电脑方面的文章，您一定会用得越来越好。

但这些东西是不是知道越多就越好？比如，中医书越看越多，您的医术就一定会提升吗？您当然有可能提升，但如果您把方向搞错了，可能就会越做越糟糕。

比如，您知道乌鸡白凤丸可以治痛风，就把同仁堂的乌鸡白凤丸买来，把包装皮刮掉，印上自己设计的包装，然后和别人说这是从日本进口的痛风特效药，以此赚钱，获取暴利。您要是这样做，认为看书是为了让自己发财，那您看的书越多，可能犯的错误就越大。

做事背离了道，您所学的知识就是犯错的基础

在这些知识之上，还有道。**道是这个世界运行的规律，也是知识前面的正负号，它代表了方向。**

如果您做事有道，您学的知识就是有用的；如果您做事背离了道，就相当于在这件事前加了一个负号，所学的知识就有可能成为您犯错误的基础。

比如，一个研究化学的博士，做实验的时候发现有些物质能制成毒品，于是就开始利用学校做科研的实验室来提纯毒品。最后锒铛入狱，害人害己，这就是因为他把方向搞反了。

道是我们最应该获取的内容，因为道是学习知识的统领。而那些杂闻，您了解得越少越好。如果您将圣人的书看明白了，知道什么是天之道，按照天之道的特性，放下自己的利益为大家做事，您的人生就会顺畅，所有的知识都会变成正面、积极的东西。

道是最关键的，而道的学习不需要我们满天下去走，老子

已经给您讲了，您学了以后，"不出于户，以知天下"，不出门就能知道天下会怎样运转。因为您一看世间的这些事，就会发现它们都是按照道的规则来运作的。

您随便翻开新闻一看，就明白了为什么"得道者多助，失道者寡助"。因为得道了，知道要放下自己的利益为大家做事，自然会被大家成就；如果没按照道做事，只为了自己捞取利益，就会失去众人的支持。

为什么有的公司越来越兴旺、有的公司越来越衰败，原因就在于其领导者的所作所为。

您明白了这个道理以后，还用去研究一百家公司的兴衰史吗？用不着，因为所有公司都是这么运转的，这就是"不出于户，以知天下"。您不需要了解太多，圣人已经为您验证过了，您明白了之后去做就行了。

明白了道的规则，您的内心就不再有纠结

"不窥于牖，以知天道"的意思是，您不用看窗外发生了什么就知道事情的来龙去脉了。

如果领导者能做到无我利他，大家就会来支持您，您的组织就会越来越大，这就是道。

如果明白了道的运行规律，按照道做事后您就会无比坦然。上班时也会觉得扬眉吐气，什么评选没有评上，什么升职

没有升上，您都不会过于在意。因为大家推举您上位，也是希望您能更好地做事而已，没给您这个位置，您还是接着做事。**别在意这些回报，等时机到了，回报自然就来了。**

这种坦然的状态就是明白天道的感觉，您既不需要每天和别人探讨，也无须纠结。老子告诉我们这种状态是非常好的，我们要向着这种"不出于户，以知天下。不窥于牖，以知天道"的坦然境界一点点迈进。

02

知道"道"，
才是真正的"知道"

> 其出也弥远，
> 其知弥少

大部分地区的景色都是相似的，
因此您无须都走一遍

"其出也弥远，其知弥少。"这句话从字面意思来看，就是您往外走，走得越远，希望了解的就越多，但是可能您知道的也就越少。

我们走得越多越远，了解的难道不应该越多吗？古人不是说要"读万卷书，行万里路"吗？老子对于这样的问题微微一笑，告诉您："其出也弥远，其知弥少。"

在这个世界上，我们需要了解的事，大致分为三类：

第一类是杂闻，也就是新闻，日常生活中发生的事。

第二类是知识，这属于生活、劳动技能。这些内容的逐渐累积，使得人类能够不断进化。我们正是因为会钻木取火，能搭建房屋，知道怎么把木材做得更好、把粮食种得更好……才变成了今天的人类。这跟知识的积累和运用有关。

第三类是道，道是万物运行的规律。如果懂得了道再去做事，知识就变得有用了，您就能明白那些新闻为什么会发生了。

在这三类中，大部分人偏好了解第一类"杂闻"的内容，很多人对于第三类"道"没有多少意识，也不知道这个东西有多重要。

老子为什么要说"其出也弥远，其知弥少"呢？因为对于那些新闻，您看得越多，您的脑袋就越混乱。比如，您每天上网浏览的那些花边新闻，大部分内容都是为您准备好，投您所好的——大数据会检测到您喜欢看什么，网站和软件就按照您的爱好给您提供这些，因为它有流量的需求，这些东西往往都直接将人性的弱点暴露出来。

现代媒体将各种各样的新闻全都呈现在您的眼前了，比如哪个明星又出轨了，哪个村子的狗被打死了等。知道这些东西不会帮您提升生活质量，只会增加您的欲望。

如果没有互联网，生活在消息不发达的地方，您哪知道什么是 Prada，哪知道世界名模都穿什么牌子的衣服？现在您都知道了，您觉得有这些东西才能代表身份，为了让自己看起来有身份，就开始买 Burberry、买 Prada、买 Hermès……

当您的欲望越来越多，离道就会越来越远。所以，老子说的"其出也弥远，其知弥少"中的"知"，不是您知道八卦，而是您知道"道"，这才是真正的"知道"。

有的朋友讲，那我出去不看那些八卦，看的是美景，难道不行吗？当年我也特别想知道外边的景色是什么样——就像小时候我姥姥家对面有座大山，我总想知道山的那头都有什么。那时候我特别想去看看各地的美景到底是什么样的，但是没有条件。

我说过自己曾经有十年都在家里读书，没有出过门，后来我博士毕业了，就开始宣传中医，这才有机会到各地走走。在这个过程中，我发现了一个特别奇怪的现象——每个地方的景色，在本质上都大同小异，而且很多地方并没有传说中的好。很多人去一些地方只是去验证一下这就是传说中的那个地方，原来这么小，原来世界是这样的……实际上很多景色都是相似的。

我现在出门，基本都是宅在酒店里写东西，除非到一些很特殊的地方，比如新疆、西藏等。大部分地区的景色是相似的，所以您无须真的全走一遍，即使您真的全走遍了，收获也未必那么大。

不懂得道，知识就会变成"所知障"

为什么我说知识也并非了解得越多就越好呢？

在佛教里有一个词，叫"所知障"，就是知识引起的障碍。佛教认为，**如果您太执着于您学到的知识，反而会使您不能接近真理。**是不是这样呢？在很大程度上真的如此。比如，您和知识分子讲佛法或者讲道的法则，他会很难接受，因为他已经形成了特别强大、坚固的知识系统。

比如，很多理科生不接受中医，因为他们事先建立了一套体系，就是所谓的科学体系，他们会想：什么阴阳五行，在哪儿呢？什么肝木，肝里有木吗？您解剖一下我们看看？他们认为这个不科学。这种"所知障"，使得这种人学的知识越多，反而越不能接受新的东西，越不能接近道。

有的朋友问，那看新闻、去各地看看就一点儿用也没有吗？

不是的，关键在于有没有道的指引。一旦您懂得了道，再看一些新闻或者知识，就能融会贯通，起到事半功倍的效果。这时您不用再去哪儿，就能达到您预想的结果，因为人世间总在反复发生着同样的故事。

比如，大部分的婆媳关系不和，其原因都是相似的，如果彼此都能放下自己的利益，为对方想想，就不会再吵架了。

生活中的关系，如果都能按照道的指引来处理，您会发现很多事都可以豁然开朗。但如果您不懂道，就会觉得什么事都很新鲜。

老子讲的"其出也弥远，其知弥少"，并不是说不让您不往外走了，而是说如果您不懂道，您去的地方越多，您接受的新闻和知识越多，您和真理之间的障碍就越大。

老子的这句话其实在讲道的重要性，在生活中如果您不懂道，就好像蒙着眼睛走路一样；您若懂得了道，再走在大街小巷上时，就会走得非常顺畅。

03
念念不忘，必有回响

> 是以圣人不行而知，不见而明，弗为而成

只要您能做到"弗为"，最后就一定能成事

"是以圣人不行而知，不见而明，弗为而成。"这句话是什么意思？老子接着前面的话解释说，所以这些圣人，不出门就可以知道万物的规律，不亲自去看也能明白事物的来由，不刻意作为就可以有所成就。

老子讲的圣人，不是做学问的人，而是指有道的领导者。这些境界比较高的领导者，不是说多少里以外的一只狗掉进井里了他都知道，他知道的不是这种内容，他知道的是道的规律——世间运转的规律他已经了然于心。

道的规律是什么呢？世界是一个整体，您发出什么念头，

世界就向您回馈什么，而且会回馈得很多。

老子的这句话不是告诉我们不用出门，想出门旅游或想获得知识是没问题的，但是对于道的法则，我们明白以后就知道了其实内容就这么多，这就是"是以圣人不行而知"。

"不见而明"指您没有到处去看，心里就非常明了。"明"字在各个版本中写得不一样，帛书乙本、王本、傅本、河上公本写的都是"名"，帛书甲本写的是"明"。我认为"明"是对的，而"名"应该是借音。

这就是说圣人没有到处去看，也没有过分探求，但是他的心里已经明了。他明了的不是那些杂闻，明了的是道的法则。

"圣人不行而知"，知道的是什么？知道的是无我利他的道的法则。"不见而明"，明的是无我利他，放下自己的私欲，为大家做事的这种道的法则。最后"弗为而成"，成的是您的事业，因为您按照道的法则，放下自己的私欲，为周围的人做事。"弗为"就是放下自己私欲的意思，不要为了自己的私欲去捞取、作为。

因此，前面的话都是铺垫，本章的最后一句话才是核心。"弗为"就是无为，"无为"是指领导者不要为了自己的私欲去捞取名誉、地位、利益等。只要您"弗为"，最后就一定会成事。

永远不要过度外求，要相信自己的力量

本章的内容其实是在描述悟道之后的领导者会处于一种什么样的状态。知道了道的法则后，您就会心中坦然，不用再去外求。

这种外求的状态，在当代人身上非常明显。比如，身心是连在一起的，身体健康则心态好，心态好则身体会更健康。有的时候我们自己清楚，我们身体的问题是由情绪不好所致，这时您再外求——天天上网求名医帮您调理，也于事无补。您应该先把自己的心安定下来，否则您就会陷进一种误区，这也是一种知识障碍。

当您知道自己的身体问题是由情绪不好所致，就应该先把情绪调节好，让自己多放松，比如经常静坐、出去旅游等，这时您再反过来看自己的世界，会发现没有什么好纠结的。您看到那些令您生气的人，要想他也是人，他一定有什么原因才会这样。想明白这个之后，学会放下。不纠结了，您就不生气了。您一旦不生气了，身体的气血就会逐渐通畅，身体就有了恢复的机会。

我所碰到的身体有问题的人，一旦他明白了道理，开始调整自己的内心，病很容易就会好，甚至很多人都不药而愈。我也经常看到这样的人，到全国各地访求名医，通常他来找我以后，会把一堆名医开给他的方子都拿出来，告诉我这些都没有

效。我问:"您这个方子吃了多久?"他回答说:"我吃了一个星期。"

他吃了一个星期就想见效,只要一个星期没见效,就马上换别的名医,最后他得出一个结论——全中国的名医都治不好我的病,那我得的一定是绝症……您说哪儿能什么病都一个星期就快速见效的?这个时候,他的心是慌的,他不断地向外求,找到好医生成了他的一个信仰,而他自己却没有注意"调心"。

通常这样的人,都有很严重的肝气不舒。我每次都会先劝他们赶快把心安顿下来,好好去调节情绪,要相信自己的力量。

只要您为大家做事,大家一定让您活得更好

老子说,"圣人不行而知,不见而明",就是您悟道以后,不用到处去看您就能明白。

心中知才可以"不行",心中明才可以"不见"。如果您不明白道的法则,您会活得很累。

我的人生就经历过这样的过程,我在不明白道时,一切为自己,每天想的就是赚钱、发财。我二十多岁时,在街头买过好多富豪传,那个时候书都是从香港影印来的,都是模糊的繁体字,里边的插图也是黑乎乎一片。

我每天在家里一本本地看，就研究怎么样能成为富豪，为什么他成为富豪了？

可能是富豪的生活习惯不一样，比如每天早上四点钟起床，用手电筒照着打高尔夫球，打完以后看报纸、吃早饭、上班。于是，我觉得四点钟起床有好处，就也四点钟起床，每天搞得自己困倦不堪。我还研究富豪每天吃什么，然后也跟着吃……我每天就研究这些东西。

这是我想要了解、想要看见的东西，但这些其实都是皮毛，是事情的外在体现，我不知道这里边到底发生了什么，只跟着人家学这些皮毛是没有用的，这就是到处想"见"。

我当时也做到了到处"行"，只要听说谁在什么地方有个什么生意特别好，那个东西我们做了就能发财，就马上跑过去看看是不是真的有什么机会。所以，我当时处于一种不断游走的状态，只要我知道了什么消息，要是当天没有大客车和火车了（那个时期交通不便利，没有高铁），我就去高速口附近拦大货车，上车之后跟司机说我给您点儿钱，您给我带到哪儿去，到了我下去自己走……那时候我就这么跑，仗着自己年轻，在家里也待不住，一在家里就觉得不行，在家赚不到钱，然后一听说哪儿有消息，又赶快跑过去。

我为什么会四处"行"？因为我不知"道"，我的心里没有方向，不知道自己要做什么，而"行"的结果就是没有结果。

也就是说，如果您的心中没有"道"作为指南针，那么您的"行"和"见"很快就会乱，您就不知道做什么去了。

当时我的人生一团糟，一事无成，觉得自己很聪明，总想做点儿事，但是做着做着结果就很糟糕，慢慢地各种挫折就迎面而来，最后事就做不下去了。这种事情经常发生，所以我的人生困窘不堪。

我也提到过，我是因为后来到了北京中医药大学读博士，被同学们影响着学了国学，才改变了人生。

如果说一个人真的能改变人生，那一定是通过学习真知、学习道。

我学习了国学后，突然就明白道理了——人要先放下自己的私欲，先为大家做事，只要您为了大家做事，大家一定会让您活得更好。

从这以后，我就尽自己所能去为大家传播中医知识、国学知识。我告诉自己尽量放下回报，因为回报一定会有的，生活也一定会更好的。

后来，我创办了《养生堂》栏目，录制了《百家讲坛》，写了很多本书……我做事的发心都是希望大家能身心健康，我发现自己特别幸福，这种感觉真的非常美好。这就是老子在本章讲的最后一句话——"弗为而成"——**您没为自己做什么，尽量为了大家做，可是大家来成就您，您的事业反而做成了。**

因此，一个人的人生是能够改变的，性格也是可以改变的。

您的心念如何，人生命运就会如何。

老子在这一章讲的道理非常深，"圣人不行而知，不见而明"。您的心里有了道以后，不用到处去找机会，也不用到处去增加见闻，把自己的事，扎扎实实地做好，您最终就可以进入"弗为而成"的状态。

道德至说什么

第四十八章

人生的『减法』，您会做吗

01

在生活中，愚者不断做加法，智者不断做减法

> 为学日益，为道日损

一旦您背离了道，学问就变得可怕了

"为学日益，为道日损"的意思是，那些做学问的人，事情越做越多，知识越学越多……这是一种不断做加法的状态，看似老子没有赞成也没有否定这种状态，但是从后面的"为道日损"来看，老子应该是不赞成的。

很多人会奇怪，难道学问越做越多不好吗？不一定的，如果您做的学问有道的指导，那它可能是有益的；您做的学问要是没有道的指导，它还有益吗？

举一个例子。人类现在进入了工业化时代，但我觉得科技

的进步未必好。比如塑料的出现，我们没法断定它到底是好事还是坏事。我姥姥家在农村，我小的时候在农村生活过。农村的生活有一个特点，就是用的东西基本上都可以降解。

我父亲和我说，过去他们村里谁办酒席，大家去吃酒席，如果剩下了肉，大家就会一人分两块，用荷叶包起来，拿回家给孩子吃。孩子吃完肉，还可以用荷叶来煮荷叶粥，粥会散发出一阵清香，或者把荷叶扔在地里，荷叶是可以降解的，在地里烂了就成为肥料了。而且村子里的动物吃了这些植物后，排出的粪便也可以作为肥料，这是一种良性循环。

我不知道您有没有去过农村，农村需要沤肥，虽然味道不大好闻，但是这种肥料放到地里，长出的农作物十分茁壮。

没有什么东西是永恒存在的，它们会不断地进入循环中。可是塑料出现后，一切就变了。因为制作塑料的科学家把高强度的分子结构改变了，使得塑料成为一种很难被降解的物质。这种物质可真是"跳出三界外，不在五行中"，它只要被生产出来，对不起，它就几乎永远地存在下去了。

以前到了农村，看到的是山清水秀，因为所有的物质都是循环的，吃剩的食物到了地里就变成了肥料，它可以促使植物长出绿叶。可是您现在到农村去，所见的景象简直触目惊心。

几年前我回到农村老家，真的想放声大哭。小时候那边山清水秀，而且水里都是鱼，水捧起来就可以喝，现在清澈的水不见了，水边全是破塑料袋、可乐瓶子等。一望无际的垃圾，山河真的快要被这些垃圾毁掉了。

您知道每年全球有多少塑料被扔在这种环境里没法降解吗？每年全球无法降解的塑料垃圾将近八千万吨（2019年数据），这些塑料可能要花费几百年的时间才能分解，而且最终它会分解成什么物质也很难界定。如果这些塑料变成塑料颗粒，流到海里，鱼会吃掉这些物质，从而将其留在体内，人再吃鱼肉……最终这些塑料颗粒又会进入人的体内。

我们平时用塑料袋，看着漂亮，拎着方便，买菜的时候用塑料袋一装，回家后把塑料袋一扔，让它回到大自然，留在土壤里，最后变成塑料颗粒。

您往土里一挖，最终有可能挖出来的都是塑料袋、塑料玩具、塑料餐具……

您说像这种制作塑料的学问出现得越来越多，是好事吗？有人说："也不是所有学问都不好吧，那人类的寿命也延长了，医学水平也提升了啊。"我们的寿命是延长了，但是人类同时也发明了原子弹、核弹、氢弹等，人类的存亡随时面临着巨大的不确定性。

因此，我觉得科技的发展与学问研究的好坏取决于创造者的发心与实际应用。

管理员工，要做减法

这个道理应用在管理中也一样，那么公司的管理者该怎样管理员工呢？管理者不按照道做事，他把这当作一种学问、一种技术研究，参加很多学习班，学习各种先进的管理方法，比如学习如何提升绩效、如何管理员工、如何让员工在自己犯错误的时候反思自己等，学的东西又多又复杂。

我认识很多管理者，有的整天学习如何看员工的面相，通过面相来判断这个员工的性格怎么样，然后怎么管理他；还有一些管理者去学习如何通过吃饭时递给员工一杯酒，看员工的反应来判断他的性格和他对公司是否忠诚等。

有的领导买了一些设备，能看出每个员工在上班时间都在电脑上看了什么东西……他为什么要知道这些？因为他想了解自己不在的时候，员工都在做什么。

这些技术层出不穷，而领导者学习这些技术的目的，都是希望能了解员工，知道怎么去用他们。可是您了解的技术越多，您就越能管理好员工吗？未必。

如果您管不了员工的心，一味地靠技术手段监视他们，时间长了员工就会感觉自己在监狱里工作一样，因为他们的一举一动都暴露在领导的目光之下。

假如您在这种情况下生活、工作，能舒服吗？这就是老子说的"为学日益"——希望通过不断学习各种技术来管理员工。

可是"为道者"明白了，不需要外求。因为只要您是为了员工的物质和精神两方面的幸福而努力，您放下自己的欲望和利益，为了大家做事，大家就会来追随您。您不用再看着您的员工了，员工都会积极主动地来帮助您把公司做好。

只要您按照道的法则做事，您就可以用做减法的方式来管理公司。

您可以把打卡机减掉，把监控员工的设备减掉，您也不需要再按照员工喜欢的颜色来分析员工的性格，用一杯酒来识别员工对您是否忠诚了，您在意那些干什么？您把自己做好，员工自然就来追随您了，这种状态就是老子说的"为道日损"。

您用买十件衣服的钱去买一件衣服，这件衣服一定是精品

"为道日损"的意思是，我们悟道以后，会开始做减法，那些跟欲望有关的东西，我们会逐渐清空——这是人生该学的重要法则。

现在大多数人都喜欢做加法，很少有人明白做减法反而更需要智慧。在生活中，每个人都觉得自己很聪明，一看见有什么机会就想上，可是人的精力有限，您觉得自己精力充沛，但其实每一份工作都会耗费您的精力。所以，真正的智者是做减法的，就是认真做好一件事。

这样的道理在生活中比比皆是。比如，齐白石擅长画虾、画水里的小动物、画白菜，还会画点儿日常生活中的小东西，您说齐白石为什么不画气势磅礴的大山、不画秀美的仕女图？他哪有那么多精力，一个人在所有领域都突出是不可能的。

再比如，爱因斯坦学问做得好，还会拉小提琴，这已经很不错了。您说他可能又是柔道冠军，又是赛马师，又是画家吗？

尽管很多学问的顶峰是相通的，但是每个人都有自己的专长，因为一个人的精力是有限的。您能安心把一件事做明白，就已经算是很成功了。

其实真正能做减法的人是很了不起的，他的面前可能会出现很多欲望、很多机会，可是他都不动心，就认准自己的方向一直走，这样的人才能真正达到自己的目标。

当您心思简单、生活简单，就能领悟人和自然的关系

记得之前我在山里住了几天，这让我感触很深。那几天，我没有看电视，也没有应酬，整个人都变得安静了。

我突然领悟到，现在城市化的生活让人们都集中在一起，很多信息传播纷繁复杂，让每个人的心都特别乱，真正能让我们静下心来思考的时间并不多。当您不看电视、没有应酬时，您看到的就是蓝天、大山、树木等。您再思考人与自然的关系

时，会思考得特别透彻，不断涌现灵感。

我突然明白了为什么古人能写出那么多经典，比如《黄帝内经》——现在我们把全国的中医教授组织起来也写不出来，为什么？现在教授的事情非常多，要讲课，要开会，要研讨，要做科研，要报课题等，五花八门的事将人心都分散了。

古人没有电视，不看综艺节目，村子里就几个人，没有纷繁复杂的花边新闻，天天面对的就是大自然，他会思考这个草有什么作用，这个果实有什么作用。尝一口摘下来的果实，要回味好几天，然后他就能将果实的性味、归经写出来。他会面对着大山，看着天空，思考自己跟大自然的关系，在这个过程中，《黄帝内经》的理论基础就奠定了。

因为他一门心思地想一件事，生活简单，所以他能更透彻地领悟人和自然的关系。

反观我们现在的生活，每天被各种信息充斥着大脑，您哪有时间静下来想问题？

我建议大家学会做减法，您在工作中学会做减法，学会放权让别人去做，或者面对各种机遇，您慎重地选择，好好将一件事做到底，这样工作必定做得精彩。

为他人做事的动力，
远比您被欲望驱使做事的动力强烈

在生活中也一定要尽量做减法，做减法是一种人生智慧。

老子在"为学日益"这句话里暗含了一个道理，他告诉我们往往越想看"外面"，您的欲望就越多，这是一种恶性循环。

我不知道大家有没有买房子的经历，可能您一开始计划买一套不到一百万的房子，结果看房的时候，售楼员给您推荐了一套一百五十万的房子，说顺便带您去看一下。您一看，一百五十万的这套房比一百万那套房多了一个房间，您感觉这套房子真漂亮。然后售楼员又带您去看了一套两百万的房子，这个两百万的房子确实比前两套都强，这套房子还有一个大花园……您越看，欲望越大，觉得这套两百万的房子真好。您可能一开始想的是买一套八十万的房子就可以了，结果甚至都考虑买别墅了……

我相信很多人都经历过这样的事情，为什么会如此？因为您看得越多，欲望越大，您就越想多看，这是个恶性循环。

没有道的指引，您增加学识的同时也会增加您的欲望，最终引领您走上一条不归路。

"为道日损"，"损"的是欲望，一个人真正悟道以后，会开始做减法。他还是会继续做事，但是他的欲望却在减少，因为那些欲望会干扰他的工作进程，对他产生影响。

有朋友问,一旦减掉欲望以后,就没有做事的动力了怎么办?

当您发自内心为大家做事,您会越做越开心,越做越顺畅,而且事情越做越好,这种动力要远远超过被欲望驱使的动力。

如果您没实现欲望,就会感觉痛苦。但当您为了大家做事时,无论做多做少都是为大家去做的,您随缘去做、尽力去做,就会特别幸福。

02

要损就损跟过度欲望有关的东西

> 损之又损，以至于无为，
> 无为而无不为

道的内涵——有为是对他人，无为是对自己

"损之又损，以至于无为，无为而无不为。"这句话是什么意思？

这句话常常会被大家误解，"损之又损"就是在做减法，老子告诉我们要尽量把那些没有按照道去做的事、为了私欲做的事都减掉。

"以至于无为"是指您最后会到达无为的境界。

"无为而无不为"的意思是，您到达那种无为的境界时，就什么事都能做好。

但是，您觉得只要每天按照道做事，一点点减少您做的事情,最后减少到什么事都不做了,就什么事都能做好了吗?

我一再批驳这种观点,如果一个人悟道以后,做事开始减少,减少到最后什么都不做了,说自己在按照道做事,您这样就无为了?比如,您上学之后不看书、不听课了,就往座位上一坐,开始打坐,这就是有为了?您这样做就能成才了?

公司的领导上班了,觉得要"损之又损",于是把人力资源部不要了,销售部不要了,到最后就剩下自己,每天什么也不做,就能"以至于无为"吗?公司就能越来越好吗?

您如果这样理解老子的这句话,在生活和工作中,最后的结果只能是公司倒闭,自己没饭吃。

实际上老子讲的"损之又损",损的是跟欲望有关的东西,损的是您为了自己的欲望去做的事。您把自己的私欲往下减,减到最后,"以至于无为",您做的任何事都不是为了自己而做的,这才是真正的"无为"。

老子讲的无为,不是整天什么都不做。老子在《道德经》的第八十一章说"圣人之道,为而不争",老子告诉大家的是,您的"为"是为众生为,您的"不争"是不为自己争。老子讲得非常清楚,为自己的欲望驱动去做的事,就叫"妄为"。

老子在这里告诉我们,一定要参照天之道来思考。世界都是按照道的意志而生成的,它让我们的世界如此繁盛,但是天道从不居功,它隐身于背后,这才是老子说的"无为"。

人是需要付出努力的,但您要记住"有为"是对别人,

"无为"是对自己，这是道的内涵。

"有为"是让我们把事情做好，"无为"是让我们不要在意事情带来的名誉、利益等。

人在世界上生存，最难得的就是心里坦然

经常有人说，我们要顺应自然之道。很多人把自然之道解释成顺其自然，爱怎么样就怎么样，顺着事情的发展走就行了，没有主观能动性。这是不对的。

其实，自然之道就是天之道，天之道就是无我利他。自然之道就是"自己一直然也"，就是一直在运转的道。

老子讲的"损之又损，以至于无为，无为而无不为"的意思是，当您进入"无为"的境界，您不为自己做事，尽量为大家去做事的时候，大家就会来成就您、推动您，您的事业就会越做越好。

这句话是老子给我们讲的人生终极大道，您只要真的这样做了——无我利他，就一定会进入"无为"的状态。

人在世界上生存，最难得的就是心里坦然、一片光明，拥有这种境界的人是最幸福的。

在王阳明临终之前，他的弟子曾问他："您给我们留一句什么话吧？"王阳明说："此心光明，亦复何言。"意思是，我的心里一片光明，还有什么好说的呢？这是一种非常了不起的人

生境界。

想要达到"以至于无为",最后"无为而无不为"的人,首先一定要把事情做好。其次,尽量能做到别太在意回报,因为您在意回报就会产生纠结,身处得失之间就会导致情绪不稳、身体受伤。

因此,您坦然为大家做事,回报来了,您就接着,别太在意它,这样您的人生会从容很多。

03
有些道理的确很简单，但是您能做到吗

> 取天下也，恒无事；
> 及其有事也，不足以取天下

如果老子逃避世界，为什么还要教您如何"取天下"

"取天下也，恒无事；及其有事也，不足以取天下。"这句话是什么意思？

老子说"取天下也"，意思是您如果想要获得天下人的支持，成为天下人的领导者，就要"恒无事"，保持一种无事的状态。

有的人看到老子说"恒无事"，觉得真好玩儿，当了领导就不用做事了。他觉得"无事"就是没有什么事做。不做事，

您就能当领导？这是对老子的一种误解。

这里的"无事"，不是什么事都不做，而是指不要为自己的利益去做事。比如，老子在《道德经》的第五十七章讲："我无为而民自化，我好静而民自正，我无事而民自富，我无欲而民自朴。"老子在这里把"无为""好静""无事""无欲"放到一起，讲的是一个意思：让您把自己的欲望、利益降下来。

"无为"是让您不要为了自己捞取利益；"好静"是让您把自己的心静下来；"无事"是让您不要为了自己的利益去做事；"无欲"是让您把自己的欲望清空。

"取天下也，恒无事"的意思是，您要想当好天下人的领导，就不要为了自己的利益去做任何事。

"及其有事也，不足以取天下"的意思是，当您想为自己做事时，您就不能做一个优秀的领导者了，您会失去带着大家往前走的机会。

老子的这句话非常重要，他告诉领导者要放下自己的欲望，尽量为所带领的人做事，但对自己要无为。

如果您的行为有德，上天就会加持您；如果您的行为失德，不关爱他人，只一味地为自己捞取利益，您就会失去上天的加持。

《尚书》的理念，就是把天命和众人的利益结合在一起。作为领导者要放下自己的欲望和利益，为您管理的人去做事，这是领导者法则。这个领导者法则到今天为止从未改变过。现在国家提倡的全心全意为人民服务也是这种思想。而《道德经》也是上古时期专门为国家君主教育接班人的教材，它的核心思想和《尚书》的理念是符合的。

利己是一种动物性，利他是一种神性

如果您在农村生活过，您就会发现公鸡会在每天凌晨开始打鸣，这也算是天亮以后一道必不可少的风景。有时天还没亮，您就能听到公鸡开始扯着脖子叫。一开始我很不适应，但后来我就很好奇，公鸡到底为什么会叫？

通常，公鸡会鸣叫三阵，等到最后一阵时，天就要亮了。等到天亮以后，公鸡就不怎么叫了。

我对这件事十分好奇，于是就搜索了一下——科学家还真的研究过公鸡为什么会叫，公鸡之所以叫是为了宣示自己的领地，证明自己的存在，告诉大家"这是我的地盘"。也就是说，它每天醒后做的第一件事就是要宣示"这是我的地盘"。

当科学家把公鸡放到一个只有它自己的空间里时，会发现这只公鸡不叫了，这很有意思。

此外，公鸡打鸣也和日照有关，您如果把公鸡关在一间黑屋里，用灯光模拟太阳光，无论是三十六个小时亮一次，还是十二个小时亮一次，公鸡都会根据外界带给它的感受马上适应——只要它感觉到天快亮了，就会开始打鸣。

科学家通过研究公鸡打鸣这件事，得出一个结论——这是动物的本能，动物会为了自己的领地和利益，不遗余力地去叫。利己，是一种动物性。您不会见到一只鸡叼起虫子喂另一只鸡，它们一定会抢这只虫子。喂对方的事大多数发生在母鸡和小鸡之间，鸡一旦长大，就开始互相争抢。

而人除了动物性之外，又多了神性，这种神性就是利他。

人和人之间因为互相关爱，才能结成团体，一起对抗自然，从而得以不断地进化、生存，成为地球上最聪明的动物。

很多人一生都在和自己身上的动物性做斗争。这种动物性就是我们的私欲，老子在《道德经》里反复让我们放下私欲，人听了以后会想：原来《道德经》就这么点儿含义，很简单啊。

的确很简单，但是您未必能做到。很多人都会怀疑，难道我们真的能够不为私欲去做事吗？难道我们真的能清空自己的欲望吗？

坦诚地讲，欲望是很难完全被清空的。因为人类的本质是动物性，虽然已经不用早上起来像公鸡一样扯着脖子喊"这是我的地盘"，但是体内的动物性依然在。

那么，如果我们无法把欲望彻底清空，学这个有什么意义？

当然有意义，《道德经》就是告诉我们要尽量朝着这种方向发展。

这个世界没有谁天生就是圣人，所谓圣人不过是在做每件事的时候，神性的一面战胜了动物性的一面、世俗的一面，或者说利他战胜了利己，所以他总能做出正确的抉择。圣人的动物性也依然存在，不过就是比我们去除的私欲更多一些而已。

　　老子为什么总让我们尽量去除欲望呢？因为这是领导者法则，也是人类社会得以存在的一个基础。当领导者把自己的欲望尽量去除干净，为大家做事的时候，就能够更好地团结一个群体，这个群体的人也会效仿领导者，逐渐把利己的一面去掉，大家也能更容易和谐地在一起生活、工作。

　　我不敢说所有人都会变成彻底利他的人，但只要大家都尽可能地朝这个方向发展，就会更多地呈现利他的特征，从而整个组织也会更坚固、更和谐。

享受您做的事，不追求结果，结果反而更精彩

　　作为一个普通人，如果您学了这两句话以后，能够试着放下欲望、认真做事，您会发现轻装前行能将事情做得更好。这是我们走向更高境界的一种很好的方式和路径。

　　我给大家举一个例子。我的一位朋友是个画家，叫齐鸣，我和他的弟弟是同学，所以他也是我的大哥。

　　小时候，我们是邻居，我偶尔会去看他画画，他很喜欢画画，那时他经常在屋子里把画板一支开就开始画。他画画的过

程很有意思，比如他画大山的时候，会拿笔蘸着颜料一点点在上面认真地画。画好以后，他会把身子后倾仔细端详，每次端详完他就会很快乐地歌唱两句，然后把笔在水里涮一涮，再蘸着颜料继续画，再把身子后倾仔细端详，又接着唱两句歌……

他经常这样画画，我觉得他画画时真的很快乐，他每天都在欣赏画的美好中度过。

您说他在画画的时候，如果一直想自己会不会发财，能不能成为著名画家，他的思绪这么乱，还能创作出好作品吗？他是真的欣赏这个东西，他觉得大山怎么那么美，他就是单纯地喜欢画画。至于一张画将来能卖多少钱，他很少去思考这些。正是因为他在画画的时候就是安心于画，看着美景高兴，把美景画出来就感觉很快乐，在这个过程中他才慢慢地成为著名画家。

后来他又学了油画，把油画和国画结合在一起，成为很有名的工笔画画家。现在，他画画时的色彩运用完全不一样，而且他画得很少，一年才画三四幅，每幅都画得很认真，通常要几个月的时间才能完成一幅。

我看过他的画，里面的人物被他画得非常细致，您说他是单纯为了钱而画吗？不是的，如果他只是为了钱而画，就不这么仔细了，他是真的很享受画画的过程，他要表达自己内心对美的感受，这是艺术家的一种追求。

有些画家觉得自己有名气了，就用十张纸铺开了画梅，挨个儿在每张纸上画树，再挨个儿画树杈，再挨个儿画梅花……他们就这样量产地画。

这种人心中想的就是"我的一张画能卖十几万，十张画能卖一百多万，我发财了……"这说明他已经忘记了对艺术的追求，您说这种画家的画作，会成为传世的精品吗？

那些传世的精品，都是作者心无旁骛地创作而成的。这些人就像工匠，十分享受正在做的事，他们追求这种美的感觉。

因此，只要您忘记结果去做事，您就会做得更好。如果您总是把自己的欲望摆在前边，想着您画完这幅画之后您的地位、您能赚到的钱，您越因为这些因素而画画，最后越不能好好画，因为您的心中全是杂念，怎么可能画得好？

在生活中，您可能没有意识到这一点。但是如果您明白这个道理以后——无我利他，朝着这个方向走，**不去想您在工作中能获得什么，先想怎么能把工作做好，您的工作一定会越来越精彩。**

道德经 说什么

第四十九章

人生就是如此——
越得不到,越想得到

01

做事以众人之心为己心的人，会得到上天的加持

> 圣人恒无心，
> 以百姓之心为心

换位思考，不要只站在自己的位置想问题

"圣人恒无心，以百姓之心为心。"这句话在通行本里写的是"圣人无常心"，意思是圣人的心总在变化。我认为帛书乙本写的"圣人恒无心"更好——圣人的心是空的。

"以百姓之心为心"的意思是悟道的领导者，他的心是虚的、空的，他以众人的心为自己的心。

这句话说出了一个特别重要的领导者法则——一个优秀的、悟道的领导者要想众人所想，要学会换位思考，不要只站在自己的位置上想问题。您要把自己的位置降下来，走到众人中去，

深入了解大家在想什么，众人所想的事就是您应该想的事。

老子讲的这句话是特别重要的领导者法则。

早在春秋战国之前，这种法则就已经形成了。很多人都知道，儒家有四书五经，五经是孔子帮忙整理出来的，包括《周易》《诗经》《礼记》《春秋》《尚书》。

其实最开始是六经，还有一部《乐经》，因为《乐经》后来遗失了，所以到现在儒家就只有五经一直传承至今，这些经典早在尧、舜、禹、夏、商、周时代就已经有了。

那么，在这些经典里，哪一部最重要呢？

很多人说《周易》是群经之首，但我认为，从管理的角度来看，《尚书》是核心。《尚书》是上古时期国家君主对历史大事发表的言论集：有人迁都了，君王发表了一段演讲，演讲的话被记了下来；有人要出征打仗，出征之前君王讲的话也被记了下来；等等。

《尚书》里讲了一个非常重要的领导者思想，它反复提到天命，天命是什么？天命就是上天加持您，让您去做领导。

这里，我们先不讨论是否真的有天命，但在当时，天命是最能聚集群众的一种说法。除此之外，《尚书》里还有一个重要的思想，就是一个领导者要尽量放下自己的利益，为其所管理的百姓做事。比如，"民可近，不可下。民惟邦本，本固邦宁"。这句话讲得非常好，它的意思是老百姓是国家的根本，老百姓安定了，国家就安定了。还有一句话也说得特别好——

"天视自我民视，天听自我民听"。这句话的意思是老天没有眼睛，它通过众人的眼睛看；老天也不长耳朵，它通过众人的耳朵听。也就是说，大家在互相说某个领导搜刮民脂民膏时，老天就听到了大家的声音。

《尚书》里有一个很有意思的思想——**领导者为大家做事是"有德"**，当然一定是心中有道，行为才会有德，从而去关爱大家。

老子说的"圣人恒无心，以百姓之心为心"这句话非常了不起，和《尚书》里的"天视自我民视，天听自我民听"所讲的道理是一样的，因为二者的源头都是领导者法则，身为领导就要这样去做。

五经的其他经典都是为《尚书》"服务"的，比如《周易》是符号系统，它能够揭示自然界变化的规律——什么时候突飞猛进、什么时候蓄积力量，这是《周易》讲的道理。

为什么说《周易》是为《尚书》"服务"的呢？《尚书》是让领导者放下自己的利益，为众人去做事，一旦使用了《周易》，您就会把事情做得更好、更出色。因此，从管理学的角度来讲，《周易》是为《尚书》"服务"的，《周易》就好像是一套工具，但如果您没有遵守《尚书》的法则，学了《周易》之后，马上为了自己捞取利益而起卦，您就会越用越倒霉。

因此，《尚书》是五经的核心，其余经典都是为它"服务"的工具。比如，《诗经》是用文艺作品的形式，《礼记》是用礼仪的方式等，彰显《尚书》的道德体系。

我们在学习的时候不要把这些经典当成学问来研究，比如那个字怎么讲，这段话怎么背……这些是管理工具，是生活中、工作中要用的，如果您把这个顺序弄颠倒了，您就把"道"变成了"术"，一旦过度关注"术"，就糟糕了。

《尚书》包含各种行政文体，它将"道"隐藏在这些文体里，它会谈论怎么打仗、为什么打仗等，我们从这些谈论中可以学到怎样做好的领导者，而《道德经》将其中精练的部分给提炼出来了。《尚书》的核心思想就是本章的"圣人恒无心，以百姓之心为心"。

老子的这句话就是告诉我们，**作为领导者要想众人所想，作为普通人要学会换位思考，学会站在他人的角度考虑问题，学会感受他人的感受**。如果您学到这一点，并且及时调整自己的行为，这样您和他人之间的冲突就会少很多。

人与人之间相处的"黄金法则"——将心比心

我给大家讲一个小故事。有两个老太太坐在一起聊天，其中一个问："听说你家闺女结婚了，嫁得怎么样？日子过得幸福吗？"

另一个回答："我闺女过得可幸福了，每天衣来伸手，饭来张口，家里也不用她做饭。不仅我女婿对她好，她婆婆对她也很好，他们的衣服都是她婆婆帮忙洗，我家闺女基本什么活都不干，每天就是享福啊。"

这位老太太说完自己家姑娘的幸福生活，又问："我听说你儿子最近也结婚了，儿媳妇怎么样啊？""我这个儿媳妇经常干活，每天做饭、洗衣服、叠被啥的都是她弄，干活干得特别好，我一天也挺省心的，也不用干什么。"

您看完这两位老太太的聊天，发现什么问题？您的闺女嫁出去就什么都不用干，别人家的闺女嫁到您家来，就什么都得干，为什么会出现这种情况？

这就是没有将心比心，您没有想过嫁到您家的姑娘，也是别人家父母的孩子，您没有把儿媳妇当作自己的闺女来看，为什么会这样？您只想到了自己的利益，觉得自己的孩子什么都不做才好呢：我孩子的利益永远是第一的，女婿和儿媳妇都是外人，我得让他们为我们家干活。

其实，这种想法正是家庭不和的根源，因为家长缺乏将心比心的能力。**这种能力就是儒家讲的"己所不欲，勿施于人"，这其实是每一个人生活中最应该具备的一项重要能力。**

无论世界上的哪一个国家和民族，这种将心比心、换位思考的能力，都是十分重要的。很多人认为这是人与人之间相处的"黄金法则"，意思是一旦您明白这个道理，就能跟别人相处好。但如果您只想着自己，您跟别人就一定相处不好，这就是"圣人恒无心，以百姓之心为心"的道理。

02

永远不要轻易地断定善恶

> 善者善之，
> 不善者亦善之，德善也

"以德报怨"与"以直报怨"，究竟哪个对

"善者善之，不善者亦善之，德善也。"这句话在帛书甲本写的是"善者善之"，在通行本写的是"善者吾善之"，其实两者没有本质区别，我们就按照帛书甲本的写法讲。

"善者善之"的意思是，那些善良的人，我会以善良来对待他们。"不善者亦善之"的意思是，那些没那么善良的人，我也以善良对待他们。

"德善也"的"德"字通"得"，这句话的意思是得到了善的真谛，也可以解释成德行善了。

老子说，善良的人，我们以善良的态度好好对待他；不善良的人，我们也要以善良的态度好好对待他。很多人会疑惑，不善良的人难道不应该惩罚他吗？为什么也要好好地对待他？这样下去对方不会得寸进尺吗？这怎么可能得到善的真谛呢？

在历史上有一个著名的争论——若"报怨以德"，那"何以报德"？

老子讲的"报怨以德"的意思是，您怨恨我，我还以好的品德来对待您。孔子讲的"以直报怨"的意思是，您怨恨我，我拿良好的德行来报答您。那您要是对我好，我还拿同样的德行来报答您吗？两者总该有点儿区别吧？所以孔子说："以直报怨，以德报德。"这句话让历朝历代的人都在争论，到底是老子高明还是孔子高明。多数人认为孔子高明，因为孔子将不同的情况区分开了，有不同层次的对待方法。

实际上孔子讲的是做人的底线，这是给普通人讲的。而老子讲的是管理者的智慧，作为一个管理者应该如何面对被管理者。当一个领导面对自己领导的人时，他们怨恨您，您就要去怨恨他们吗？您要和他们较劲吗？

如果您以直报怨，非要分清这件事到底谁对谁错，您还怎么当领导？老子讲的是领导者的智慧，他告诉我们，即使您领导的人恨您，也要以德行来教育他、感化他。如果是普通人之间，最好以直报怨，这是一种底线，也能体现出公平。

正是因为这些圣人讲话的对象不同，一个是对领导者，一个是对普通人，所以才让众人迷茫。您说他们之间谁高谁低呢？只是角度不同，采取的方式不同而已。

领导者在评判任何事的时候，并不是简单地评判善恶就结束了

老子这里讲"善者善之，不善者亦善之"，善良的人要对他好，不善良的人也要对他好。**很多时候只要我们换个角度看问题，就可能会看到不一样的结果。**

老子为什么讲"圣人恒无心，以百姓之心为心"？他就是在告诉我们，要设身处地去理解他人的想法和做法。**可能您觉得有些人看起来不善良，但当您站在对方的角度来考虑问题时，您会发现自己看到的是另一种情况。**

很多人可能都看过一个小故事，这个故事发生在纽约。一位老太太在一家面包房偷了五个面包，结果被面包房的主人给抓到了。面包房的主人将老太太告上了法庭，指责她偷了他的面包，希望法官可以惩罚这位老太太。

如果从普通的善恶角度来讲，这位老太太做的事一定是恶，因为她偷面包违反了法律。但是法官在审判的时候问："您为什么偷面包？"她说："因为我的孙子已经好几天没有吃饭了，家里真的没有东西吃，他实在是太饿了，所以我就去偷面包了，我真的是没有办法了。"

按照正常法律，法官应该怎么判呢？会判她罚款，交出几

倍的钱来赔偿。法官也确实这样判了，但判完以后，当时旁听的纽约市的市长，把自己的帽子摘下来说："现在请在座的所有人，往这个帽子里放钱，我们要赔偿这位老人。因为我们造就了这样的社会环境，让一位老人居然为了孙子没有饭吃而去偷窃，这是我们的罪过，所以我们要捐钱给这个孩子，让他能吃饱饭。"

如果单从表面来看，您会觉得这位老太太犯了恶，但是您换个角度，找到这件事的根源，可能就会发现原来她有自己的原因。这时候领导者要怎么办？领导者在评判任何事的时候并不是简单地评判善恶就结束了，而是要将心比心，找到对方这样做的原因，然后再以善良去感化他，从而改变这个环境。这就是"圣人恒无心，以百姓之心为心。善者善之，不善者亦善之，德善也"要讲的道理。

我们所说的道德标准有时候只是一种表面现象，您换一个角度看，这个标准就改变了。因此，我们永远不要轻易地断定善恶，尤其是领导者，您要知道出现这个情况的原因是什么，学会换个角度看问题，思考从什么角度能够让您管理得更好。

"以直报怨"是做人的底线

作为一个普通人能不能做到以德报怨呢？我觉得一个人如果达到了这种境界，是非常了不起的。但如果您暂时做不到以德报怨，孔子讲的以直报怨是做人的底线，我们最起码要做到以直报怨。在以直报怨之上，是"善者善之，不善者亦善之"的境界。

那么，我们该如何面对恶人呢？

2000年，扬州有一家中德合资的公司，德方派过来一位经理负责中国的业务，这位经理和他的家人都暂住在扬州。没想到一天晚上，有四个年轻人到他们家隔壁去偷东西，隔壁这家还没有住人，什么都没有，于是他们四个转向了德方经理的家。当时他们刚进去，就被德方经理发现了，最后这四人将德方经理和他的家人全部杀害了……

案子很快就破了，四个歹徒逐一落网。

正常来说，按照中国的法律，这绝对是要判死刑的。结果谁也没有想到，这位德方经理的母亲知道这件事后，从德国给法院寄了一封信，请求法院不要判处这些人死刑，她认为自己儿子一家四口已经失去生命了，如果再失去四条生命就太可惜了，所以她在信里请求法院说可以给他们判刑，但是能不能不要判处死刑？

按照中国的法律，法院最终判处了这四个人死刑。但谁也没想到的是，被害经理的母亲千里迢迢从德国来到中国，号召整个南京地区的德国人成立了一个"普方基金会"，普方就是被害经理的名字。

为什么要以被害者的名字成立基金会？他们认为，之所以会出现年轻人入室偷盗灭门的事，是因为这些年轻人没有受到良好的教育，所以恶在他们心里才战胜了善。因此，他们为了不让悲剧重演，决定拿钱资助那些贫困的孩子上学，让这些孩子去接受教育。当时，就资助了四百多个贫困的孩子上学，这就是这位母亲做这件事的原因。这就是"善者善之，不善者亦善之"。

我看到这个新闻非常感动。生活中的事也是如此，比如说同事关系，如果对方善良地对待您，您也会善良地对待他，为什么？这是一种爱的循环，如果您看过我写的《弟子规说什么》，您会发现全书讲的都是这个道理。《弟子规》一书虽然是儒家学者编出来的，但实际上它的内容符合道的法则，这本书里最重要的原则就是爱的循环——您善良对我，我也善良对您。

有的人会问，那如果对方不善良对我，我该怎么办呢？这个时候是需要改变的，从自己开始改变，这样就打开了恶的闭环，您用善来打破这个恶的循环，逐渐地就会变成您以善对人，最后他还您以善，从而变成善与善的交流。

人心都是肉长的，我没见过哪个人真的是十恶不赦的，您天天以善对他，他还故意整您，很少有这样的人。

因此，**感化他人，最终形成爱的循环，是一项人生法则，也是我们追求的目标**。比如，同事对您总是有敌意，对此您要换位思考，他为什么会这样，找到问题所在，慢慢以善对他，改变他对您的印象。

这个世界上没有什么事会毫无原因而生，一定是有因才有果。我们找到事情的成因，分析它、改变它，慢慢就会进入爱的循环。

如果您和周围的人都是以善对善，该有多好啊！这就是老子讲的"不善者亦善之"。

当您进入这种境界后，就会"德善也"，就能得到善的真谛了，或者您的德行显示出的就都是善了，这是我们要追求的境界。

03

凡事只有自己先做到，
才能感化他人

> 信者信之，
> 不信者亦信之，德信也

只有领导者做到了，员工才能做到

"信者信之，不信者亦信之，德信也。"这里的"信"当诚信讲。

"信者信之，不信者亦信之"的意思是，诚信的领导者要去相信您领导的人，不诚信的也要让他因您的相信变得诚信。

上一句中的"善之"，既有让您善良对待他人的意思，也有使他人变得善良的意思。所以，即使对方是不诚信的人，您也能让他变得诚信，这才是得到了信的真谛，这才是"德信"。

有的人会问，如果您守信用，我相信您；您不守信用，我还相信您，我是不是有点儿傻？

为什么老子要这样讲呢？这句话里实际上还有一层深刻的含意，就是不诚信的人我要把他变得诚信。**这意味着一定要自己先做到，再去感化别人，进而改变别人。**

尤其在工作中，**只有领导者做到了，员工才能做到；领导者先信，员工才能信。**

当别人不信的时候，您也不要着急，您自己先做到，再慢慢感化别人，别人自然会跟着您改变，这是领导者对员工的一种带动作用。

家长只有做到表里如一，孩子才会听您的话

在中国古代有一个著名的故事——曾子杀猪。一天曾子的夫人要上街买东西，曾子的儿子就说："妈妈，我也要去。"曾子夫人说："你就好好在家待着，等我回来给你杀猪吃肉。"孩子一听，有肉吃，那我不去了，就非常开心地在家等着妈妈。

曾子夫人从街上买完东西刚回来，就看到曾子正在杀猪，她赶紧说："我骗孩子呢，我就是为了让他别跟我一起去，我没有真的想杀猪。咱们家一年就养这一头猪，你现在给杀了，我们过年吃什么？"

曾子就和夫人说："不行，你不能这样骗孩子，你一旦失

信于孩子，他以后都不会相信你了。你再和他说什么，他都会认为是假的，那我们将来要怎么教育他呢？我们一定要说到做到，以诚信对待孩子。"

这个故事是中国教育的典范，现在很多家长都会跟孩子说一套做一套，您自己本身没有做到诚信，您怎么能让孩子诚信呢？

我妹妹罗玲教育孩子的时候就特别重视这点，她的原则是，坚决不要诓孩子，只要说了自己一会儿去干什么，就一定要去做。说了一会儿带他上街，那就一定要带孩子上街，否则就不要答应孩子。我妹妹也要求家人都这样做，在孩子面前一定要做到表里如一，不要为了让孩子暂时安静下来，就去撒谎。

其实，这个要求挺高的，但如果您真的做到了，孩子就会无比相信您，他跟您的关系就会变成互相信赖。

现在有很多孩子和家长处于一种彼此不信赖的状态，为什么有些家长无论怎么教育孩子，孩子都不听，而且还特别逆反？就是因为家长和孩子没有建立起互相信任的关系，您说什么话，孩子的心里都要想："这是真的假的，没骗我吧？"如果是这样，您以后还怎么教育孩子？

只有诚实的家长，才能教育出诚实的孩子。

一旦您察觉到得失没那么重要，您就能放下所谓的面子了

如何做到"不善者亦善之"和"不信者亦信之"呢？

一定是您的境界提升了以后，意识到了自己的得失没有那么重要，否则那些"不善者"会让您觉得受伤害，从而开始反抗。

一旦您察觉到了得失没有那么重要，您就会将那些所谓的面子都放下，开始思考对方是不是有自己的什么原因，我应该换个角度来感化他，或换种方式影响他。

为什么您能做到这一点？因为您把自己的得失放下了。如果您还有"我"，您就会跟他对抗，当您把自己的境界提升后，您才能做到真的不在意。

04

为什么有人想得而得不到，
有些人不想得却收获满满

> 圣人之在天下，歙（xī）歙焉，
> 为天下浑心。百姓皆属耳目焉，
> 圣人皆阂之

**常人的肚子很容易填饱，
但眼睛看到的却不容易满足**

"圣人之在天下"中的"在天下"即管理天下，这句话的意思是悟道的领导在管理天下的时候。

在《道德经》中，我们经常会看见"天下""圣人"等字，这些话是老子给领导者讲的。

"歙歙焉"的"歙"字指闭合、和洽的状态。"为天下浑心"的意思是，把天下人的心调成混沌的状态，帮助大家把心变得简单（有的人认为"浑心"就是把大家的心调成同样的状态，这样讲也可以）。

"百姓皆属耳目焉，圣人皆阂之。"这句话很重要，通行本将"阂"字写为"孩"，所以有的人将这句话解释为：普通人的一举一动，都入了圣人的耳目，圣人将这些人当作孩子一样爱护。

这句话还有另外一种讲法。一般人都非常关注自己的耳目（耳目代表声色、欲望）。眼睛跟肚子不一样，肚子吃饱了就不吃了，可眼睛却不同，看到一栋别墅，很想要；看到更大的别墅，还想要……这种欲望是无穷的。

因此，"百姓皆属耳目焉"的意思是，常人的心念很容易集中在欲望上。

"圣人皆阂之"中的"阂"，在通行本写的是"孩"，在傅本写的是"咳"，在严本写的是"骇"。其实这个字应该是"阂"，是关闭的意思。

老子说，普通人耳目中的欲望非常容易滋生，而圣人会把耳目闭上，尽量减少自己的欲望。

很多人认为这就是老子的愚民政策，老子就是想让人们越笨越好。其实不是这样的，老子这样做的目的是让大家更有智慧。因为欲望是虚幻的，没有什么大用，只要您把自己的事做好，您所想的事情就都会实现。但如果您每天就只是妄想，不好好做事，就会影响所做的事情本身。

圣人明白这个道理，就劝诫大家尽量把耳目关闭，不要增加自己的欲望。因此，这么理解"圣人皆阂之"，应该符合老子的思想。

保持一种低欲望的状态，您最后的收获会更多

有的人认为，圣人也太没有人性了，我们就想一想，有点儿欲望有什么不好？您干吗非要强迫我们关闭耳目、降低欲望呢？

老子这句话的意思，不是强迫大家把欲望消灭，而是说领导者要把自己的耳目闭上，也就是领导者要先把欲望去掉，再通过自己的行动去影响大家。这句话不是在要求普通人，而是老子对领导者的要求——您作为领导者，只有尽量先做到，被您领导的人才会这么做。

很多人对此还是会有疑惑：如果我们真的这样做了，没有欲望，我们失去了做事的动力怎么办？难道社会不是靠欲望的推动来进步的吗？

我可以很坦诚地告诉大家，欲望是很难完全消除干净的，我们都是人啊，只要生活在社会中，欲望就会不断地滋生。因为老子知道人们的欲望会不断增加，所以他说这些话的目的是帮助您"降温"，提醒您要尽量去掉内心的欲望。

这就是伟大思想家高明的地方，老子能看出人性的弱点就

是欲望会不断增加，而欲望增加后会侵犯别人的利益，导致人与人之间互相伤害，所以要尽量去掉欲望，保持一种低欲望的状态，人与人之间才能够在一起生活得很好。

但就个体来讲，如果您真的可以把自己的私欲去除干净，一心认真做事，您想要的东西最后都会一一实现，而且可能还会收获得更多。

"临渊羡鱼，不如退而结网"：把网结好，鱼就来了

现在大部分年轻人都喜欢车，尤其是名车、好车，车不仅是财富、身份的象征，还代表着一种生活的状态和生活的品质。

我二三十岁的时候也特别喜欢车，一看见别人开车我就十分羡慕，尤其是看见谁开了一辆好车我就想摸一下，感觉开车的小伙伴真气派。在参加聚会时候，看见别人下车之后关车门的气势，我就喜欢得不得了。可那时候，我的生活一团糟，也没有钱赚，所以买车对我来说是件很遥远的事，我也只有羡慕的份儿。

您可能难以想象一个年轻人对车的渴望，当时我对车已经进入一种痴迷的状态，但又没有钱。所以，我没事儿就在父母面前讲有车的好处："您看谁谁买了辆车，有车去哪儿可真方便

啊。"我父母从来不接茬。我父亲为人比较固执、保守，有一次他说："我们家不需要车，我们家人也不需要学开车，那个东西没有用，太奢侈了，记得永远不要开车。"我父亲把基调定下来之后，基本上家里就再也没有人附和我了……

那段时期，我的欲望很多，但是我没有工作，凭什么把欲望变成现实呢？有句话叫"临渊羡鱼，不如退而结网"，意思是您看见鱼在水里游，不如您先回去把工作做好，把网结好，因为您天天羡慕鱼是没有用的，这个时候应该多做事。

多亏后来我明白了这个道理，当我开始专注做事的时候，我就忘记了车的事。每天我想的都是要为大家写书，要为大家讲课，要帮助电视台策划电视节目，等等。我几乎把全部的能量都用来为大家做事，结果我得到了回报，逐渐有了一些积蓄，反而买车了。

当我真的开车以后，发现买的这辆车很费油，一次加油就要几百块钱，我对此特别心疼，反而觉得骑自行车好——自行车也不消耗自然资源，非常环保。我就买了一辆自行车，这时我的观点发生了改变，当然了，这是后话。

从最开始买不起车，对车充满了欲望，到后来认真做事，反而拥有车的这个过程，我发现了两个问题：第一，欲望没有那么大的作用，**天天想事，却不去做事，事情根本实现不了**；第二，欲望会伤害自己，一旦一个人总是实现不了自己逐渐增加的欲望，他就会对自己充满了沮丧。人会被欲望伤害，但如果您忘记欲望，把您的耳目关闭，认真、扎实地做好事，把"鱼网"结好，您可以放心，"鱼"自然就会来到您的身边。

老子并不是让您不要欲望，也不工作了，最后一无所有。老子在最后说了，他想让大家"甘其食"，吃得好，"美其服"，穿得好，总之是让大家都幸福起来。

但幸福是什么？幸福不是您什么都不做，想出来的，您把幸福越想越大，当您实现不了的时候会感觉无比失落。

这是人生的两种状态：一种状态是没有认真做事，最后被欲望伤害；另一种状态是您把事做好，不想着那些私欲，反而会越来越幸福。**想得而得不到与不去想而得到，这两种感受相差极大**。

老子告诉我们"百姓皆属耳目焉，圣人皆阂之"，圣人慢慢影响您，让您把欲望放下，专注于做事本身。把事情做好以后，您的生活一定会幸福，这就是《道德经》给我们带来的启发。我在前面提到的车，只是一个符号象征，它代表了种种欲望。其实，**每个人都可以问问自己的内心，是不是都有一个特别希望得到的东西，这些东西就像那辆出现在我生活中的车一样，我们越想得到，却越得不到；我们越得不到，就会更想得到**。

此时，您不如放下它，认真踏实地去做事。可能有一天，您会突然发现，很轻松就得到了那个您一直想要的"小东西"，而它曾经像一座大山一样可望而不可即。

道德经 说什么

第五十章

减少欲望,就能从容出生入死

01

越想获得什么，就会离它越远

> 出生入死。生之徒十有三，死之徒十有三，而民生生，动皆之死地之十有三。夫何故也？以其生生也

太想让生命灿烂，就已离疾病不远

"出生入死。生之徒十有三，死之徒十有三，而民生生，动皆之死地之十有三。夫何故也？以其生生也。"这句话是什么意思呢？

通常，现在讲的"出生入死"是经过生死之关、经历无数考验的意思。而老子讲的"出生入死"的"出"就是生的意思，"入"就是死去了，我们整个生命的过程基本上概括起来就是"出生入死"。

"生之徒十有三"的意思是，从出生开始到安度晚年，到最后已近天年，按照正常年纪去世的情况，人数占十分之三。

"死之徒十有三"的意思是，那些中途夭折的，比如因车祸、疾病等无妄之灾去世的人，人数也占十分之三。

很多人会感觉这不对吧？第一种情况占十分之三，第二种情况也占十分之三，那剩下的哪儿去了？

老子讲"而民生生，动皆之死地之十有三"，其实是说，中间这部分人是自己把自己折腾死的。

"生生"的第一个"生"是使他活的意思，第二个"生"是生命的意思。"生生"的意思是会活得更好。用今天的话来讲就是养生，奉养生命，就是想让生命活得更好，不断地生它，这叫"生生"。

这部分人为了追求更加有生命力的状态而养生，反而把自己折腾死了。为什么呢？按理说养生了不是应该越活越好吗？

老子说："夫何故也？以其生生也。"为什么呢？因为这些人太想让生命更加富有生机了，用了太多方法刻意养生，给生命之火不断地添油，过分奉养生命，所以这些人没到天年就走了。

有的人认为老子讲了一个反传统的理论，明明养生能让人长寿反而让人过早地死亡了。

其实老子讲这句话的核心是，**如果您太想养生，太想让您的生命一直保持在一个最佳状态，这种欲望就已经背离了养生**

之道，跟生命的正常运行已经不吻合了。

比如，一根蜡烛可以正常燃烧一个小时，可是您总是觉得蜡烛的光不亮，一直想着怎么能让蜡烛的光更亮，您为了让光更亮，开始给蜡烛浇油，蜡烛剧烈燃烧起来了，结果几分钟之内就烧没了。这就是老子说的"以其生生也"，您本来是想让蜡烛烧得更旺，结果用错了手段，导致了它过度损耗。

生命不能靠补药活下去

老子在这里揭示了一个非常重要的理念——养生一定要尽量减少欲望。

如果您让欲望驱动养生，就会走向相反的道路。我在微信公众号"罗大伦频道"传播养生知识的过程中，发现随便写篇文章，阅读量基本上都有几万，说明大家很热衷于养身。但我讲的养心内容，比如《道德经》，当天听的人数也就只有几千人，说明大家并不是特别关注养心的内容。为什么会这样？

人们太想"生生"了，想让自己活得更好，但是不知道其实养心更关键。如果心态调不好，就会生出过度的欲望，这是万病之源。可是大家往往想不到这一点，而是更重视什么方子能让自己好好补一补。

比如养孩子。其实孩子的很多病都是家长给吃出来的，因为家长想让孩子长得更好，导致孩子营养过剩，甚至小小年纪过度肥胖。有的家长看见别人家的胖孩子就会想：我的孩子怎么长得这么瘦？如果您的体形就是瘦的，那您的孩子长得瘦点儿很正常。可是您偏要想：不行，别的孩子胖，我必须给孩子补！

有的孩子生下来没多久，家长就给他吃牛初乳（母牛产犊后三天内的乳汁，其营养成分与普通牛奶相比，含有较高蛋白质，而脂肪和糖含量则较低），而且天天给孩子吃。可您不知道的是，牛犊不是每天都喝牛初乳的，它只是刚开始喝点儿，后来喝的都是正常的牛奶。现代人觉得自己有本事，能把牛初乳弄来给孩子天天喝，结果有的孩子喝了一年的牛初乳，才五岁就来月经了……

这些家长都是希望孩子长得更好，让孩子不要输在起跑线上。其实，家长的这种心态就把孩子给害了。

我见过太多家长没事就给孩子吃补药，有的家长一见到我就问："罗老师，我怎么给孩子补一补？他看起来很虚弱，怎么脸色看起来这么黄呢？"

我们中国人就是黄种人，一般情况下都会透点儿黄色，但在很多家长眼里，有点儿黄就不正常，他们会问："这是不是脾虚？有的中医说了，脸泛黄就是脾虚，得补脾。"

我觉得这些药物可以在我们身体有病的时候用一些，调过来就行了。可是有的家长觉得不"尽兴"，一定要坚持给孩子吃。告诉他吃几天就够了，他非得给孩子多吃一段时间，觉得孩子吃着挺好的，坚持吃下去身体就能更好了。

其实，这些东西不能一直补下去，**生命不能靠药物维持下去**。但有的人就非要给孩子多吃，反而把孩子的身体吃乱了——今天补阳，阳旺了、火大了，明天又滋阴，好像阴气又重了点儿，再继续温阳、祛火……来回调。

这样吃下去，孩子的身体绝对不正常。其实像农村的孩子，扔到外面玩儿去，流着大鼻涕也没事，身体慢慢就好了。城里的孩子天天调补，反而调补不好，因为这样做偏离了生命成长的规律。

用坦然的心态做事，无论做什么都是在养生

老子为什么讲这个话呢？因为老子讲的对象是贵族或者国家管理者。这些人有了资源以后就考虑自己——我要怎么养生，我一定要"生生"，让周围的人来帮他研究怎么长寿、永生……

帛书甲乙本是从马王堆汉墓里挖出来的。这座贵族墓穴里面的陪葬品，除了《道德经》以外，还有医书，比如《足臂十一脉灸经》，为什么医书也要陪葬？

老子那个时期的人是讲养生的，贵族们觉得自己拥有这么好的生活条件，一定要活得长，所以他们服补药成风。比如，有的国君后宫的女人非常多，他就一直吃补药壮阳，结果把自

己的身体损耗得一塌糊涂。

等到了魏晋时期，开始流行吃五石散（寒食散）。当时的风尚人物何晏倡导吃五石散，很多人也都跟着吃，把吃五石散当成一种时髦，其实这东西有点儿壮阳的功效，但是对身体伤害很大。有些人吃多了，导致身上生疮，皮肤溃烂，或直接死亡等。

到了唐代，吃五石散导致死亡的人数达到了几十万以上。基本上吃这些东西的人都是贵族，他们有条件享受生活，结果身体越补越糟糕，反而死得更早。

越想获得什么，欲望越大，用的手段就越猛烈，结果反而离这些东西越来越远，甚至丧失生命。

现在也是如此。很多人想养生，想活得更好，但是不在养心上下功夫，光在用药上下功夫，这样非常容易出问题。比如铁皮枫斗这味药材，很多人都在炒作它，有人认为铁皮枫斗像仙草一样，但它真的是仙草吗？

铁皮枫斗可以起到滋阴润燥的作用，它是滋阴的良药。阴虚有热的人，食用后会感觉自身津液充足，不燥热。可对于阳虚的人来说，一旦吃了铁皮枫斗就会觉得不舒服，腹泻、怕冷，这就是搞反了。大家看到的是电视广告或机场广告，都说铁皮枫斗是仙草，几千块钱一盒，买回家来之后泡水喝，结果身体越喝越糟糕……

这就是不讲道理的养生，一旦您以养生的名义满足欲望，结果反而会离生命之道越来越远。

因此，老子这句"以其生生也"讲得非常深刻，对现代人的养生也有特别强的指导作用。老子提醒我们，乱吃东西会越吃越糟糕，只要您放下欲望，心中没有纠结，没有那种为了获得欲望而较劲的情绪，比如沮丧感、挫折感，反而会生活得更好。

减少欲望，认真做事，视得失如浮云——如果您有这样坦然的心态，无论做什么事，其实都是在养生。您自然会觉得气血通畅，心胸开阔，都用不着吃太多药，只要吃一些食疗的东西，配合按摩、锻炼身体，就都解决了，这才是真正的养生之道。

02

福禄寿之道

> 盖闻善执生者，陵行不遇兕（sì）虎，入军不被甲兵。兕无所投其角，虎无所措其爪，兵无所容其刃，夫何故也？以其无死地焉

人体自有一套神识系统

"盖闻善执生者"，这句话在通行本写的是"盖闻善摄生者"。"摄生"是养生的意思，"执生者"是更好地把握生命的人，"执"是拿、把握的意思。老子说，我听说那种善于把握自己生命的人，"陵行不遇兕虎，入军不被甲兵。兕无所投其角，虎无所措其爪，兵无所容其刃"。

这是什么意思呢？"兕虎"的"兕"字在帛书本中写的是上面一个"凹"，底下一个"豖"，这个字是"兕"的古字，指雌性的犀牛。"陵行不遇兕虎"的意思是在山上行走不会遇到犀牛和老虎，也就是说他不会被猛兽伤害。

"入军不被甲兵"的"被"是披着的意思，这句话的意思是到了军队里面，他不披铠甲，也不会受到伤害。一般人打仗都要穿铠甲，以防受伤。可是"执生"之人，到战场上都不穿铠甲，为什么？老子接着回答，"兕无所投其角，虎无所措其爪，兵无所容其刃"，在他们身上犀牛没有地方投角（犀牛会用角顶人），老虎没有地方下爪，进入两军阵中，兵器都没有地方施展锋利的刃，所以伤害不到他。

"夫何故也？"这些人为什么能达到这种境地呢？

"以其无死地焉。"因为这些人身上没有能让他死亡的因素，所以犀牛猛虎、兵器都没办法加害于他。

这段话有两种解释。第一种解释是，善于"执生"之人，把自己的过度欲望清除干净后，气血通畅，人很纯净。这种人的气浑然一体，无论到哪儿去，都没有什么危险。

这种解释稍微玄妙一点儿，意思是人除了自己能够意识到的控制身体的系统外，还有一套神识系统，在这套系统的指导下，身体能更加适应周围的环境。

比如，一个人在骑马的时候跌下马去，基本上就会骨折。但是一个醉酒之人，他的意识系统关闭，在昏昏沉沉的状态下，有时候跌倒也伤不到他。因为他的身体是软绵绵的，一跌到地上，就像一个圆团一样，这时就靠着身体的神识系统指导自己。我们如果能够用这套神识系统来指导自己，身体就能够避免很多灾祸。

这种讲法给后世很多修炼者以启发，大家都在开发自己的神识系统，这套系统练好了以后，人会比较单纯，气血运行比较通畅，也更少生病。后世很多养生方法都是以此为理论基础的。

这套系统真的存在吗？我给大家举一个例子，比如坐飞机，当飞机起飞降落时，很多人的耳朵会不舒服，甚至会特别疼。这种情况我也体会过很多次，但因为经常出差，后来我练成了一个功夫——飞机起飞之前和降落之前，我都可以安静下来，慢慢进入一种睡眠状态。现在我基本上能做到，在起飞时有大约五分之四的概率是在睡觉的。

同时，我也发现了一个独特的现象，在我清醒的时候，也就是控制身体的这套系统在发挥作用的时候，起飞降落时耳朵会非常疼，但是我只要进入睡眠状态，我的耳朵基本上就没有什么反应。这说明耳朵被调整得非常好，而且远远好于我在清醒时的状态。

不与虎谋皮，不与犀牛争角

另外一种解释是，善于"执生"之人，把自己的欲望放空，不与虎谋皮，不与犀牛争角，没有想过要伤害人家，因此也不会被人家伤害。

老虎和犀牛都有自己的领地，它们的动静都有一定的时辰，如果您真的了解自然的运行状态，就可以避开它们出没的领地，不在它们出现的时候出现。

一旦您遵循自然规律，动静有时，"犀牛"和"老虎"又怎么会伤害到您呢？

老子认为，这种人是真正的有道之人，他把自己的欲望放得很低，不会为了名贵的犀角去抓犀牛，也不会为了虎皮去抓老虎。而且他顺应自然之道，能够避开危险的地域，按照阴阳和时辰变化去走路。所以，这样的人不会遇到危险。

老子这段话对于养生之人非常有用，为什么很多人无法真正养生，总是碰到危险？因为我们有欲望，总想获得什么。

比如加班，长此以往就会遇到"老虎"，为什么？因为您天天熬夜，伤害身体，最后您的身心受伤，这和遇到老虎是一样的。您应该学会规划自己的生活，在对的时间，做对的事。

白天工作，晚上休息，是比较合理的。您白天上班，晚上还连夜工作，您的身体能不受到损伤吗？为什么会如此呢？是因为您有所期望，有的人是想多挣钱，买自己想要的东西；有的人是想升职实现个人价值。

我们想获得什么，就特别要付出什么，哪一次受伤不是因为我们太想得到所导致的呢？

为什么现在患胃癌的人那么多？因为我们太想吃那些美味的东西了，但这些东西大部分都是靠各种调料和添加物做出来的，吃多了，对您的胃肯定不好。

胃癌的另外一个原因是我们吃饭的时间不规律，饱一顿饥一顿。很多人为了挣钱，即使到了吃饭的时间，为了增加和客户沟通机会，自己饿得不行了，也忍着，觉得一顿饭不吃没什么，等把事忙完了再吃。

您为什么要不吃饭等客户？因为您想多挣钱。那么您为什么要多挣钱呢？因为这样可以获得自己想要的，比如多吃美味的食物。这样的循环难道不是很可笑吗？

为什么"情深者不寿"

一旦我们不断地滋生欲望，就会让身体进入危险的状态。因为您是在欲望的驱动下去做事，结果会导致身体加快进入"死地"。

本章里说的"死地"是什么意思？意思是死亡的境地，也就是说您把自己放到了一个非常危险的境地。

事实上，我遇到的大部分病人，基本上都把自己放到了"死地"。很多人说，罗老师您为什么这样讲，这太不公平了，我们有病已经够可怜的了……

我为什么这么说呢？我遇见过一个得了很严重肺病的女孩，分析其得病原因在于情绪不好。她说自己情绪不好的原因是她的男朋友要和她分手，她觉得自己一定要得到这个男孩，只有和他在一起才幸福，失去他就痛苦……

我见过很多女孩的肺病都是这么得的，这叫作木火刑金，肝气不舒导致了肺系统受到严重的伤害。这类女孩都是被自己的执念给害了，认为自己一定要拥有某个人。其实，这个世界上哪有永远的事？

中国有一句老话叫"情深不寿"，什么叫"情深"？就是太执迷于一段感情了，这样的人身体往往不健康。**您放下执念，不再纠结，就能长寿；若是您陷入纠结，长此以往，身体就会出现问题。**

还有的企业管理者找到我，说自己的心脏不好。我一看他的舌象，发现他肝气不舒。为什么他会肝气不舒？因为公司领导层变动，他的位置受到了影响，出局了，于是他就想不通。我问他，这个局真的存在吗？再过一百年这个局去哪儿了？您出局是不是给了您更广阔的天空呢？

很多人都是这样，因为自己的执念，置自己于"死地"，这都是因为想要的太多，最终反而被伤害。

您放下它，别想着能获得什么，努力做事，您该获得的一定会有的。即使暂时没有，也别在意它，因为这些获得也都是虚幻的。可是如果您放不下执念，就会把自己放到一种对健康不利的状态里面去，您说您怎么能不生病呢？

如何感化小人

我们再来看老子讲的"兵无所容其刃",其实这也代表了老子的军事思想。老子认为,当两军真正用兵器对抗的时候,这已经是下下策,到了不得已而为之的时候了。

真正的两军相交,应该是"上兵伐谋",就是用谋略击败对方,在两军短兵相接之前,就已经把问题解决了。老子讲过很多这样的话,"不敢进寸而退尺"就是讲带兵打仗,不往前走一寸,而要后退一尺。有人问,用这种思想来打仗,还能打赢吗?

其实,老子讲的不是让您一味地退让,而是让您最好在真正打仗之前,先把问题解决掉。军队只是一种实力象征,不得已才会用到它。

有朋友会问,老子说有的人到了军队里面不披铠甲,也不会受到伤害,真的有这样的人吗?

实际上这种人是有的,他们的境界非常高。我曾经讲过郭子仪的故事,郭子仪一辈子基本上没有打过什么败仗,可以说百战百胜,整个大唐王朝的安定几乎都是靠他维持的。无论是叛乱还是一些看似不可能赢的仗,他都能摆平。

他打的仗都非常不容易,经常以少胜多,而且在外冲锋陷阵的时候,太监鱼朝恩还在皇帝面前不断地说他的坏话。有一次,趁郭子仪在前方打仗,鱼朝恩在皇帝面前说他的坏话,还派人把郭子仪父亲的坟墓给掘了。皇帝听信了太监的谗言,等郭子仪打仗回来,就立刻把他免职了,让他告老还乡。结果没过两天又出现叛乱,皇帝不得不把郭子仪请出来让他出战,然后鱼朝恩又在皇帝面前挑唆……

郭子仪晚年的时候,有一次鱼朝恩要宴请他。当时的宰相就跟郭子仪讲:"这是个鸿门宴,有可能会对您不利,您最好别去。"郭子仪说:"没事,我做人坦坦荡荡,没有关系。"郭子仪是武将,正常出行时应该带着士兵,但他只带了几个小童子随行赴宴。

鱼朝恩也以为郭子仪会带一些士兵陪着他来吃饭,没想到郭子仪就带了这几个人。鱼朝恩说:"郭令公,您怎么没多带几个手下一起来?"郭子仪坦然地跟他讲:"我觉得做人要坦坦荡荡,我们一起吃顿饭也不至于怎么样。"没想到鱼朝恩听完,感动地流着眼泪说:"除了您,谁能不怀疑这是个鸿门宴呢?您为人真的太坦荡了,真是令我感动。"

您看,郭子仪最后把这样一个人给感动了,足以说明郭子仪够坦荡,有胸怀,有胆识。

一个人一生怎么做到福禄寿全都齐了

郭子仪的境界是很高的,他每一次打胜仗回来,要么被解去兵权,要么被贬,因为总有人在说他的坏话。等到危机来了，皇帝又把他请出来帮国家打仗……他一生中经历了无数次这种起伏。但他将国家利益放在了第一位，只要国家有难，他就立刻出兵打仗。

为什么他能够单骑入敌兵，没有人加害于他？因为大家知道他的为人，都佩服他，他在道的层面上已经把对方彻底征服了。您说他如果没有点儿实力，自己不清楚自己咋回事，就跑过去跟人家谈，肯定不是这样的结局。

因此，郭子仪是靠自己的人生境界，令对方敬佩、折服，才能够"入军不被甲兵"。如果没有郭子仪的故事，您可能会怀疑老子写的是假的。

整个大唐王朝几乎都靠着郭子仪来维持秩序，但是郭子仪却把自己的位置放得很低，他从不争权夺利，努力为大家做事。因此，他得以善终，而且孩子个个成才，都做了朝廷命官，成了国家栋梁。

后世人形容，郭子仪的福禄寿全都齐了，达到了圆满境界。为什么他能做到？就是因为他把自己的位置放得很低，从不考虑自己，最终得到了善果。这种境界的人，才是老子讲的"善执生者"，善于真正把握自己生命的人。

道德经说什么

第五十一章

人生是一次修炼的过程

01

无处不是道

> 道生之而德畜之，物形之而器成之

有道不行，等于白活

"道生之而德畜之，物形之而器成之。"这句话是什么意思？老子在这里讲的是天之道。

"道"的状态是无名无形、不可捉摸的，但它进入了这个世界，就变成了不分阴阳、混沌一体的状态。此时它拥有了形名，有了物质基础，就相当于"道生一"中的"一"。

按照河上公的讲法，这个"一"就是德，如果不断地蓄养它，就会化分出阴阳，直至阴阳合一再变成一个新物质。所以"物形之"——物质开始有了形态，到最后"器成之"——形态产生功用的时候，就变成了具体的"器"。

老子的这句话是在讲这个世界是怎么生成的,是由无名无形的道变为混沌一体的状态,然后从混沌中分出阴阳,阴阳合体后再变成真正的物质。

老子讲的是一种规律性的东西,他没说原子、分子,但是却讲出了物体在形成过程中的规律,以及这个世界在本源之前的状态。

知道这句话对我们有什么用呢?

我们研究天之道,不是因为想通了世界是怎么来的,从而获得幸福。而是当您把天之道放在人之道里,发现这在生活中太有用了,对我们人生的指导作用太大了。

其实,我们明白了道之后,光心里明白不行,还要"德畜之"——道是里面的内涵,德是外在行为体现的品德,我们要靠德来畜养道("畜"上面的"玄"字像一个拧着的绳子,下面的"田"字是一种牵着牛鼻子的状态,"畜"字最初的含义是养牛)。

如果不将德行做出来,可能没过多久,您就忘了,就又被欲望牵着鼻子走,想着多赚点儿钱多好。所以我们明白了道以后,要靠德行来畜养它。

人生能找到一件做起来凝神静气的事,足矣

"物形之而器成之。"这句话是非常重要的,德行要靠"物"来表现,这个"物"可以指生活中的具体事件,您要靠

这些事件来给它赋予形态，否则光讲道是没用的。我们学了道以后，要运用在工作和生活中。比如，在工作中您取得了成绩，大家都夸您的时候，您忘记它；大家都诋毁您的时候，您也忘记它，尽量报怨以德。凡事都站在对方的角度来思考，只要您不断地这么做，您的德就会越来越多，您心里道的力量也会越来越坚固，这才是老子说的"物形之"的意思。

"器成之"是什么意思呢？"器"是在具体的物体上维护道。

我在前面说了，每天空谈道是没用的，一旦您想按照道来做事的时候就会发现，其实也很难——这个时候您就需要依靠"物"和"器"的帮助。

举个例子，您加入了一个行善的团体，比如一个义工组织，这个组织每周末都定期出去做好事，为养老院的老人或福利院的儿童做一些服务，或者在街边帮忙维持秩序、捡公园的垃圾等。如果经常参加这种团体的活动，您会发现心中的道就特别容易维护住，因为在和大家一起做事的过程中，道在您的心里会不断地获得滋养。

如果您不经常和这些心中有道的人一起参加活动，天天晚上出去和人喝酒、聊天，整天研究谁发财了，您很快就会忘记道。

因此，参加行善活动的行为非常关键，这就是老子说的"物"。

"器"是什么？我们经常说"术以载道"，我认为"器"也可以载道。比如，人在练书法的时候可以修身养性，因为您在写字的时候，心神集中在笔锋之间——毛笔书法跟硬笔书法不一样，因为毛笔是软毛的，将毛笔蘸了墨以后，您要把笔锋给运起来，让它朝一个方向走，这就是一种用"器"的感觉。

要想把笔锋运到一起是需要凝神的，否则很容易就散开了。一般人在写书法的时候，很少会想"那个钱我没赚到，气死我了"。如果谁要是这样写书法，估计也没法写了。写书法时应该专注在字帖的字，笔怎么凝在一起……这种集中心神、忘记欲望的过程，就是一种修炼的过程。

弹古琴也是一样。您的心神变化可以在弹奏古琴的过程中反映出来，如果您在弹古琴的时候心里很宁静，由于心和琴弦之间有共振，越弹您的心就会越宁静。

这种"器"也是可以载道的，它可以帮您清空欲望，凝神于一处，这种修炼可以让您接近道。香道、茶道也是一样，我很少见到一个人在焚香、品茶的时候讨论买彩票的事。大部分人在这时想的都是"天地之间真玄妙""人生很美好"。他的心很宁静，思考的也都是一些天地之间、人与自然的事。

很多匠人也是一样。比如，一个人在雕刻某个东西时，很少会想：这个东西雕好了，我拿出去卖五百万，少一分钱都不卖……他在雕刻的时候，已经全神贯注到艺术作品当中去了，这种状态也是在涵养道。

生活中有没有这种物和器来让您涵养道？如果没有，您是不是可以给自己找一件这样的事来做？

我觉得很多人在学了书法以后，性情变化很大，慢慢安静下来了；还有的人弹了古琴以后变化很大。如果我们都能够找到一件让自己做起来凝神静气的事，是最好的。如果您找不到，每天就是忙着上班、下班，您会觉得精疲力竭。

但如果您能把您的工作变成物和器，变成一个"道生之而德畜之"的过程，让它在里边畜养道和德，您的人生就会慢慢发生变化。

我之前讲道，是为了让大家明白道理，道理懂了以后，不见得就能做到，想要做到，就要通过技术手段。老子讲得很清楚，"道生之而德畜之，物形之而器成之"，只有您将道落到实处，落到工作、生活中的每个细节里时，道德才能真正被畜养出来。

02

道德为什么如此尊贵

> 是以万物尊道而贵德。
> 道之尊，德之贵也，
> 夫莫之爵，而恒自然也

道德之所以尊贵，在于它永不求万物的回报

"是以万物尊道而贵德。"这句话的意思是，所以万物尊重道，认为德特别宝贵。

老子接着讲："道之尊，德之贵也，夫莫之爵，而恒自然也。"这句话特别重要，意思是道和德之所以尊贵，在于"夫莫之爵，而恒自然"，您不给它爵位、地位，它也一直是这么做的，这叫"恒自然也"（"爵"最初是一种鼎，代表身份、地位，当年具有一定身份地位的人才配拥有这种鼎。后来引申为爵位，代表一个人崇高的地位）。这里的"自然"不是大自然的意思，而是自己然也——自己一直这样，没有任何改变。

老子认为，道德如此尊贵的原因是，即使不给它地位和尊重，它也还是那样做，所以万物更加"尊道而贵德"。

工作时间长了，您早晚会碰到这两种人

这句话对我们生活的指导意义简直太重要了。我给大家列举两种情况。比如，公司里有两个部门经理，其中一个每做完一件事就问："领导，我这件事做得怎么样？"然后等着领导给他一个客观的评价，让领导讲清楚他做得好不好。如果领导说他做得好，他就要求得到相应的待遇。这种人无论做什么事都不断地要结果，一旦别人不给他回报，他就开始抱怨。

另外一个部门经理就是默默付出，领导给他回报当然好，不给他也无所谓，无论褒贬，他就是一心把事做好。

您说，对比之下，这两个部门经理，谁更有实力，更能够得到大家的拥护？

工作时间长了，您早晚会碰到这两种人，相信您心中的答案也一定很清楚。

那些整天要评价、要待遇的人，我估计您遇见后会头大的。我们学了《道德经》后要明白，**很多东西有更好，没有也挺好，您不要过度在意它。**

当您认真做事时，谁都看得到。在一般情况下，公平原则

还是适用的，您付出了多少，就会回报给您多少。如果您不是那么在意回报，就只是快乐地工作，您的人生会比较坦然，德行也会比较广厚。

从一份简单的工作里，能看到两种不同工作态度的人，而这两种人最后也会反过来影响不同的工作环境。一个人看似很专业，但是处处计较，就会举步维艰。

在很多复杂的工作环境中，工作态度带来的结果有可能被很多因素所掩盖，但最终道的法则一定是成立的。

人们是因为互相关爱、互相帮助而结成团体的，绝对不是因为算计每一点利益而聚集到一起的。

夫妻关系的互动模式分为这两种，您是哪一种

在夫妻关系里，互动模式也有两种。一种是太太对先生每天都要确认自己地位："你爱不爱我？""你感觉我怎么样？""我跟你的前女友比起来，谁更好？"还有的太太会给先生发这样的消息："今天下班之前你要是不给我回微信，那就说明你不爱我了！"

这样的人总是不断地确认自己在对方心里的位置、对方爱自己有多少，这就是老子说的要求"爵"。

您可以试试，如果您一天问自己先生十次"你到底爱不爱我？爱我多少？"坚持三个月，您看看您先生会有什么表现？

一开始，他可能会说"爱爱爱"。后来回复的可能态度会发生变化，再后来可能连回复都不回复了。

第二种态度是，我不跟你的前女友比，就是好好做自己，每天把家操持好，好好关爱先生……您说时间长了，先生会不给她一个很高的评价吗？

这就是老子讲的"是以万物尊道而贵德。道之尊，德之贵也，夫莫之爵，而恒自然也"，她不是为了得到很高的评价而做，她就是很自然地做，反而"尊道而贵德"，先生对她的评价会特别高。

老子讲的是一个法则，无论是工作还是夫妻关系，其实都有道的应用。您只要"恒自然"，一直做自己应该做的，您周围的环境就会越来越好。

03

强求来的东西是不牢靠的，靠德行感召来的东西才恒久

> 故道生之、德畜之、长之、育之、亭之、毒之、养之、覆之。生而弗有也，为而弗恃也，长而弗宰也，此之谓玄德

领导者必须要有"玄德"

"道生之"，就是像天道一样生万物。

"德畜之"，就是靠德来畜养万物。

"长之"，就是让万物生长，"育之"就是长成的意思。

"亭之"的"亭"最初指路边供人休息的建筑物，但"亭"也有养育的意思，比如"亭育"在古代就是指养育。

"毒之"的"毒"是厚，使万物变得更加丰盛的意思。"亭

毒"在古代指养育、育化。

"养之"，就是生养，让万物活；"覆之"的"覆"就像母鸡覆盖着小鸡一样，有保护的意思。

"长之、育之、亭之、毒之、养之、覆之"，讲的都是天道对万物的保护，让万物生长得好，这是天道对万物的所作所为。

老子接着讲"生而弗有也，为而弗恃也，长而弗宰也，此之谓玄德"，前面讲的"道生之、德畜之、长之、育之、亭之、毒之、养之、覆之"全都是用来做铺垫的。

他告诉大家，天道对万物是这么做的，它对万物做了这么多好事，但是它从来没觉得自己拥有万物。

"长之、育之、亭之、毒之、养之、覆之"都是天道对万物、对众生的"为"，但是"生而弗有"，它不觉得这是它的功劳。

很多领导上位以后，觉得自己了不起，自己多么好，和下属说："我告诉你们，你们这些人碰到我给你们当领导，是你们的运气……"他觉得公司规模大，肯定有他的功劳，所以没事儿就召集大家开会，训训大家，觉得没他别人什么都不是，这就不是"生而弗有"。

老子讲"为而弗恃也"，是说这些人有所作为，但是却隐身于背后，觉得自己没有功劳，都是大家做得好，我只为大家服务。

"长而弗宰也"的意思是，他带领大家往前走，他是领导者，但是他不觉得自己是主宰，他就是尽量保护大家，让大家活得好。

老子总结了一下，"此之谓玄德"。"玄德"这个词很多人都比较熟悉。刘备，字玄德，就是由此而来的。

"玄德"的意思就是天道的品性，为众生"长之、育之、亭之、毒之、养之、覆之"，但是它不居功，不认为自己做了什么。

老子说这种做事的态度就是"玄德"，"玄"是高远、深远的意思。有"玄德"，是老子对领导者的要求，领导者一旦有这种符合天道的态度，做事的结果就会完全不同。

能做到最大限度地团结您所领导的员工和其他部门的成员，是真正的领导力。

人和人之间，差距最大的是做人的德行

人和人之间的差别是什么？智商真的有那么大差距吗？

有的领导者将企业做得非常大，每年利润能到上百亿，可是有的人接触了这些领导者之后，反而认为他们都很普通，可他的企业为什么这么好？

因为这样的人德行深厚，所以大家愿意汇集在他的周围。

曾经有一个记者跟我讲过一件事，他采访过一位大企业

家,他把企业做得非常大。在采访期间,这位企业家接到了一个电话,是他们企业的实习生打错了,要找一个什么办公室。这位企业家接了电话以后,就开始跟实习生聊天,问他:"你们在这儿实习,吃得怎么样,你觉得最近食堂伙食好不好?你觉得住宿方面有没有需要改进的,是不是很冷啊?有什么意见一定要跟我说……"

刚开始记者还想,这个老板是在和谁打电话打了这么半天,后来才知道是实习生打错电话了。所以您看,这种领导看起来好像很普通,您在街上遇见他可能就觉得这是一个普通老头,可是为什么人家能做那么大的企业?就是因为他的德行深厚,所以大家才来追随他。

人和人之间的智商相差无几,差距最大的是德行和做人的态度。这两者将决定您是否能团结周围的人,且与之和谐相处,这是非常重要的法则。

作为一个普通人,如果您能以这种态度来对待您的工作——不计回报,认真去做,别人一定会看在眼里的,又怎么会不给您一个很高的评价呢?

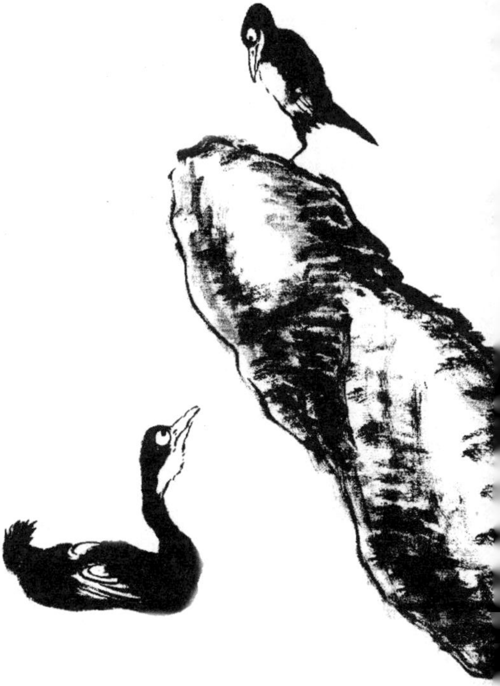

道德经 说什么

第五十二章

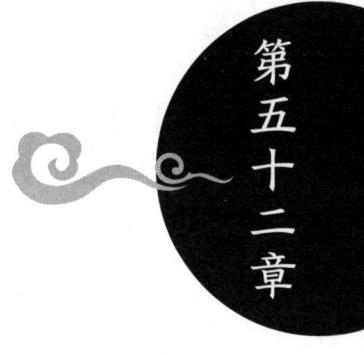

发心正不正,是能否做成一件事的关键

01

生活中事事有因有果

> 天下有始，以为天下母。
> 既得其母，以知其子；
> 既知其子，复守其母，没身不殆

掌握了道，您就能掌握世道人心

"天下有始，以为天下母。"老子在这句话里讲的是宇宙的生成，"天下"指我们看到的世界，这个世界是由道生出来的，所以老子在《道德经》里几次用"母"来形容道。"天下有始"——有开始的时候，"以为天下母"——它是天下的母体。

"既得其母，以知其子；既知其子，复守其母，没身不殆。"这句话是什么意思呢？这句话看似简单，实则耐人寻味。

"既得其母"的意思是，既然您得到了道的精髓，这里的"母"指道，这句话说的是您明白道了。"以知其子"的意思是，您就知道天下的事情是怎么运转的了，"子"是天下的意思，"知"解释为知道、了解，同时"知"也有把握的意思。

过去有两个官职，一个叫"知县"，一个叫"太守"，知县掌管一县之政务，这里的"知"和"守"都当掌管讲。所以这句话的意思是，您知道了道的原则，就能够了解天下是如何运转的，就能够好好掌控世间的事情了。

"既知其子"的意思是，既然您了解或者能把控世间的运转，您就要"复守其母"，回到道的状态，不断地坚守道的原则。

"没身不殆"是什么意思？您已经能把握世间的事了，却还坚守道的原则，这样的人就会"没身不殆"，终生不会碰到危险，人生圆融无碍。

老子认为道的法则很重要，掌握了道，您就能掌握世间万物了。当您掌握了世间万物以后，也一定要记住坚守道的法则。

一个眼神、一句话或一个动作，都会引起蝴蝶效应

老子的意思是，无论您做什么事，只要您按照道的法则去做，您的人生就会非常顺畅。

这几句话看着简单，但其实道理深刻，老子在这里讲的实

际上是"因果定律"。这种定律在每个学说里都存在。

很多人在世上活着,常常陷入迷茫,大部分时间都无法控制事物的好和坏的发展方向。因此,有些人求助于算命、星座或其他帮助等,大家都想知道自己最近的运程如何,以及未来会怎么样。

每个人对生活都有无法把控的感觉,这是因为我们不了解事物的运转规律。

佛家讲"因缘果报","果"不是随意出现的,一定是有因有缘,才会有果。比如我骂人,这个果可能会立刻出现——人家也回头骂我。但是"报"不一定会立刻出现,比如我骂了别人,可能这个人当时没有骂我,但说不定哪天您的生意被谁给抢走了,而原因可能和您骂了这个人息息相关。

很多时候,我们今天造的"因",会不断汇集,在某一天从另外一件事上暴露出来。因此,佛家认为您周围出现的善或恶的果报,未必立刻就会有某种反应,有时是很多因素叠加,经过不断的酝酿,最终机缘成熟的时候,它才会暴露出来。

坦诚地讲,每个人的行为,一个眼神、一句话或一个动作,都会引起蝴蝶效应。比如,您以为您在领导那儿说同事几句坏话就完事了?您说完这些话以后,人的内心会发生改变,氛围也会受到影响,如果就此不断地叠加,最后有可能会导致公司整体的氛围恶化。等您深受其害时,您可能都想不到,这是无数"因"叠加之后所致。

如果有一天，电脑足够强大，我们可以做一个大数据，把每个人的情绪、行为对外界产生的正或负的影响制作成一个大的云图——您会发现原来这个规律是可以计算的。

无论好与坏以什么形式呈现，一定不会落空

我认为佛家讲的是准确的，也就是说，**您所做的事，在未来一定会形成某种影响**。但这种影响以什么形式出现，在什么时候出现，是您所不了解的。我们的大脑根本无法拥有计算云图的能力。比如，您可能说为什么明明生意都谈得差不多了，对方却突然取消合作了——很有可能是别人在私下和对方说了什么，一传二、二传四……就把您的负面消息传播开了，原来是什么什么微信传到人家那儿，人家一看朋友圈里这么说您，心里有数了。

很多事是我们想象不到的。因此，您要知道，您的行为一定会对自己、对社会、对世界造成影响。

从现在开始，只要您尽量不计回报地对大家发出善念，那么您造成的影响就全是正向的，您的"果"也都会是正向的。

我曾经写过一篇文章——我们做的每件事，无论是善还是恶，都是在向自己未来的路上扔东西。那些恶的，就相当于扔

了一把"匕首";善的,就相当于撒了一束"鲜花"。这些东西,在您走向未来的途中,都会一一遇见。您有可能会见到十把"匕首"一起出现,也有可能见到漫天鲜花铺满前方的路。

无论这些好或坏的事情以什么形式呈现,但一定没有一个落空。

当您遇到困境的时候,您应该恨老天吗?别恨老天,因为这些"匕首"都是我们自己扔的,我们没法计算哪些事能躲过去,哪些事躲不过去。唯一聪明的办法就是从现在开始,立刻种善因,如此,未来您收获的将都是善果。

这就是"赠人玫瑰,手留余香",您赠给他人的玫瑰越多,您手上的香气就会越来越浓郁,您的生活就会越来越美好。

这个法则就是老子讲的"既得其母,以知其子;既知其子,復守其母,没身不殆",您知道原因,了解这个果是怎么产生的,就知道如果您想要这个结果,就一定要"复守其母",把原因坚持好。

我认为我讲的这个规律也可以用"控制论"来解释,您把原因控制好,结果自然会越来越好,这是把握大的源头和趋势,从而最终控制结果的过程。

我们都希望自己的人生有好结果,都希望大家对自己好,怎么能实现呢?您是源头,您把自己先控制好,周围的事慢慢就变好了。

02

把欲望的"进出口"堵住，您会终生平安

> 塞其兑，闭其门，终身不勤。启其兑，济其事，终身不救

过多的"摄入"，一定会导致人生失控

"塞其兑，闭其门，终身不勤。启其兑，济其事，终身不救。"这句话是什么意思？

"塞其兑"的"兑"，在帛书乙本里写的是"垸"，"垸"是"兑"的同音借字，我们在这里就直接用"兑"。

"兑"字当孔窍讲，指人的眼睛、嘴、耳朵、鼻子等，引申为欲望。

"塞其兑"的意思是说要把这些欲望给堵上。

"闭其门"的"门"指心门，很多人认为人的欲念都出自

于心，心是欲望出入的路径，所以关闭心门就等于把欲望的出入口关闭。

"终身不勤"的"勤"是苦、危险的意思，这句话的意思是终身不苦、不危险，活得很顺。

"启其兑"的意思是把欲望孔窍都打开；"济其事"的"济"是完成的意思，完成那些欲望的事，"终身不救"——这个人就没救了。

老子反反复复地讲，**如果您靠欲望来指导生活，您的生活质量会很差。**

那么，欲望到底有什么不好呢？

比如，眼睛喜欢看美的东西，看到别人家的大别墅有游泳池、花园、喷泉，自己也想要一套，欲望出来了，为此绞尽脑汁去做事。

我在前文提到过，我曾经去过一个企业家的家里，他家的别墅特别大，网球场、游泳池、大草坪都有，但是他经常凌晨才下班回家，早晨八点半又去上班了，他每天都在想要怎么经营公司，睡觉的时间特别少，整个人非常瘦。

您说他这么有钱，却这么忙。如此，您就知道，**那些您所羡慕的东西都是虚幻的，您拼命想获得的东西，往往与您最初的愿望背道而驰。**再比如美色，很多人看到长得好看的女生，回到家越看自己的太太越像黄脸婆，跟她也没有什么共同语言，就想着我要是能和女神在一起得多幸福啊。结果很多人就非要离婚，这样的事我见得太多了。

小时候我们家的邻居是一位女教师，她的丈夫是大学教授。女教师为人特别好，我觉得她非常慈祥。但是大学教授就觉得她是黄脸婆，后来看中了自己的学生，学生年轻漂亮，二十来岁，脸上都带着光。教授不能自持，就与学生发生了关系，不知道保持了多长时间，后来有一次被同事发现了……

这件事立刻轰动了全学校，女教师为此受了很大的打击，当时她看起来好像也没什么事。可是过了几年，这位女教师就因肺癌去世了。我当时不懂，到现在才明白，这叫"木火刑金"。这种家庭有重大变故的，比如老公出轨，老婆也不好意思往外讲，只想着息事宁人，把火忍在肚子里。这种人的肝火很大，肝火大了会伤害肺金，肺系统就被摧毁了，中医管这叫"木火刑金"，这时候人的身体就会出现问题。

很多女性患严重肺病的背后，都有感情创伤的影子，这是一件非常残酷的事。现在我真的切身感到，这些道德伦理是底线，如果突破了这道底线，您可能无法想象最后的代价会有多么惨痛。这不仅有可能是很多疾病的来源，还有一些人会因此把整个事业基础给摧毁。这都是因为眼睛的欲望控制不住，从而导致自己的行为发生偏差。

"口"的欲望也是如此，现在美食的丰富程度几乎超过了清朝的皇帝能吃到的。皇帝吃的好东西都有什么？乾隆皇帝吃的都是东北的野味，鹿肉、熊肉等。到了光绪年间，国力衰退，光绪皇帝吃不到什么东西，能吃的就是猪肉、鸡肉、鸭肉、羊肉、鱼肉等。

您说光绪皇帝能不能吃到澳洲龙虾？能不能吃到大个儿的帝王蟹？能不能吃到挪威的三文鱼生鱼片？想必光绪皇帝连听都没有听过，他吃的海鲜基本上都是干的，那时候只有干的才能运到北京来。

这些食物我们能吃到吗？都能吃到，大酒店的自助餐里都有，很多人看到这么多的美食都会控制不住自己，玩儿命地吃。而且现在上了点儿年纪的人，都有饥饿基因，因为小时候都挨过饿，记得我小时候每天上到第四节课时都饿得眼睛发黑，因为我们家早晨就喝点儿粥，吃点儿咸菜。我小时候，一年才能吃上一次红烧肉。后来长大了也是，参加同学的毕业聚餐，红烧肉刚一端上来，筷子要是晚动一点儿，肉就没了。大家都拼命抢，觉得红烧肉怎么这么香啊。这种饥饿基因导致我们现在一看到红烧肉就亲……

那么，我们再看看现在糖尿病患者有多少呢？

现代人不仅吃得好，运动也少了。您会发现之前挨饿的时候，反而没有这么多病，那时候饿得浮肿，但得糖尿病的人很少。现在不挨饿了，富贵病出来了，患痛风的人越来越多，这都是因为好吃的东西吃多了。

耳朵、鼻子也代表欲望。耳朵可以听到美好的声音，曼妙的音乐会让人迷醉。鼻子可以闻到香味——红烧肉光看不行，还要闻到它的香味。这些都代表欲望，要是跟着这些欲望走，您的身体不可能好。

做事的动机好，做事的效果也会好

在工作上也是如此。**如果您能把欲望控制好，坦然为大家做事，您做事的态度会非常纯正。做事的动机好，做事的效果也会好。**

可如果您是以欲望为驱动来做事，周围的人一定都会感受到的，看到您的眼神带着贪婪、攫取的目光，肯定会担心、害怕，合作一定会出问题。因此，我们在做事前，一定要想清楚自己做事的前提，如果您把个人的私欲放在前边，做事频频使用商业手段，一旦被人发觉，事业进展必会受阻。

老子告诉我们，**如果您在工作和生活中能尽量把欲望克制住，抱着为大家服务的心态做事，该有的您都会有。**

这个道理看着简单，实则都是人生经验的总结。有可能某一天，您经过了人生历练之后，会发现老子讲得太对了，人生可能就是因为顺序没摆对才会如此。如果您看懂了，马上把人生方向调正，我认为这是您的福报。

学习经典，最重要的就是我们能否按照经典的启示去做，这将决定我们的人生以后究竟会如何；如果不做，则一切都是空谈。

03

为了得到而得到，
就会在得到时欣喜，失去时痛苦

> 见小曰明，
> 守柔曰强

做一个能从细节处推断出大问题的人

"见小曰明，守柔曰强。"这句话是什么意思？

"见小曰明"，一般版本解释成：能从小的地方看出端倪来，那是真正的高明。

比如，《韩非子》里解释这句话时举了一个例子。商纣王用象牙做的筷子吃饭，他的大臣箕子看到之后就觉得大事不好。他认为，您都能用象牙做筷子吃饭了，那么您的筷子一定不会伸到简陋的碗里，您的碗得用犀牛角或者碧玉来做；如果您用犀牛角或者碧玉做碗，那您吃的一定是山珍海味之类；如果您要吃山珍海味，那您肯定不会穿粗布织的衣服在茅屋下吃饭，您肯定要盖特别大的宫殿，穿着丝绸或者锦做的衣服来用餐。

这位大臣从一个象牙筷子的细节，就判断出商纣王会腐化。后来果然如此，商纣王建了肉林、酒池。没过多久，商代就灭亡了。

这就叫"见小曰明"，能从细节处推断出大问题的人，是很明智的。

在生活中，这样的事也有很多。比如，您的老婆想买一个Prada 的包，一个包一万多块钱，您说买还是不买？

坦诚地讲，如果您为了买一个包，为了赶时髦，要拼命工作，攒两个月的工资才能买，我建议您不要买。

如果您买了这个包，您就要拼命攒钱，再买双能配得上这个包的鞋，买完鞋之后，您还要再买一套能搭配的衣服……

这种欲望是无穷无尽的。其实，**我们在追求时尚的过程中，首先要考虑自身的实际情况。**从小处看到整体的发展，把这种欲望遏制在萌芽阶段，是一种明智的做法。

"见小曰明"的"见"，我认为在这里应该读"xiàn"，因为下句话是"守柔曰强"，"守柔"是自己，"见小"也应该是见自己，把自己展现得小一点，不要总把自己表现得很厉害、很高大，这是不明智的。**把自己的位置放低，才是真的明智。**

真正的有钱人，生活既节俭又简单

我曾经看过一本书，内容是研究那些在美国事业非常成功、公司非常大、对社会有贡献的人士，研究到最后，大家发现了一个特别大的误区——一般人认为百万富翁、事业成功人士都是每天和美女们坐游艇，出入各种各样的游乐场所，花天酒地。

但实际上，研究人员发现，确实有些人是靠这些东西吸引人眼球，来促成生意，比如他是娱乐界的，就要保持关注度、知名度。很多人可能没有那么多助理，但为了维持自己的声誉，一出门就要花钱雇很多人装作他的助理。这样的人，往往都不是真正的富翁。

那么，真正控制经济命脉的人是什么样的呢？

调查结果发现，这些人开的是最普通的车，而且他们绝对不会出去花天酒地，晚上回家吃家常便饭，跟邻居的关系也很好，甚至邻居都把他们当作普通人，不知道他们是商业机构的老板。而且这些人也从不没事儿就把自己弄到聚光灯下，让大家观摩自己的私生活，他们把自己的位置放得很低，就像一个普通人一样。

这个调查结果让很多人都大吃一惊，原来成功人士的生活如此普通，他们没有觉得自己是富豪有多了不起，出门就开豪车——他们的生活既节俭又简单。

我在网上看过一个视频，是李嘉诚一家人吃饭的情景。他们家人每周一定要聚会一次，这是规矩。视频里李嘉诚和他的两个儿子、儿媳妇在一起吃饭，菜品非常简单，不超过六道，他的儿子对着镜头笑着说："你们可能想不到我们家吃饭是这么简单吧？"

他们真的吃得非常简单，李嘉诚自己吃饭就是一盘青菜，几条小鱼。平时他的鞋带旧了，他都接着系，为什么？他们不觉得奢靡是好事，不觉得把自己的位置抬得很高是好事。

虽然李嘉诚是华人中最杰出的商人代表之一，但是很难有记者能采访到他。那些写传记的作者基本上都是靠打听周边消息写的，因为李嘉诚很少接受媒体的采访。像他这种经济实力雄厚的人，如果想要把自己抬高，就能无限抬高，每天会有无数的新闻媒体去炒作他，但他认为这对他的生活和企业经营是一种干扰，所以他刻意保持低调，这就是老子说的"见小曰明"。

那些尽量把自己位置放低，懂得"见小曰明"的人，才是真正明智的人。

"守柔曰强"的意思是，如果您能守住柔弱的状态，才是真正的强大。

"守柔曰强"的"柔"指这个人没有为那些名利、地位之类的东西去抢，所以他展现的是"柔"，老子管这种状态叫"守柔"，但实际上这样的人才是真正强大的。

他们并不是为了达到什么目的,强行要求自己把位置放低,而是真正看清了"凡所有相,皆是虚妄",知道这些东西就算拥有,也都是暂时拥有,随着时间这些终将逝去。

如果您是为了得到某个东西而做事,您在得到时会欣喜,失去时则会痛苦。您的心在得失之间,无法平静。

因此,"见小曰明,守柔曰强"是一种人生大境界。同时,这也是一种做人的态度,以这种态度做人,您的人生一定可圈可点。

04

人和人之间相处
是一种"爱的循环"

> 用其光,复归其明。
> 毋遗身殃,是谓袭常

您坚守了"本","末"一定会有的

"用其光,复归其明。毋遗身殃,是谓袭常。"这句话是什么意思?

首先,我们看"光"和"明"有什么区别。"光"指发出的光亮,而"明"的本意是发光体,比如日月。

这句话的意思是,您可以使用日月发出的光,但是您要知道这个光是从哪儿发出来的,您需要这个光亮,就不能离开光的本源。

老子认为,我们在这个世界上做事,一定要认识到哪些是事情的本源,哪些是结果。

我们一定要搞清楚事情的因和果、本和末,您坚守了本,末一定会有的。这样做就不会"毋遗身殃",让自己陷入危机中。为什么会陷入危机中呢?一旦您只追求结果,对本源毫不在意,您就容易倒霉。

老子讲"是谓袭常",什么叫"袭常"?"袭"是隐藏起来的意思,"袭常"就是隐而不露的、不大容易察觉的事物常理。

这句话的意思是,很多道理在生活中往往会被纷繁复杂的事物遮盖,让人看不清哪个是本、哪个是末,但您一定要搞清楚本末。

在生活中这样的例子有很多。比如,两人相处是一种"爱的循环",爱的循环越好,两个人的关系就越融洽。如果两个人的关系出现了问题,您要先想想自己有没有给对方一个好的、正向的信息。

否则您一味地追求结果,问对方为什么不爱您、为什么对您这样,是得不到任何好的回应和结果的。

婆媳之间的关系也是这样。婆媳之间的关系出现问题,就要先看看自己的问题在哪里,有没有做好?有没有真的把对方当亲人?婆媳之间的相处说难很难,说容易也容易,彼此间要多想想对方。

平时大家可以经常学学《道德经》,每个人都多反思,发出正向信息，就会在彼此间形成一种爱的循环关系，长此以往，两个人的关系就好了。

您的发心正不正？您能给对方、社会带来什么利益

在单位里也是如此。有时单位里的事很多，环境恶劣，您一定要先反思自己在这里起到了什么作用，您能不能引领这个趋势，改变大家的状态？

您要把自己当作太阳，不断地发出光芒。

作为公司的领导，也要知道自己作为领导，已经有了一定的地位，您在做事的时候，尽量不要追求名利、地位，要把自己的位置放低，这就叫"明"。

当公司文化氛围不好的时候，领导一定要反思自己，不好的结果只是"光"，真正的根源在于"明"，也就是领导的心态。一旦领导的心是正的，整个公司都会受到他的影响而改变。

领导在带领大家前进的时候，做事成功与否和领导的发心息息相关。我为什么要去与别人合作？我能给员工带来什么利益？能给合作方带来什么利益？能给社会带来什么利益？一定是三方都"盈"的情况下才能合作，只要您把根源找对了，就没有不成功的合作。

当年我在沈阳打出租车时就发现了一个问题——出租车司

机整天很劳累，收入不高，所以他们的内心充满了怨气。

基本上每次我打车的时候，听到和看到的都是司机各种各样的抱怨和负面情绪，说这个城市如何如何不好等等。出租车司机就像一个城市的传播器，如果外地人打车时听到出租车司机这么讲，这个城市的形象就毁了。

当时我的发心就是改变社会的不良环境，然后我就去了沈阳人民广播电台，找文艺台的领导谈，我说我能不能帮您办一档给司机听的节目，引导他们传播正能量？

一般人会想：可能吗，您想办节目就办了？

结果，文艺台的领导居然批准了，于是我协助他们做了一档节目叫《流动的风景线》，节目的内容就是把主持人带到出租车司机吃盒饭的地方，体验他们的不容易，让主持人整天跟着司机走，在司机拉乘客的时候，主持人要听大家在讲什么。然后在节目里一点点引导这些司机，让他们积极、乐观地看待问题。

出租车司机的环境改善了以后，乘客就会提升愉悦度。**人们的心情都越来越好的时候，交通也会更加顺畅，大家的收入也会由此变得更高，城市的风貌也会改变。**

当时这档节目特别火，很多出租车司机都成了节目忠实的粉丝，交通管理部门也特别高兴，因为这档节目既协调了大家的关系，还经常采访民警，让民警和司机建立起良好的沟通，大家互相体谅对方的不易。

大家看，这档节目的几方都"盈"。所以，**做事的发心正不正，是一件事能否做成的关键所在。**

为什么一个平头老百姓能够策划起来这样一档节目？我觉得这与我的发心有关。

因此，如果您做事或谈生意没做成，您要先问问自己：您想做的这件事能给大家带来什么？您的发心是什么？如果这是一件能让大家有收获又有意义的事，事情怎么可能会办不成呢？生意怎么可能谈不下来呢？

正如老子说的"用其光，复归其明。毋遗身殃，是谓袭常"，这个世间所有的事都是如此。您一定要知道事情的本源在哪儿，只要您的发心是正的，只要您是"光"，您的周围就一定是"明"的。

这个道理是人生真正的智慧，您如果拥有这样的智慧，人生怎么可能不幸福呢？

第五十三章

人生就两种模式：走大道，抄近道

01

大道特别平坦，
但人们为什么还是喜欢抄近路

> 使我介然有知，行于大道，唯迤是畏。大道甚夷，而民好径

别以为抄近道快，很容易就走岔方向了

"使我介然有知，行于大道，唯迤是畏。大道甚夷，而民好径。"这句话是什么意思？

"使我介然有知"在帛书乙本里写的是"使我介有知"，我觉得通行本在此处加了个"然"字，读起来比较舒服，所以这句我们就选用"使我介然有知"的说法来讲。

什么叫"介然有知"？最早的时候，"介"字当铠甲讲，好像一个人被罩在铠甲里面，后来引申为独立、清醒的意思。这句话的意思是：听说道以后，我突然就清醒了。我"行于大

道。"老子用这种诗意的方式来表达，愿我走在大道之上，按照道去做事。

"唯迆是畏"的"迆"代表弯弯曲曲、来来回回的状态。老子说，我走在大道之上，就担心自己会走入弯曲的小路和斜路上去。

"大道甚夷，民甚好径"的意思是，大道非常平坦，但是一般人特别喜欢走弯曲的小路，您以为走小路是抄近道，但您在走的过程中，就有可能失去方向了。比如大道是朝南的，您选了一条小道走，觉得近。可是小路弯弯曲曲，您走着走着，可能方向就走反了。

因此，老子才语重心长地讲"大道甚夷，而民好径"。

学了本章以后，不知道您觉得道简单吗？我估计很多人会认为老子讲的道太简单了，我已经懂了。

老子曾经讲过这样的话，道其实一点儿不玄妙，老子说"吾言甚易知，甚易行。天下莫能知，莫能行"，他说我讲的话特别容易懂，也特别容易做。但就算如此，天下人也未必去做。

大家为什么不愿意去做？因为我们都有强大的私心，很难克服。老子讲"大道甚夷，民甚好径"，意思是真正的大道特别平坦，但是人们特别喜欢抄近路。我觉得真是如此，喜欢投机取巧的人有很多。

有时候，大道和小道就是一念之差

大道和小道到底是什么呢？我觉得老子讲得太好了，人生路就这么两条，大道和小道。大道就是放下自己，为大家做事，摆正方向，不计得失，坦然前行。

小道是处处算计，记小账，每做一件事就先问能给我多少回报，这样的人做事是为了利益而做，回报少了他就会"对不起，我不做了"。有的事本来看着是好事，但是一看没有什么利益，他就不做了。而有的事见到利益了，但是方向跟大道有点儿背离，他就会想：没事，我暂时亏一点儿良心做没事，反正也没有偏离道太多……

比如有的养殖户，养一只鸡要用十几种抗生素，把激素兑水里给鸡喝，鸡喝了激素水就胖，鸡胖了就能多卖肉钱——反正吃这一次死不了人，管他呢。

我看过一个新闻，说华北的好多药厂生产抗生素，可是废气、废水无处排。这些工厂如果将这些被污染的水处理变成无污染的水，要花很多钱。所以这些企业的负责人认为，要是弄那个处理水污染的装置，企业就不盈利了，总之我做这个抗生素是救人的，这些废物我偷着排点儿，没有什么大不了的。

这些污水被排出去之后，周围的水里、土壤里、空气里都是抗生素的成分，把土壤里受不了抗生素的细菌都给杀死了，留下的都是对抗生素有抵抗作用的细菌。也就是说，这些厂家,一边卖抗生素的药给人治病,一边培养有抗生素抗体的细菌,您说这到底是在做好事还是坏事?

有时候,我们的一念之差,会导致结果越偏越多。很可能抗生素救人的功绩远远赶不上其造成的污染,而且抗生素的滥用会导致超级细菌的出现。

我觉得这就是方向搞反了,为了算计这点儿钱,为了自己的利润丰厚一点儿,算计来算计去,最后您只会越来越累,甚至活得越来越惨。

爱算计的人幸福吗?我觉得未必幸福,因为就算得到了也会害怕失去,等看到下一个目标又想得到……总之,这种人会不断地在这种得失之间来回颠簸。

在这个过程中,其又会与各种人发生冲突。我真的认为,这种爱算计的人活得很累,而且未必快乐。

为什么小道让人如此不幸福,大家还喜欢走小道呢——"民甚好径"?这是因为每个人都有动物性,这种动物性让我们只在乎眼前的利益,看到好东西就想要,就要捞……

如果您能站在更高的角度看全局,您会发现人跟动物是有本质区别的,动物的群体比较小,它们的资源有限,所以以争抢为主。但人需要群居,如果我们在人群中生活,还按照动物的本能去做事,是没有前途的。

因此,老子讲的大道是教我们如何在人群中站得更高、看得更远。

02

领导者要是走了小道，人生的境界会越来越低下

> 朝甚除，田甚芜，仓甚虚。服文采，带利剑，厌饮食，财货有余。是为盗夸，非道也哉。

有些领导的样子，就像强盗在夸耀自己一样

"朝甚除，田甚芜，仓甚虚。服文采，带利剑，厌饮食，财货有余。是为盗夸，非道也哉！"这句话什么意思？

老子一直在讲，人生有两种道，选择哪一条至关重要，尤其是领导者要是走了小道，人生的境界可能会越来越低下。

"朝甚除"，什么意思呢？指您的庙堂之中特别干净（"除"字的解释有两种，一种指特别干净、空无一人；另一种当"污"讲，是污秽、污浊的意思，也就是说非常腐败）。

我认为"朝甚除"的"除"当干净、空旷讲比较贴切，因为与后边的"田甚芜，仓甚虚"是连着的，都是空的意思。

"朝甚除"就是指在您的朝廷上、庙堂之上这些场所，压根儿就没有人来办公，您的办公场所是荒废的，所以干干净净的，什么都没有，因为您压根儿就没有在您的工作岗位上坚守。

"田甚芜"的意思是，您所管辖区域的田地都是荒芜的，因为您没有带领大家好好耕作。

"仓甚虚"的意思是，粮仓里没有粮食了，说明大家没有财富，您下面的人没挣到钱。

本来该做好的工作您没做好，却"服文采"——穿很漂亮、很奢华的衣服，大搞物质享受。还"带利剑"——携带锋利的剑宣示自己的身份（过去贵族带的利剑不是用来砍人的，剑上会镶嵌各种宝石，是一种身份和地位的象征）。

我们看下面，为什么说"厌饮食"？难道不想吃东西吗？不是的，这句话的意思是，已经享受够了各种美食，暂时对美食没有胃口了。

"财货有余"（这句话在帛书乙本上写的是"资财"，后面两个字脱落，帛书甲本写的是"货"，后面三个字脱落，傅本写的是"财货有余"，我们就按照这个来讲。其实，这些版本的差异并不影响我们的理解，讲的道理都是一样的）的意思是：领导者自己捞了很多钱，但田地却是荒芜的，下面的员工也没钱，仓库是空的。

老子说这句话的意思是在讽刺领导者，认为这些行为离道太远了，"是为盗夸"，这种夸耀自己的行为跟强盗差不多。所以老子在最后说"盗夸非道也"，这种强盗的作为跟大道离得太远了。

老子是一个特别爱老百姓的人，他反对领导者为了自己的利益去剥削老百姓。他的这些观点，在今天看来，一点儿都不消极落后，更不避世，一样适用于今天的领导者。

在公司的经营方面，老子的话也可以启发领导者。

有的公司业务做得特别好，领导者也很低调，认真地关注每一个工作细节，带领大家往前走，把众人的利益放到前面。

如果您整天打高尔夫、喝酒、旅游……公司里该做的事您都没做，还把自己搞得光鲜亮丽，开豪车，每天歌舞升平，长此以往，您的公司能好吗？

现在资本市场很好，大家都往里面投钱，很多人开始圈钱，告诉大家我这有个什么项目，你们把钱放我这儿，我就可以给你们返更高的利息。其实很多人没有什么实际的业务，他就是靠大家不断地投钱，将资金链滚动起来，您说这是在做事吗？这完全违反了道的原则，压根儿就没想把事做好，走的都是歪门邪道，为的都是自己"财货有余"。

这种事是非常害人的，有多少人的钱，可能是一生的心血，甚至是养老的钱都投在里面，最后什么都没有了。

我有一个朋友，是一家公司的高管，结果碰到了这种所谓的投资公司，他把自己所有的积蓄，将近八百多万都投进去了，结果血本无归。

这些钱都是大家的心血啊，要奉养父母或为自己的将来做准备，可现在一切都要从头开始。所以，一旦碰到这种公司，看到他们承诺的高利息，就要好好考察组织者的根基。很多人都是"盗夸"，我们一定要远离这样的人。

如果我们能将老子讲的智慧运用到生活中，您掉入陷阱的机会就少很多。

一定要远离爱"盗夸"的领导

在生活中，如果您没有把精力放在为社会提供好的服务、好的产品上，而把精力放到给自己抬高位置、给领导送礼、搞关系上，这样是没有前途的。

有人说，我们单位里只有送礼才能往上提职位，那您的公司文化和领导者是有问题的。

您不要因为一个讲究"盗夸"文化的领导，影响了自己的一生。

如果您去追求虚幻的东西，比如您巴结领导，领导打麻将时，您在一边陪着伺候，领导喜欢什么，您就投其所好，整天围着领导转，而不好好工作。可能当时看起来您好像得势了，被领导提拔了，可是领导迟早有走的一天，如果领导离开了，您的位置会非常尴尬，因为您的工作能力是众所周知的。

　　我真的见过这样的人，他们到最后很难有一个好的结果。我们千万不要这样，而要踏实地把自己的工作做好，用您的工作平台来为大家提供服务，该有的都会有，只是来得早晚、获得多少而已。

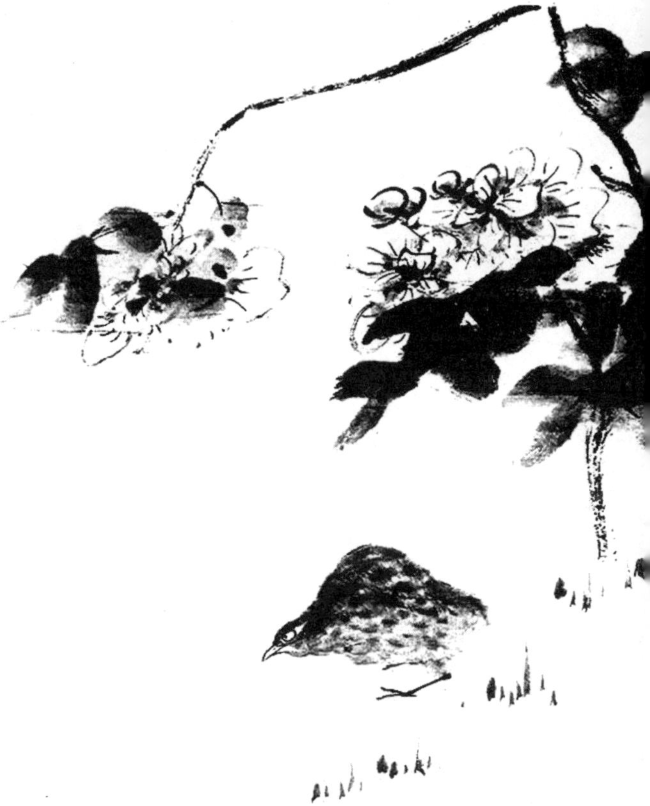

道德经说什么

第五十四章

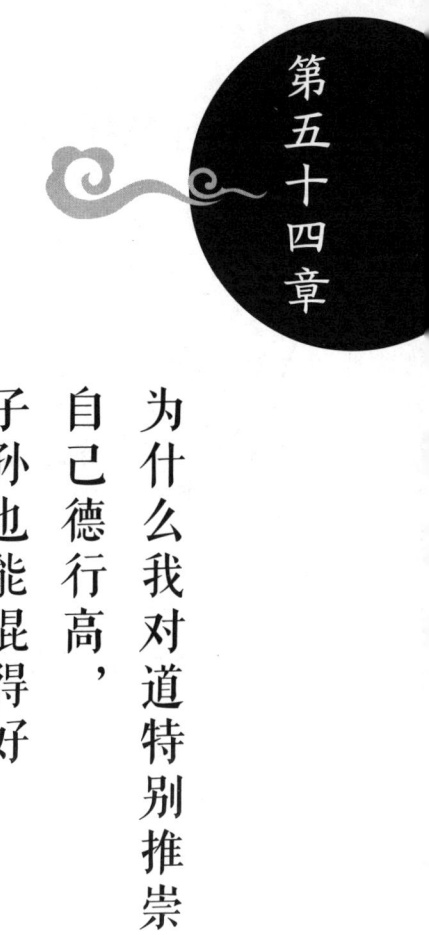

为什么我对道特别推崇——
自己德行高,
子孙也能混得好

01

把德行修好，外在自然强大

> 善建者不拔，善抱者不脱，子孙以祭祀不绝

由内及外，做好本质，外面的事会追随您而来

"善建者不拔，善抱者不脱，子孙以祭祀不绝。"这句话是什么意思？

"善建者不拔"的意思是，真正善于做事的人，事做成以后，您是没有办法将其拔除的。

"善抱者不脱"这句话在帛书本中已经残缺了，《郭店楚简》写的是"善休者不兑"，"休"为"保"字的误抄，"保"是"抱"字的同音近义借字。

"善抱者不脱"的意思是，善于把握一种好的状态的人，一般都不会丧失它。

"子孙以祭祀不绝。"这句话是说，当您把事情做好，后世的子孙会因您的功德"祭祀不绝"——子子孙孙都会因为您做的功德尊重您，另外一个含义是：您的子孙活得特别好，所以他们才能祭祀您。

为什么他能让子孙活得好，百年后还忘不了呢？其实这不是我们做事的目的，但老子在这里告诉我们，只要您把事情做好了，这样的结果一定会出现。也就是说，**您不是为了让大家纪念您而做事，但您做好了一件事，人们一定会纪念您。**

老子讲"善建者不拔，善抱者不脱"是有含义的，老子认为，我们为大家做的所有事，要由内及外地去做。我们一定要分清做事本身和它带来的结果，内在就是做事本身，只要您做好了，结果自然会出现。但如果您特别强调外在的东西，就会觉得外在重要。

如果公司的领导觉得自己的地位很重要，出差必须坐头等舱，必须住几星级以上的酒店，或者有什么样级别的领导来接待等，这就是太在乎外在了。

这个世界上所有的事都是这样，如果您没有内在的基础，您建立的那些外在的东西都会逐渐消失。

范仲淹为什么能
"先天下之忧而忧,后天下之乐而乐"

真正高明、境界深远的人是怎么做的呢?人家把内在做好,把德行修好,外在的不用多管,自然就会变得强大起来。

"善建者不拔,善抱者不脱,子孙以祭祀不绝。"这段话让我想起了范仲淹的例子。

范仲淹小时候家里十分贫寒,他父亲去世得早,为了生活,他母亲带着他改嫁了。范仲淹自幼读书就非常专心,有一段时间他住在长山醴泉寺的僧房里,昼夜苦读。

那时候,他每次离家去寺院,母亲总劝他多带些粮米,但范仲淹从不多带。初到寺院,范仲淹总是将粮米交给厨房,每天随着寺院的钟声与和尚们一起用饭。后来因为范仲淹学习时经常充耳不闻钟声,往往错过了吃饭的时辰,于是他就每天自己煮粥吃。

有一天,一锅米粥煮好了,他已经睡着了,醒来已是第二天清早,锅里的米粥凝固成了圆圆的一块。他就拿出小刀,在粥块上面,划上一个十字,将粥分成四块,早晨吃两块,傍晚吃两块,一日两餐。后来,范仲淹的同学看见他每天只吃这个就咸菜,就给他送来很多好吃的。几天后,同学再来的时候,发现他送的食物都没吃,而且放坏了。

他就很不高兴地问范仲淹:"我见你生活清苦,特地送了些饭菜，你为什么宁愿放坏了也不吃？"范仲淹解释："我并非不感激您的厚意，只是我多年吃粥已成习惯，如果我吃了您送来的佳肴，恐怕将来吃不得苦了。"范仲淹的同学听完之后，内心很感动。

以前读书人在考科举之前，都会去占卜一下，范仲淹也不例外。有一次，他在寺庙里遇见了一位高人，范仲淹报上生辰八字后，就问："先生，您看我这个相貌和生辰八字，将来能不能做宰相？"

先生一听没说话，心想，这人年纪轻轻好大的口气。范仲淹见状马上又问："如果宰相做不了，那您看我能不能当一名医生？"

在古代，医生属于比较清贫的行业，一般是没有考上功名的秀才或书生从事的职业。先生听到范仲淹这么一说，有些好奇，就问他："你怎么一开口说要做宰相，一下子又要当医生？"范仲淹解释说："因为天下职业，唯有宰相和医生可以济世救人。此生我不为良相，则为良医。"

先生听完很感动，便对范仲淹说："你有这种存心，是真宰相也！"

您看，范仲淹的发心就是为了济世救人，所以后来他真的做了宰相。但他做了宰相后，生活还是非常清苦，因为他的钱不是分给大家用，就是攒起来买地。他买的田地被当地人称为义田。义田是什么意思？这块田地是公益的，所产的粮食、卖的钱，都供给家族里或附近的年轻学子读书。

范仲淹的老家在苏州，有一年他买了一块地皮，打算盖一座宅子，动工之前找来了风水先生帮他看看。风水先生一看就告诉他，此地风水极好，居于此地的人家将世世代代出卿相。

范仲淹说："风水这么好，我不能独享啊。"于是，他就将自己购买的这块地皮捐了出去，建立了后来被视为江南学府之冠的苏州府学，也就是今日的苏州文庙。

范仲淹的境界非常高，其实宋朝官员的工资是很高的，但范仲淹都做到宰相了，生活却依旧清贫，因为他把自己的钱都捐出去了。据说当时整个朝廷的风气都被他影响了，很多人也不好意思再奢靡了。

当时，朝廷命范仲淹到西北作为大元帅，一个文人带兵，往边疆一驻扎，敌方都不敢来犯，因为众人都被他的德行所震慑、感动。

也正因为他的德厚如此，他才能写出"先天下之忧而忧，后天下之乐而乐"这样的千古名句。

范仲淹去世以后，无数人焚香哭拜、祷告，这么好的人去世了。这就是老子说的"善抱者不脱"，他想护持什么，是绝对不会落空的，因为人家的德行太好了，吸引力太大了。而范仲淹的孩子，也都做了朝廷命官，尤其是范仲淹的二儿子，也做了当朝宰相。

从古至今，能够以自己的德行护佑子孙千年的，在中国有几个人？孔子算一个。现在大家一听说谁是孔子的后代，还依旧保持着尊敬；还有就是范仲淹，要是一听说谁是范仲淹的后代，都立刻尊敬有加，因为范仲淹是所有读书人心中的楷模。

我看过的很多中医书中的序言最后，是范仲淹的后代所写，上面的落款都是"奉范文正公之后也"，作者一定要介绍一下，给我写序的这人是范仲淹的后代。

因为祖先的功绩和功德，大家才会礼敬其后人，而这些后人们，也因为学习祖先的德行，会更容易成才，这就叫"善建者不拔，善抱者不脱，子孙以祭祀不绝"。

真正懂得道的人，德行一定很好，所以外在的功绩才不会随时间流逝，反而会更加坚固地依附他的周围。这就是这几句话带给我们的启示——**由内及外，做好本质，外面的事会追随您而来**。

02

"吾日三省吾身"的人，未来不可小觑

> 修之身，其德乃真。
> 修之家，其德有余。
> 修之乡，其德乃长。
> 修之国，其德乃丰。
> 修之天下，其德乃博。

曾国藩也有反思"素以贼光"的时候

"修之身，其德乃真。修之家，其德有余。修之乡，其德乃长。修之国，其德乃丰。修之天下，其德乃博。"这句话讲的就是我们修行、提升的路径。

首先要"修之身"，"修"是修炼、修行的意思，老子说您要好好修身，把自己修行好，德行才"乃真"，"真"是纯净的

意思。

老子讲了，修行的第一步从您自己开始，要先把自己"修"好了，您家庭的事、工作的事，再到整个社会的事才能做好。

如何修行呢？这也是有方法的，比如曾国藩并不是一个特别聪明的人，他的资质可以说非常平庸。他年轻时在北京做官，他就跟大家学习怎么修炼自己。

当时有位老师告诉他，你可以每天写日记，把自己做得不好的事记下来，再把自己要读还未读的书也记下来，在每天晚上做个总结。

从这以后，曾国藩每天都认真地写日记，反思自己哪件事做得不够好，这叫"吾日三省吾身"。

其实，谁要是能每天也这样反思自己，未来也不可小觑。

我们现在看曾国藩的日记，能看到他记录的各种各样的事，比如这两天喝酒喝多了，明天又哪个同事过生日聚餐了，还有哪本书没看，我怎么坐不住，这是我的毛病，必须要改，如此等等。

有一次，曾国藩去同事家串门，看人家的小妾很漂亮，回来在日记里写自己"素以贼光"，并写下多看人家几眼能有什么好处呢。

总之，连一些很细微的小事他都会反思自己，因此他才能每天都在进步。

等到曾国藩带兵打仗了,他的家书和日记里,有相当比例记载的都是他反思自己哪件事做得有点儿欠缺,或者家里的子弟做的哪件事需要改进,比如家里子弟出门坐八抬大轿,这哪儿行?你们现在这么奢侈吗?县太爷都没坐八抬大轿,你们居然敢坐……

曾国藩在家书中写:我在外面带兵打仗,全天下都看着我,稍有不慎,就会招致家族的覆灭,所以一定要节制、要克制自己,不要如此奢靡。

而且,曾国藩的女儿出嫁,他只给了四百两纹银。这在当时算是很清贫了,左宗棠都不相信,说你的女儿出嫁就给这么点儿钱吗?曾大人的位置这么高,功盖天下,怎么可能自己女儿出嫁就给四百两纹银?后来他亲自去看,果然就只有四百两纹银。后来,左宗棠说不行,这也太寒酸了,亲自给补贴了一些钱。

曾国藩在自己的德行方面不断修行,之后"其德乃真",所以他带的湘军将士都非常听命于他。有时候曾国藩因事回家了,朝廷派来其他人来管湘军,湘军都不听其他人的,"唯涤公马首是瞻"。"涤公"就是曾国藩。后来曾国藩在家乡写了一个条送到部队,这边的部队才能调动。由此可以看出曾国藩的感召力。

因此,老子讲,修行要从自己开始,由此才"其德乃真"。

如果您做人有问题，家庭和谐几乎不可能

"修之家，其德有余。"一旦您把自己修炼好了，再把家庭管理好，您的德行就"有余"了，德行就开始出来了。这个非常关键，如果您的德行没修炼好，就想让家庭进入一种特别好的状态，是不大容易的。

比如您在家里当着孩子的面说某某同事的不好，等什么时候同事来串门，您又和他称兄道弟，您的孩子在旁边一听，原来可以这样说话，孩子就跟您学会了。等您问他："老师最近夸你了吗？"孩子说："夸我了，说我表现可好了。"结果您去开家长会，老师把您拽过去对您说："您可要好好教育您家孩子，我天天在班里批评他也不管用。"

您看，明明孩子说的是老师天天表扬他，怎么老师说的是天天批评他。您回家一问孩子怎么回事，他说这都是跟您学的……

我只是打个比方。是想和大家说，如果您在生活中不注意，孩子无形中就会受到影响，而孩子的性格一旦塑造成了，对他未来的影响就大了。

老子讲的修炼的途径是对的，一定要先修身，如果您的德行不好，做人有问题，您还期望家里特别和谐，这几乎是不可能的。而且这样的人构建的家庭，大部分都是动荡的、不幸福的。

能经营好家庭，就能经营好公司

把家"修"好了以后要怎么样？"修之乡，其德乃长"，家里"修"好了，再管外面的事。

"乡"只是一个比方，指外面的组织，比如您的公司。

作为领导者在家庭中的表现是十分重要的，如果您能在家庭中做好，您在公司里也一定能做好。如果家庭一团糟，您多少会受到影响，指望您在公司里做好，是很难的。

比如一个人在家里对父母横加指责、恶言相向，一点儿也不孝顺，他到公司里对员工和蔼可亲，您觉得这可能吗？父母给他那么大的爱，他都不知道回报，不懂得感恩，他跟同事都是素昧平生，却对同事都特别好，产生爱的循环，怎么可能呢？

在我写的《弟子规说什么》中，就讲到了"爱的循环"，爱的循环的起始点在我们的家庭。如果家里有爱的循环，您能感受到父母、家人的付出，并用爱意回报他们，您在公司里，就也能和同事们建立起爱的循环，互助互帮。如果您感受不到家人的付出和爱，您又怎么能感受到同事的热心和付出呢？

有很多公司在招聘中层领导的时候，都要考察这个人在家里对父母如何，我觉得这种做法是明智的。他知道这种德行从何而来，只有把自己修炼好，家庭氛围和谐的人，"其德乃长"，德行才彰显开来，才能出去管理其他组织。

最后老子讲"修之国，其德乃丰"。"修之国"是什么？其实最早《道德经》的这句话写的是"修之邦"，"邦"指国家，更大一级别的组织，后来汉代以后因为忌讳刘邦的字，所以都改成了"国"，现在的版本都是"修之国"，实际应该是"修之邦"。"其德乃丰"的意思是，这样德行才丰盛起来，才真正完成了。

最后老子说"修之天下，其德乃博"，这句话什么意思？"邦"指城邦，等到您把城邦这样规模的组织都带领好了，您的德行到位了，最后才能"修之天下"，让天下人受益，这时候"其德乃博"，您的德行才能够普照众生。

老子在这讲了一个修炼的过程，从身、家、乡、邦，最后到天下。在这个过程中您的德行在不断增长，也能让更多人受益，那么这些力量的核心从哪来呢？从您修身的基础来。

老子讲的这段话，与儒家经典《大学》里的"古之欲明明德于天下者，先治其国；欲治其国者，先齐其家；欲齐其家者，先修其身；欲修其身者，先正其心；欲正其心者，先诚其意；欲诚其意者，先致其知，致知在格物"有异曲同工之处。这里的"知"就是道，您要先了解道，了解世间万物的品性，以及世界是怎么生成的。

儒家讲的过程和老子讲的是一样的，我们先要知道天之道，知道这个世界是怎么生成的、万物是怎么来的，明白了道以后，您的心才能安静下来，才能放下自己为大家做事。

当您放下自己为大家做事时，才是修身的开始，当您把自己"修"好了，您的家才能好；家"修"好了，您才能治国、平天下。明白了道以后，您会发现儒家和道家讲的道理是一样的，只是儒家更偏重于怎么做，而老子讲的是原理。

如果您能将《道德经》和儒家经典结合起来学习，就会有种豁然贯通的感觉，发现它们讲的都是一件事。只不过有的在讲原理，有的在讲具体怎么做，这就是两者的区别。

如果您认为儒家和道家是对立的，因此学不到其中的精髓，我觉得这会是您人生的缺失。

03

观察自己在悟道、行道前后的改变，一定非常美

> 以身观身，以家观家，以乡观乡，以邦观邦，以天下观天下。吾何以知天下之然哉？以此

不计回报地付出真的没有回报吗

"以身观身，以家观家，以乡观乡，以邦观邦，以天下观天下。吾何以知天下之然哉？以此。"这句话有很多种解释，有的人将这句话解释为，您通过观察自己，可以观察到别人；您通过观察自家，可以观察到他家；您通过观察本乡的风俗、风貌，可以观察到别的乡怎么样；您通过观察本国的制度，可

以观察其他国家是什么样子；您通过观察现在的天下，可以观察到未来的天下。

这是一种解法，但我总觉得有点儿不透彻。我觉得河上公的解法是比较好的，河上公认为，您通过行道，会产生改变。

"以身观身"的意思是，您观察自己在悟道前后和行道前后的改变。也可以观察自己悟道、行道以后，和他人不这样做事的结果对比。

所有的事都为自己做，结果就是大家都远离您

为什么我对道特别推崇？愿意拿出这么多时间来讲《道德经》？因为我感觉道太重要了，在我的人生中，道对我的指引也非常重要。

在我三十七岁之前，我不明白这些道理，虽然我读过很多书。记得我在学龄前读的是《国语》《国策故事》《战国策》《聊斋志异》等书。我读过的书不少，但就是没有读过《道德经》这种类型的书。

我就是为自己争取的人，所有的事都是为自己做，心胸没有那么宽广，结果就是大家都远离我。我的脑袋够聪明，总是有新的点子想出来，而且点子非常好，但这些事都做不长，因为都是为了自己而做的，导致最后一事无成。

到了三十七岁的时候，我的人生一片黯淡，还在管爸妈要

生活费。所以那个时候的我，应该算是一个十足的失败者，对社会没有什么贡献，还整天想从社会索取东西，您说没有贡献还能获得什么呢？

因此，那段时间晚上做梦，我都是梦见自己兜里没钱了，怎么办啊，上哪去找工作啊……我总是做这样的梦，而且醒来以后心里更加惶恐，总觉得前途无望。后来我到北京中医药大学读博士才改变，开始读《金刚经》《道德经》，这对我的影响很大，因为我明白了要先为社会做出贡献，社会才会回报给您想要的。

因此，我的人生从思想到行为全部改变了，我开始宣传中医，为各个节目做策划。我写的文章都是免费贴到网上的，而且我给很多节目做策划，都是到那儿去了，给大家开会，把自己最宝贵的经验全部分享给大家，讲完了吃顿饭我就走了，其实没什么回报的。您说您到电视台去给他们做个讲座，告诉他们怎么做节目，人家会给您多少钱呢？没有的，这都是不计回报的。

那您想，就这样不计回报地付出能行吗？您真的以为没有回报吗？老天爷都给您记着呢。您看虽然我把写的东西都贴到网上，免费供大家阅读、学习，但是大家感受到我的发心之后，现在我的书销量一直很好。这就是不计回报，为大家做事，只要您认真、踏实地去做，大家都能感受到您的真诚，是不会让您饿肚子的。

我的人生之所以开始改变，其核心就是我对社会有所贡献了。 当您的努力，能够帮助到他人，您会觉得特别幸福。现在我的心里很踏实，我知道自己能为大家做很多事，我会坚持做下去。

这就是"以身观身"，您观察到一个人明白道以后的变化，您就知道道的作用了。

如果您能把自己身上发生的改变、感悟分享给别人，您会更加深刻地意识到道的重要性，更加坚定自己要为大家做事的心。您看，我做了之后，都能从一个"废才"变成一个对大家有点儿用的人，您也一定来得及。

老板想自己，员工当然也想自己

"以家观家"的意思也是如此，您悟道、行道前后，家里有什么改变，您的家庭能不能影响其他家庭，其他家庭有没有改变，这叫"以家观家"。

"以乡观乡"也是一样的，"乡"可以理解成公司。公司的领导者没悟道之前，只是为自己的利益考虑，想方设法克扣员工工资。或者看见有什么肥缺，就安排自己家亲戚去做。

如果一个老板只考虑自己，员工是能感受得到的，员工就会觉得既然老板为自己捞，那我们也为自己捞吧，所以很多人就在晚上偷偷把公司的产品带回去点儿，或尽量用公司的电脑干点儿私活，等等。这叫上下离心离德，老板想自己，员工当然也想自己。

一旦领导者悟道以后，则会明白放下自己为员工做事，大家才会来成就您。稻盛和夫就是这样做的，有的企业家学了稻盛和夫的理念以后跟我讲，他学了稻盛和夫的学说以后变化特别大，现在每天都感觉很幸福，员工也很幸福。如果每一个公司的员工能为公司着想，那么这家公司一定会蒸蒸日上。

您说这种变化的力量是从哪来的呢？就是因为老板的发心变了，公司面貌就变了，这种变化就叫"以乡观乡"。

您看到领导者悟道、行道之后公司的变化，您会发现原来道的功用如此之大，您可能还会介绍给其他的朋友，向其他企业推广。

这就是老子说的"以乡观乡"，大家观察到您的企业变化，明白道的功用了，就会在自己的企业里也开始使用。如果每一个企业都这么做，所有员工的素质都提升了，大家心怀善念，人与人之间的冲突就减少了，这个社会就好了，这就是"以邦观邦，以天下观天下"。

如果您没懂道，没有道德教育，最终社会上的人就会互相冲撞、互相诋毁、互不信任。可能您走在路上问："师傅，帮忙看下几点了？"那个人立刻吓一激灵，连忙走开，心想：这不会是骗子吧，问我时间是想骗什么？

一旦人与人之间互相不信任，互相敌视，您觉得大家还能幸福吗？

如果每个企业都慢慢改变、提升，不断改变职员的素质，一定会对社会产生正向的影响。我们的社会如果能以正气为主导，将会变得无比和谐。这就是老子说的"以乡观乡，以邦观邦"，最后一定会"以天下观天下"。

"吾何以知天下之然哉？以此。"最后，老子说，我为什么知道天下会这样呢？是因为我会不断地观察，我能看到道有没有在您身上、在您的单位里、在社会里落实。行道与没行道是截然不同的，这是本章老子讲的一个重要的思想。

也就是说，所有的事都要从自己开始做，自己做好了，再落实到家庭、单位、社会……推己及人。如果每个人都去做，整个社会就会有所改变。

道德经 说什么

第五十五章

修行得好,
猛兽不咬

01

如何让别人对您放下敌对之心

> 含德之厚者，比于赤子。
> 蜂虿（chài）虺（huǐ）
> 蛇弗螫（shì），攫（jué）
> 鸟猛兽弗搏

如果您对动物毫无敌意，它们会与您和谐相处

"含德之厚者，比于赤子。蜂虿虺蛇弗螫，攫鸟猛兽弗搏。"老子说，把道的功德修炼得特别深厚，德行特别好的人就如同"赤子"。"赤子"的本义指初生的婴儿，因为婴儿的皮肤呈赤色。后来这个词引申为人的心地纯良。我们常说赤子之心，就是说这颗心特别纯净、坦诚，没有一点儿私心杂念的意思。

老子说您把道的功德修炼特别深厚，就好比刚出生几个月的小娃娃一样，整天光着身子很可爱，这种小孩有什么特点？

老子说："蜂虿虺蛇弗螫。"

这几个字，在不同版本中写得不一样，但总体讲的都是毒虫。首先，"蜂虿"当毒虫讲，"蜂"就是蜜蜂，有些蜂的毒性强到蜇了人以后，这个人就会立刻死亡。"虿"是一种像蝎子一样的毒虫。

"虺蛇"是古代传说的一种毒蛇，常在水中。"螫"是什么？是蜇、咬的意思。

"攫鸟猛兽弗搏"的"攫鸟"是一种很凶猛的鸟。

"猛兽"指体形大而凶猛的兽类。

"搏"是用翅膀打击的意思。

老子说，那些功德深厚的人，就好像婴儿一样，毒虫、毒蛇不会咬他，凶禽猛兽也不会抓他。

这段话听完了，大家可能都在将信将疑，真的假的？我觉得，是老子打的一个比方，这种事是存在的，但绝对不是唯一的。

比如在法国有一个叫 Tippi 小女孩，她出的书曾轰动全球，很多人可能都看过。

书中小女孩是在非洲出生，自出生起就生活在大自然里，所以她与动物特别亲密，整天跟动物玩耍，跟大象、豹子、狮子、狒狒、变色龙等动物都能玩儿到一起去，这些动物从来不伤害她，她和这些动物建立了很深的友谊。现在这个小女孩已经长大了，在电影学院上学。虽然后来有人披露，那些动物有一部分是在畜牧场里被人工饲养长大的，但是也确实有很多野生动物。无论如何，对于这个小女孩的整个人生来说，这都是一段非常特殊的经历。

其实就算是养在牧场里的动物，也是具有野性的，能跟这些动物玩儿到一起去，也是不得了的。

为什么动物都不伤害这个小女孩呢？Tippi 的家人说，只有动物在害怕的时候，才会选择攻击或者逃跑，如果您对它们毫无敌意，这些动物意识到您不会伤害它，就会跟您和谐相处。

虽然小女孩的故事不一定具有普遍性，不是每个孩子都能这样，但是也体现了在某些时刻，如果您没有攻击性，不想伤害动物，动物就不会主动对您发起攻击。在某些状态下，人与猛兽也是可以和谐相处的。

要做就做一个引发大家善念，不触发恶念的领导

那么，老子在这里难道就是为了告诉我们如何跟野生动物相处吗？

不是的，老子是为了告诉我们如何去修炼自己的德行，做一个好领导。老子讲"含德之厚者"的意思是，把德行修炼得

特别好的人，会进入一种无我利他、放下自己的利益为大家做事的状态。

每个人生下来都不是圣人，都有神性和世俗性，也就是说我们心里既有为大家好的一面，也有想要争取、攻击、占领的一面。

比如说在一间办公室里，大家本来和谐相处，现在来了一个人，整天正面、侧面地对您说："那个位置应该是你的，怎么给他了呢？这事你都能忍？你得跟领导反映啊！"跟别人又说："这笔奖金明明应该你比他多，怎么他会比你多？"……

如果一个人不断发出这样的信息，过不了多久，整个团队的和谐状态就会被破坏，因为他激发了人们去攫取名誉、地位和利益的心。

如果这个人是一个普通员工还好，要是一个领导，就会引起各种冲突，最终将公司变成一种上下离心离德的状态。

在这里，老子讲如何跟动物相处只是一个启发。

老子用这种状态来比喻人也是如此，人的心机也有两方面，我们要尽量像赤子一样，修行自己的德行，引发对方善的那一面的心机，不要引发对方抢夺那一面的心机。

如果领导者懂得了这个原理，在您所领导的系统里，处处引发大家的善念，而不触发大家的恶念，那么您就是一个好领导。

仁者无敌的意思是，仁慈的人没有一个敌人

作为领导者如何能做到引发大家的善念呢？您要修德，把道的德行做出来。如果您能放下自己的私念，为大家认真做事，所有的员工都会感受到您的发心，慢慢您整个团队的氛围都会改变，公司的发展也会越来越好。

公司繁荣发展了，所有人的收入都上来了，大家都来成就您，这样就会进入孟子讲的"仁者无敌"的状态。

什么是仁者无敌？仁者无敌不是仁慈的人打谁都能打赢、战无不胜的意思，而是仁慈的人会使周围的人没有敌对之心，他没有一个敌人。

老子在这段讲的思想，和孟子讲的"仁者无敌"是一致的，仁慈的人会通过自己的修行去感化别人，最终让所有人都放下敌对之心。让大家一起团结往前走，这是仁者无敌的真正含义，也是老子在这段讲的真正含义。

02

生活中很多事强求不得：
"你若盛开，蝴蝶自来"

骨弱筋柔而握固

为什么筋骨柔弱，但手却可以握得很紧

"骨弱筋柔而握固。"这句话的意思是，虽然筋骨柔弱，但手却可以握得很紧。

在这个层面，老子讲的是做事不去强求外在的东西，您不用强力去争取，别人看您好像很柔弱，觉得您什么都不争，但如果您把自己的工作踏踏实实做好，您的工作一定会非常稳固。

比如在单位里，别人都在争表扬、争奖金，您把核心技术做得特别好，公司里就您独一份，您说您还需要用强力去争取什么吗？这个时候您根本不需要去强力争取，因为核心技术在

您这,您工作这么出色,公司能离得开您吗?

这就是"骨弱筋柔而握固",您不必担心它。

大龄未婚青年越来越多的原因——不遗余力地挑对方条件,而在改变自己方面毫无作为

这样的道理在生活中也随处可见,比如一个女孩正面临选择两个男孩中的一个,俩男孩的容貌相当,其他条件也都相当,但是行为模式有两种:一种是天天问你:"你爱不爱我,你到底爱我多少?"非常追求形式上的那些事;一种是外面下雨了,你正愁没有伞,男孩带着伞在你公司门口出现了。

一个是嘴上说得好,一个是事做得好。这个女孩要是聪明,则一定会选择那个把事做得好的人,因为这样的人实在。

而那个天天嘴上跟您谈情说爱的人,生活起来会很累。

生活中很多事强求不得,如果您把自己做好,很多结果自己就来了,这就是"骨弱筋柔而握固",这就是"你若盛开,蝴蝶自来"。

据我向婚介机构的朋友了解,为什么社会有这么多大龄青年?因为这些大龄青年往往有一个性格趋势——挑对方的条件用了很大的劲儿,简直是不遗余力,而在改变自己的方面毫无作为。

这种人找多久对象,都不会有提升,无论是从衣着、言

语、谈吐、修养各方面来看，都没有优势，所以最终毫无结果，因为您压根儿就没有提升。您说现在优秀的人有多少？您一点儿都不提升怎么行呢？

我认为这也是没明白要把自己做好，老子讲的"骨弱筋柔而握固"，就是告诉我们一个道理，美好的事情是否到来，完全取决于您把事情做得如何，您的实力如何。

03
修德之人，精气神会特别充足

> 未知牝牡（pìn mǔ）之会而朘（zuī）怒，精之至也

小婴儿不懂男女之情，但他为什么有时会"雄起"

"未知牝牡之会而朘怒，精之至也。"这句话是什么意思？

"牝"指雌性的动物，"牡"指雄性动物。"牝牡之会"是雌性和雄性交合的意思。"朘"是男性的生殖器，"怒"是立起来的意思。

老子说，小婴儿不懂得雌性、雄性的交合之事，但是他的生殖器有时会立起来。

为什么呢？老子认为这是"精之至也"，体内的精气特别充足，没有消耗，才会有这种表现。

老子这段话还是在比喻修德之人，他认为，修德之人的精特别充足。这个"精"的引申含义是这个人的做事能量特别充足，能把事做得特别好，但是他却表现得特别纯真，没有成人那样的欲望，这讲的是做事的态度和状态。

这句话也可以用来作为养生的指导，**如果您能保持婴儿的状态，把欲望降低，保存精气，那您一定会健康的。**

有一位中医大师干祖望，是南京中医耳鼻喉科的大师，我的很多经验是从干祖望老先生的书中学来的。老先生是一百多岁时去世的，是真正的长寿之人。

他曾写过一本书，书的名字叫《童心》，书中提倡我们应该像儿童一样，每天看什么都很开心；做事应该保持"龟欲"、"蚁食"、"猴行"。龟欲指像乌龟那样的欲望，降低自己的性欲和各种各样的虚荣心；蚁食，像蚂蚁一样吃东西，少食多餐；猴行，行动起来像猴一样，灵活运动。

有几位中医专家都跟我说过这样的事，说大家一起去开学术会议，但干祖望老先生总把自己关在房间里不出来，大家叫他出去会餐，他会说："对不起，我在房间里，没事没事，不用找我，你们去吧。"每次会餐他都不参加，就在房间里待着，大家都很好奇，老先生在房间里做什么呢？他不吃饭吃什么呢？

结果进去一看，老先生弄了各种各样的干果，自己没事就吃点儿。这就真的和他的书中写的一样，"蚁食"，像蚂蚁一样,一会儿吃一点儿,一会儿吃一点儿。老先生为什么要吃这些东西呢?他认为这些种子都是植物的精华,是品质非常高的食品,但是也不要多吃,没事吃一点点就行了,这是他的秘诀。

您看,干祖望老先生活到一百多岁的养生秘诀是什么?他的养生秘诀就是保持一个孩子的状态,就是老子讲的"赤子之心"。

如果您能够内心单纯,清空欲望,保持精气充足,那您就会长寿。

专注喝水才重要,
用什么碗喝在本质上没有任何区别

老子在这段话里告诉我们,做事要着重于做事本身,如果您的实力强,还能像孩子一样保持单纯的状态,这是一种很高的境界,也体现了道家的精华。

我在微博里曾转发过一个故事,说有两个人在沙漠里行走,天气特别热,他们都口渴不已,这时候,他们发现了一口井,于是就来到了井边。其中一个人是富人,他拿出金碗舀水喝,看起来很了不起的样子。另一个人是穷人,他没有钱,拿出个了一个泥巴做的陶碗来盛水喝。他看看富人的碗,再看看自己的碗,自卑之情油然而生,于是躲在一边偷着喝水。他在喝水的时候，心中充满了羡慕，由此生出了很多烦恼——我怎么就没有金碗呢？

您说，两个人在沙漠里口渴得要命，最需要的是金碗还是陶碗？都不是，最需要的是水，无论是金碗、陶碗，都不过是个盛水的工具而已。

我们总是忘记自己需要的是水，而为了喝水的工具徒生烦恼。用金碗的人生了无端的傲慢之心，用陶碗的人生了羡慕和自卑的烦恼。

两个人各喝一碗水，喝出了不同的心态。

我为什么分享这个故事呢？这个故事体现了道家的思想，告诉我们应该专注于事情本身，尽量忘记那些外在，它没有那么重要。道家总讲"无为"，要"无为而治"，无为不是说就不治了，啥也不管了，事要照做，只是您不要为了那些外在的东西去做事。

明白道家的思想以后，您再看这个故事就懂了，您就知道喝这碗水才重要，您专注喝水就好，用什么碗喝在本质上没有什么区别。当您进入这个境界，您的世界就宽广了，因为您的心里已经没有界限了，可以用任何东西来盛水。您知道喝水是核心，所以无论给您什么样的工具，您都不会在意它，也不会有任何情绪，您的心不会随着情况而变动，这是道家一个很高的境界。

老子在《道德经》里用了很多篇章来讲这种思想，这句

"未知牝牡之会而朘怒，精之至也"，是在教我们要看清事物的本质。只要您这样做，就可以去除烦恼，所以我一直强调这些都是"药"。

我分享的《道德经》，严格来说不需要学术探讨，因为我是把老子强调的思想，以及对我们的指导、启发给一点点讲出来，在这里我掺杂了一些调心的方法。

其实这些思想、指导、方法都是帮助我们去除烦恼的，否则我们遇到点儿事，就会心生烦恼，不停地考虑得到没得到、失去没失去，从而在得失之间陷入不良情绪。

在本章，老子告诉大家要把事情做好，要像婴儿一样保持单纯和清醒，不要在意那些外在的东西。能把事情本身做好的人，走到哪里都内心坦然、充实，这个道理只要我们想通了，我们做事就会少很多烦恼。如果您把这个道理作为养生理念，像干祖望老先生一样，保持童心、龟欲、蚁食、猴行，说不定您也能活到一百多岁呢。

04

欲望是把双刃剑,警惕伤人

> 终日号而不嗄(yōu),和之至也

为什么小孩子无论怎么哭,都不会气逆

"终日号而不嗄,和之至也。"什么意思?您看刚生下来的小婴儿,总是"哇哇"地哭,但他无论怎么哭,都不会气逆,气都不会堵在那。而我们要是喊的时间长了,气就上不来,容易堵在那儿。

这句话在河上公本里写的是"不哑","哑"字其实就是"嗄"字的转借。

为什么会出现这种状态?老子说这是"和之至也"。"精"是人的根本,"和"是阴阳之和气,这种和气是和谐充满的,所以叫"和之至也",就是它调和到极点了。

这句话也是老子在借孩子的状态来形容成人做事的两个维度，前边"精之至也"是您的实力雄厚，做得很好，但是对欲望不在意。"终日号而不嗄"是您整天都在工作，但是也不疲惫，因为是阴阳相和的。

做事阴阳相和是什么意思呢？

对于人体来讲，阴阳相和就是您的神和形是搭配的。对于做事来讲，是您的心念、欲望和您做事的本身是调和的。如果您的状态相和，您就能把事做得特别好。相反，如果状态不相和，欲望和您实际做的事差很多，这不是什么好事。

有的人说，难道不是欲望大了，做事的驱动力也大吗？

从根本上讲，即使您通过过度的欲望获得了一时的成功，最终您也会被这种强大的欲望所伤，做事本身也会受到干扰而出现偏差。

比如您想：我一定要买别墅，这栋别墅太好了，我明年要赚到五百万！您现在一个月才三千块钱工资，明年您非要赚到五百万，于是您就玩命儿做事，连着几天不睡觉，很快您的身体就会崩溃。

因此，我们做事一定要专注于做事本身，做到形神合一，让欲望的"神"和做事本身的"形"结合到一起，才是长久的发展之道，这就是老子讲的"终日号而不嗄"。

只要您做事的本身超过欲望，
这事就能登峰造极

很多民间的工匠大师，几乎都进入了"终日号而不嗄"的状态，才成为大师的。前些日子，我去了河南焦作，焦作的温县有很多宝贝，比如"四大怀药"——怀山药、怀地黄、怀菊花、怀牛膝，而且温县的药特别地道。

上次我去考察山药的时候，大家对我说这有一种东西叫怀姜。以前我在央视的时候看过怀姜，但是它到底有没有什么特别之处，我不太了解，后来我就去参观了。

我去了之后大吃一惊，这个怀姜特别神奇。如果您在这一年种了姜，第二年再种它就不长，必须得空两年，才能再种一次，所以他们包地都要包三块，然后轮番种。因此，怀姜的产量不高，挖出来又特别辣，他们全村子会做姜糖膏的人就剩下一位老人了，这种姜糖膏叫伏姜。我去的时候，这位老人弄的伏姜正要申报非遗呢。

这种伏姜是怎么做的呢？在前一年将母姜（中医说的干姜）埋到地里，它长出的新姜，一般要放几个月才行，他们把这个母姜挖出来，用这个母姜做伏姜。

首先要将其捣烂，捣成姜泥后再放入红糖，在三伏天的时候放到太阳底下暴晒。这里面有很多发酵的过程，在制作的时候非常讲究，每天搅拌姜，随着太阳升起温度的变化来改变搅拌的频率，越到中午越快，翻动搅拌后再放到太阳下暴晒，在伏天十五到四十天之内，看这个姜发酵的程度。

最后，姜膏会变成什么样呢？他用勺子盛起来往下一倒，就像黑色的缎子面一样光滑。他们送了我一小瓶，我回家后盛了一小勺放在水里，开水一泡，喝一口下去，整个肚子就热起来了。这种感觉是我以前没有体会过的，热得特别快，马上就像一团火，身体立刻微微出汗。

我觉得这是中国老百姓的智慧结晶，可是为什么这么好的东西就只剩一个老人会做了呢？我问他的后代会不会做，小伙子特别腼腆地一笑，说："对不起，我不会做，我没学会。"他说他全部按照老人的配方程序来做，但上面总有一层糖的结晶。

您看，这个东西不是每个人都能做的。那这个老先生为什么能做呢？

老先生就是民间老手艺人的状态，没什么欲望——他绝对没想过这个姜能如何被大家追捧，或者有多少商人来买。实际上，他每年做的姜都被人抢光，全国各地都有人来买，有的是自己提供瓶子，然后预订走。但是这些都是儿孙们去管的，老先生不管这些，他之前做姜就是给自己和家人、邻居吃的。

他做什么事，内心都特别平静，整天就穿着一件非常旧的衣服，和任何一个朴素的乡间老人没什么区别。他的心思全在姜上，他把姜琢磨得跟自己是一体的一样。就算卖得好，他也没有说一定要多做点儿，他每年就做那么多，卖完了这一年就没了。

有时老人的儿孙们也说"您多做点儿"，但老人还是做那么多，他觉得自己就这么大能力，一定要把这件事做好。他每次伺候姜就像伺候自己的孩子一样，不断地去搅拌，他对这个姜是有感情的，所以他的姜最后能像缎子一样流动。

我觉得这是手艺人的至高境界，这才是把产品做到了极致。这就是老子说的，只要您做事的本身超过欲望，您一定会把这事件做得最好。

像这样的人在民间特别多，而且这些大师基本没有一个是盛气凌人的。真正的大师特别低调，人家就是集中精神于工作本身。而且很多这样做事的人，他的工作室都非常大，后面的团队也井井有条，但是他一定处之泰然，给人的感觉是一团和气。

无论他是有钱人，还是一个穷工匠，都是一团和气。所以，这就是道在术上的体现，也就是说这个人已经能够驾驭外界的环境变化了，所以别人和他接触，会觉得和蔼可亲，从而被他吸引。

什么叫和气？老子讲得很清楚，"和之至也"，就是您的形和神、心和气达到了统一的层面，您的欲望和工作是平衡的，这样的大师是我们人生的指导，我们应该学习这些民间大国工匠做事的境界，从而落实在生活与工作中。

因此，这句"终日号而不嚘，和之至也"的含义是特别深刻的，老子通过一个孩子的状态，描述了一种工作状态。为什么能如此？因为"和之至也"，您的神和工作结合在一起了，把您的心念全部用到了工作上，没有与之不匹配的欲望。这样的人就会一团和气，阴阳相和，从而把事情做到登峰造极的地步。这是老子指出的修道之人的境界，需要我们一点点去学习、领悟。

05

学了《道德经》后，最忌讳挑别人的不是

> 和曰常，知和曰明，益生曰祥，心使气曰强。物壮则老，谓之不道，不道早已

"无言之教"，才是最好的教育

很多人在学习《道德经》的过程中，都会问我一个问题："罗老师，我学了这么长时间《道德经》，觉得自己学得不错了，对道也有一定理解了。可是在生活中，我觉得周围的人都不懂道，我劝他们学，他们也不学，您说怎么办？"

问我问题的这些朋友，都说这种感觉很痛苦，看着大家都不懂道，真替他们着急……

大家一定要记住，我们学了《道德经》以后，最忌讳指责别人，看别人的不好。比如有的人学佛以后，回家就看不惯家人，跟太太吵架，说："你看你怎么这么自私，你看看菩萨啥样？"

您用菩萨的标准来要求家人，您说能不吵架吗？所以，大家要记住：第一不要指责别人；第二不要教育别人，不要以为自己学了之后境界很高了。

释迦牟尼佛在《金刚经》里讲："若菩萨有我相、人相、众生相、寿者相，即非菩萨。"菩萨在修行时，如果着相了，觉得自己高高在上，施舍大众，那他就不是菩萨了。所以，您学习了《道德经》之后，觉得自己明白了，就去教育别人，那您就白学了。

老子在《道德经》里告诉我们，"无言之教"才是最好的教育，您先把自己做好，用行为给大家展示道在生活中的妙用，让大家心生向往，慢慢就会有人主动向您学习，从而被您改变。

过分追求生活享受的状态是"凶兆"

"和曰常，知和曰明，益生曰祥，心使气曰强。物壮则老，谓之不道，不道早已。"这句话什么意思？

老子说："和曰常"，意思是这种阴阳调和的状态，心念和做事完美结合在一起的状态，是这个世界的常理。

"知和曰明。"知道这种"和"的状态，您就是明智的。

"益生曰祥，心使气曰强"的"益生"，是帮您增益生命，让您的生命更加丰盛的意思。

"曰祥"的"祥"，当吉凶的征兆，在此引申为凶兆。

"益生"的意思是为您的生命不断地往上添火、加油，让它更加旺盛，过分追求生活享受的这种状态是"凶兆"。老子认为，如果您一直让生命不断旺盛、过早成熟，是有问题的。

"心使气曰强。""心"就是心里的欲望，"气"可以当气血讲，这句话的意思是，我们做的事应该在内心欲望的范围内，但如果您内心的欲望特别大，这种状态就叫"强"。

坦诚地讲，在我的生命中，我最怕这种要强的人，要强的人会违背生命的节奏。如果您按部就班地工作，您的提升是循序渐进的，但是您非要给自己定一个高远的目标——我一定要到那个职位上——为了得到那个职位拼命干，每天凌晨两三点才睡觉，早晨八点半又要到公司……这叫"心使气"。

您的气血是有一定量的，但是您的欲望太高了，身体迟早会出现问题。

我觉得这种人在职场中是一种悲剧，往往最后生病的就是这样的人。别人看着觉得他强，实际上这违背了自然规律。

这和前文的"益生"是一样的，大家看着觉得祥和，觉得您了不起，但其实只会加速损耗您的生命，是一种拔苗助长的状态。

老子讲的这句话，看似在讲生命，实则在讲做事的境界。

在本章里，老子打了很多比方，都是在告诉我们，如果您做事的本身没有做到多好，却强行要求增加做事的结果，这叫"益生"。如果您想把结果变得美好，您做事做好以后，所有的光环都会来的，但是您不要扑着光环去。在老子看来，朝着所谓的光环去就是在走弯路。

老子讲"益生曰祥"、"心使气曰强"，都在讲做事不要注重结果，要注重做事本身，欲望太强，就会干扰您做事的本身。

强扭的瓜一定难吃："物壮则老，谓之不道"

"物壮则老，谓之不道。"这句话的意思是，您强行地让一件事物由弱变强，强行地推动它的生长过程，是违反道的。

这个过程就是我们常说的拔苗助长，我们都知道拔苗助长是不好的，那么拔苗助长真正的动机是什么呢？我们带着特别强烈的企图心，想要及早地得到这个结果，这就是老子说的"益生曰祥，心使气曰强"。这个"强"和"祥"就是所谓的强大和吉祥。

我给大家举一个例子，我小时候比较聪明，我父亲就觉得我应该进大学的少年班，像宁铂（被誉为第一神童）那样，十三岁就进入大学。宁铂是我父亲心中的少年楷模，所以他也提前让我学数学，当时我表现得还不错，一开始数学竞赛总是考第一，我父亲就觉得更对了，然后让我提前学习初中的数学。

我的印象特别深，当时别的小朋友都在外面玩儿，就我在窗口一边做数学题，一边看着他们玩儿——我特别羡慕他们能出去玩儿。他们也会问我："你怎么不下来啊？"我就给他们看我的课本，我已经学到初二了，然后他们就说："太厉害了！"说完接着踢球去了，我就只能继续做数学题。

后来，我父亲把我的情况跟学校反映了，学校认为非常好，他们就要培养宁铂式人才，于是就让我提前跳到了高年级，这叫"物壮则老"。

一个人的内在动机没有被真正激发出来，不是真的热爱，是很难有好的效果的。就像我，我不是真的喜欢做题，我渴望出去玩儿，结果等我到了高年级以后，听课就听乱了，数学也学得一塌糊涂。

最后我被迫回到了原来的班级，当时还有两个同学和我一起跳级，后来也分别回去了。从此，数学成了我这辈子最讨厌的一个学科。

后来在高考的时候，我其他科目的分数都特别高，唯独数学拉低了很多分。甚至我都参加工作很多年了，有时晚上还会梦到数学老师盯着我答数学试卷，而我瞪着眼睛答不出来的场景。

这就是老子说的"物壮则老，谓之不道，不道早已"。您把欲望放到前面，为了获得结果，强行地做事，这是不符合道的规律的，做这种事一定会失败的。

道德经说什么

第五十六章

您说您知「道」，
那您可能还是不知道

01

无论何人何事，
都是因缘而聚、因缘而散

> 知者弗言，
> 言者弗知

真正知"道"的人，从不多言

有人问："罗博士，老子讲的这些思想，您自己都能做到吗？"

坦诚地讲，我们都在学习的路上，说都做到真的不可能，我们只是朝着这个方向努力而已，努力一点儿，有点儿改变，觉得自己不再纠结了，做事投入更多了。形神合一，把心念放到工作上了，越做成绩越大了，您说这不是好事吗？

那天我看见有朋友留言，我的眼泪差点儿下来。他说之前自己在家里经常发火，一看到同龄人开公司发财了，回家就跟太太发火、跟孩子发火，觉得很不开心，后来听了《道德经》以后，改变了，开始慢慢地、好好地做自己的事，他觉得生活就该这样扎扎实实地过下去。我看到后心中非常有感触，这个阶段谁都经历过，我也经历过，在家憋气、发火，怎么什么都不行？我怎么一事无成？真正明白道的原则以后，扎扎实实去做，慢慢地我的人生有了很大的改观。

"知者弗言，言者弗知。"这句话的意思是，真正明白的人，从不多说话，那些总是到处说的人，什么都不知道。

其实这句话的争议颇多，首先这句话可以理解为，当您什么都不知道，没什么见识的时候，就喜欢不断地讲，以显示自己知道得多。但当您真的什么都经历过了，会觉得不过如此，没什么好讲的，这个时候您就会开始变得沉默。

辛弃疾也曾经写过这样的词——"少年不识愁滋味，爱上层楼。爱上层楼，为赋新词强说愁"。这句话的意思是，年轻的时候不懂什么是真正的愁，就拼命往诗词里加这种"愁"、"凄美"、"哀怨"等文辞。等到年长以后，"而今识尽愁滋味"，真的尝过了愁的滋味，"欲说还休。欲说还休，却道天凉好个秋"，还有什么可说的呢？没什么好说的了。

这时候就像杨慎写的词，"一杯浊酒喜相逢，古今多少事，都付笑谈中"，哈哈一笑，一杯酒下去，不用再说了，都明白，已经经历得太多了。所以，这是一个人生经历的过程。

但老子在这给我们讲的并非是人生的阅历过程，而是在讲道。老子的意思是，明白道的人就不说话了，那些每天在说的人不是真正知晓道，所以"知者弗言，言者弗知"。

您不要说永远是这样，没有什么永远

曾经，白居易看完"知者弗言，言者弗知"这句话，就很疑惑，于是他写了一首诗："言者不如知者默，此语吾闻于老君。若道老君是知者，缘何自着五千文。"说的是您天天讲的内容，还不如那个知道沉默的人，这句话我是听老子讲的，那您说老子到底知不知道？他要是真正明白道了，为什么还要写五千多字的《道德经》呢？也有人说："罗老师，您给我们讲《道德经》，您懂没懂道？如果您真的懂道了，您怎么还在讲？"

您说老子到底知不知道？他写了五千多字的《道德经》，这不是和他自己说的"知者弗言，言者弗知"相悖吗？

其实，大家都误解了老子的意思。有些学者认为，老子已经达到了后面所讲的"玄同"境界，"玄同"的境界就是，等您真的明白道以后，您就知道了。比如十层楼和二十层楼相比，您说二十层楼高不高？如果您认为高，那还有一百层楼……

我们对所有事物的描述，都有可能随着条件的变化而变化，我们应该知道面前的事物都是有条件地出现的。因此，我们不要随意给什么东西命名、贴标签，在某件事上，您的角度不同，看到的就不同，而且任何事物都会随着阴阳互生。

《金刚经》有云："如来说世界，即非世界，是名世界。"这句话是什么意思？

以手机为例，它现在看起来是手机，但是您说一百年前，这个手机是不是手机？一亿年以后，它还是手机吗？都不是，这些手机的原材料可能在石油里、土地里、金属里……一亿年以后它去哪了？又回到大地里去了。

手机由很多物质构成，在构成之前它不是手机，分解之后也不是手机，所以手机即非手机，它只是名字叫手机而已。比如您看，一百年前我们在哪？一百年以后我们又去哪了？回到大地里去了，世间的一切人事物不过是因缘而聚，都只存在于瞬间。

您不要说永远是这样，没有什么永远。只要认识到这一点，我们就不执着了。

老子说"知者弗言，言者弗知"，是在告诉我们，您别那么确定说这就是名什么，如果您能够看清事物的本质，知道它是因缘而聚、因缘而散，就能够更好地面对它。

比如某个领导总是给您"穿小鞋"，您遇见这样的事非常纠结，可是如果您看清了本质，想通了我们不过是因为短暂的缘分而在一起工作。能有缘分在一起，就是幸福的事，还有什么可折腾的呢？您看清本质以后，自然就能放下了。

老子讲的是一个哲学概念，也就是说，对于这种形名，我们没有必要那么较真，真明白以后，您也就不多说了，因为没法真实地确立一个真正的形名。

悟道的人，无论遇见什么事，都是"真如飘风之过耳，奚足以动吾一念"

那么"知者弗言，言者弗知"这句话在实际中如何应用呢？

您要知道，"知"和"道"这两个字可不简单，知道的人明白要认真低头做事，从而利益众生，而且不在意外在的结果，也不会过多对自己做的事做任何言语修饰，这是一种"上善若水"的境界。

"上善若水"是什么境界？水不言，"水善利万物而不争，而又静居众人之所恶"，水是安静地居于众人不喜欢的低的位置，它往低处流，安静地为大家做事，所以老子说水跟道很接近，水的这种做事态度，就是老子说的"知者弗言"。

比如王阳明以一人之力平定宁王叛乱，功劳非常大，但他却不居功。宁王被活捉的消息传来，他也言语、神色不乱地接着讲课，因为此事"真如飘风之过耳，奚足以动吾一念"——这就像风从我耳边过去一样，丝毫动不了我的念头，我该干什么还继续干什么。这样的人就是圣人级别的，是真正的悟道之人，所以他才能在那么纷乱的时代稳如泰山，这都是由他的境界决定的。

在生活中，很多人都会用这老子的这句"知者弗言"来打击别人，学习了本章之后，您就知道老子讲的并不是这个意思，从而明白其深意了。

02

您所种下的善因或恶因，终有一天会遇缘结果

> 塞其兑，闭其门，和其光，同其尘

古往今来有大成就者，皆与众人"和光同尘"

"塞其兑，闭其门，和其光，同其尘。"什么意思？

"塞其兑，闭其门"这句话，在其他章节里曾出现过，"塞"是堵上，"兑"当孔窍讲，意思是把欲望的孔窍堵上；"闭其门"的"门"指心门，古人认为心门是念头出入的途径，所以也要把心门给闭上。

这句话的意思是，领导者只有把自己的欲望之门关闭，才能做一个好领导。

我经常说《道德经》是给领导者讲的，因为领导者最容易

出现欲望膨胀的情况，这时候，您拥有的资源很多，就更容易犯错误。

老子告诉我们，要是真的想做一个好领导，造福群众，您就必须把欲望的门堵上，因为这对领导者的影响很大。只有这样，您才能更加公正、无所偏倚地做事。

"和其光，同其尘。"在《道德经》里，"光"是发出的亮，是一种呈现。"和其光"的"和"是调和的意思，也就是说您所发出的光，要把它调和到舒适的地步，不要使它特别耀眼、光亮，您要把光的形迹尽量淡化。

"同其尘"的"尘"是尘土的意思，大家都知道尘土是微小的颗粒，会在空中飘浮。您要把自己放到跟尘土一样微小的位置，不要觉得自己了不得，要混同于尘土。

因此，"和其光，同其尘"指您在做事的时候，要把结果——做事带来的荣耀尽量调和掉。

比如您在公司的业绩完成得非常好，大家都夸您，您自己也觉得很了不起，于是您的行为开始张扬，说话的语调也提高了——您的光太亮了。老子在《道德经》中告诉我们要"和其光"，尽量淡化光芒，要"光而不耀"，不让人觉得刺眼，这是一种低调的状态。

"同其尘"也是如此，我们把自己的位置放得很低，像尘土一样普通。只要您抱着这种心态做事，就会做得很好。

老子是在告诉我们，要尽量消灭"形迹"地修行，这是一种特别高的境界，就是您为大家做事，利益众生，但是要消灭形迹，不显得您是在故意做什么，这样的人是很了不起的。

您发出的每一个因都是大数据中的一个数据，最后的果就像蝴蝶效应

我给大家推荐一本书，这本书是美国人麦克·罗奇格西写的，叫《能断金刚：超凡的经营智慧》。这位美国人是一所著名大学的毕业生，他毕业以后到了一家公司工作，但后来不知道什么因缘，他就到了印度、尼泊尔去旅游，他一下子就爱上了那里。接触了佛教之后，他觉得佛教太好了，很多心里一直想不通的问题，学佛以后都得到了开解。

后来，他就留在了尼泊尔的一座寺庙里修行，修行得特别好。

一次，师父跟他说："我们传授给你的都是《金刚经》的智慧，很多人以为《金刚经》的修行场所在寺庙，其实，真正的修行场所在你原来生活的地方。"

听完师父的教导，他就回到了曾经生活的地方——华尔街。临行前师父对他说："修行千万不要重形式，不需要穿着袈裟，手里拿着法器，把形象扮作修行的样子，修行是要修心，要把《金刚经》运用到你的生活和工作中去。"

我们学到了什么，要将学到的东西运用到工作和生活中，

看看自己这样做能带来多大的改变，这才是修行。

这本书非常值得看，它讲的就是"和其光，同其尘"，让您和别人一样。不是说您学了国学了，换成了土布衣服、土布鞋，戴了手串，您就有什么与众不同，就高人一等了，整天心里想的都是"道是很玄妙的，只可意会不可言传，你们这些俗人"——这是修行吗？

您的这种作为不是修行，而是装作修行，是一种形迹上的修行。

真正修行的人什么样？他穿的衣服，跟您穿的衣服可能没什么区别，但是他心中秉持了国学的理念，行为上做出了国学的概念，我觉得这才是真正的修行。

这本书的作者告别了他的师父，从尼泊尔的寺院回到了美国华尔街后，加入了一家做珠宝生意的公司。公司规模很小，他每天就像一个普通人一样和大家一起上班下班，谁都不知道他从尼泊尔回来，也不知道他是位佛教信徒，而且修行很高。他跟大家一起生活，带领公司往前走，后来把公司慢慢做成了一个世界上很有名的珠宝公司。

他在书中总结了很多法则，尤其适用于职场。

他讲的就是在这个世界修行，办公室里发生了什么事，有可能是什么事引起的，如果您现在看到有什么"果"，您应该知道这个"因"在哪儿。

比如他在书中写道，您造下的每一个因，比如您的念头、您说的话、您的行为，这个因并不会马上出现一个果——您恨他，他就骂您，不会这样的。**您所造的每一个因，就如同地下的树根一样四处生长，然后和其他因混合，互相叠加，然后会在某个时间、某件事上爆发出来。**

您看不见其中因果联系的，所以有时您会疑惑，怎么会莫名其妙出现一个人整我？

其实一件事的果，是很多因结合后，再遇见缘而形成的。我们发出的每一个因，都是大数据中的一个数据，而最后的果就好像蝴蝶效应。

面对这种复杂的因果关系，我们没法去追溯每一个心理影响，最终只能选择把握全局——只要您发出的因都是善因，迟早有一天，您汇集的果会都是善果，我觉得这是人生的一个法则。

这本书最好玩儿的地方就是师父告诉他，修行要不露形迹，才能证明《金刚经》的力量。您仔细想想，所有的学问不都是如此吗，我们学习《道德经》也是一样，如果您懂得了道的法则，就要像书中讲的一样，"和其光，同其尘"。

为了大家做事，不在意外界的夸赞，与大家和光同尘，这样的人才是真正悟道的人。

03

人贵有"不争之德"

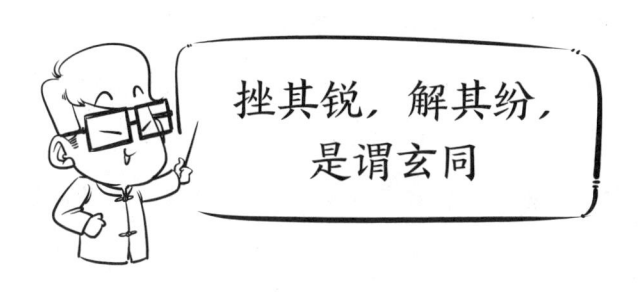

> 挫其锐,解其纷,是谓玄同

好的领导者,
应该先从解除组织内部的争抢之心做起

"挫其锐,解其纷,是谓玄同。"这句话是什么意思?

"挫其锐"的意思是挫光它的锐气,将锐气收敛(通行本中记载的是"锉",是把锐气磨掉的意思,我觉得这两者没有太大区别)。"解其纷"是解除纷扰的状态。

老子认为,只要您能将锐气收敛,解除纷扰,您就进入了一种"玄同"的状态。

我一直认为老子是一位管理大师,在老子讲的《道德经》里,有很多组织行为学的内容,比如教您如何做领导,怎么把团队管好，老子的思想源头都是在效仿天之道，从而做好管理者，把人民的生活搞得和谐安康，这也是老子讲《道德经》的目的。

其实在一个组织里，排除有外敌的情况，如果组织里的人都在为了自己想要获得什么而采取一种尖锐的、纷争的、争取的态度，当组织里的每一个人都充满了"锐"，这个组织就很难正常运行了。

比如您拿了一把按钉，您想把它团成一个球，您说容易吗？但如果您拿一团面，是很容易揉成一个球的，因为它比较柔软。

再比如您把一朵鲜花放到一盒按钉里，来回晃盒子，您再打开盒子，把鲜花拿出来，您会发现这朵鲜花上扎满了小孔。因为每一个按钉都有"锐"，您想要在这里运行是不容易的。

但如果您把鲜花放到棉花里，再摇晃它，这个鲜花会完好无损。这说明在一个组织里，如果每个人都表现出"锐"，那这个组织运转起来以后，就会出现互相冲突、伤害，使得组织的运行充满坎坷。

因此，要管理好一个组织，就需要用各种方法来消除"锐"。比如法律的存在，是为了禁止您做一些事，如果您想要钱，可能会不择手段地索取、搜刮，最终您的"锐"会被法律禁止。但如果法律有漏洞，您可能就冲出去了。

如果每个人心中的"锐"都无法抑制，大家一定会把

"法"废除。因此,"法"是必不可少的,但是我们不能只靠法,还要依靠内心的修炼。

好的领导者应该先从自己消除"锐",消除争抢之心做起,从而影响公司的员工,使其效仿,让大家也都消除争抢之心,和谐共处,这样一个公司才能减少冲突,得以正常运行。

不要想永远获得什么,这种想法是徒劳的

"解其纷"的理解跟"挫其锐"是一样的,"纷"是一种由争取而导致的纷乱状态。

"挫其锐,解其纷"的意思就是,您要把争夺之心、名利、地位等等这些放下,这样您才会幸福,如果整个团队都这么想,就能形成合力。

那么,问题来了,大家会问,怎么才能"挫其锐,解其纷"呢?

老子认为,只有您悟道以后,才能真正"挫其锐,解其纷",否则一切都是空谈,因为您没有看清事物的本质。

为什么我们会有"锐"的状态和纷争之心?因为我们太过在意获得,可是明白道以后,您就知道,所有的获得是真的获得吗?您真的能永远得到什么吗?

那些所谓的纷争,争了以后也不能永久,您看希特勒,他把"锐"和"纷"做到了极点,他的野心特别大,善于蛊惑人

心，但是最终他的第三帝国瞬间崩塌。

历史上这样的帝王也有很多，比如秦始皇，统一了六国，但最终大秦帝国瞬间倒塌了，只留下了长城。您看秦始皇为自己争到的一切，他能够永恒地拥有吗？不可能，都是瞬间而已。

得到了快乐只有一瞬间，失去了却在痛苦中挣扎

我们在生活和工作中，如果遇到这种乐于纷争之人，可以一笑了之。

人与人之间的缘分多么不容易，短短几十年，大家和谐相处，用笑脸度过一生该多么幸福。

而且，这些喜爱纷争的人是很可怜的，您说他想争就能争到吗？很多时候是争不到的，在争不到的时候，这些人会非常痛苦、可怜。一旦陷入欲望，在里面不断挣扎是很可怜的，得到快乐只有一瞬间，又要去争取下一个目标，失去了就在痛苦中挣扎……您说是不是很可怜？

这种纷争的状态并不是一种适合生活的好状态，因此老子在《道德经》里高度评价了不争之德。不争、不在意，您的心会很平静，您就不会有争不到的痛苦，老子在这说这种状态是"玄同"。

什么叫"玄"，深远的意思；"同"是大同的境界。

为什么我们能做到不"锐"、不"纷"？因为我们看清了世界的本质，我和大家没有本质区别，您抢了别人的东西，实际也是在抢您自己的，因为您与这个世界是一体的。

"不二法门"的"不二"是什么意思

有时我清晨在海边散步，看着蓝天就想：我能把蓝天揽为己有吗？这是不可能的，我跟世界是一个整体，能感受到世界的美好就不错了。这种境界在佛家叫"不二法门"。

"不二"是什么意思呢？有的人说，"二"就是傻，"不二"就是不傻的意思。不是这个意思。

"不二"是我跟众生没有分别，我跟世界没有分别，我们都是一体的。

老子管这种"不二"的境界叫"玄同"，就是大家都能够和谐、大同地生活在一起，我们去掉自己的"锐"，就能够与大家和光同尘，这种境界和状态就叫"玄同"。

04

人生应该是
"但行善事，莫问吉凶"

> 故不可得而亲，亦不可得而疏；
> 不可得而利，亦不可得而害

为什么人们会形成小团体？因为有私利

"故不可得而亲，亦不可得而疏；不可得而利，亦不可得而害。"这句话是什么意思呢？

"不可得而亲，亦不可得而疏"的意思是悟道之人德行深厚，您对待他不可能太亲密；您想疏远他，好像也疏远不了，也离不开他；您想给他一些东西诱惑他，也不可能；您想去害他，也不行。

老子说，您悟道以后，明白了要放下自己，为大家做事，您就进入了一种境界——跟周围的人相处特别融洽，这些亲疏利害的行为，都影响不到您。

"故不可得而亲"的"亲"不是说这个人不够亲切，和别人距离很远。所谓的"亲"是您与他特别亲密，离他很近，形成一个小集团的意思。为什么人们会形成小集团呢？因为有私利。

比如在一个单位里，几个人结成了小团队，您一出去他们就说话，您一进来他们就不说话了，他们之间说的话也不告诉您。

您说为什么会如此呢？很大一部分原因是他们之间有私利。

在国家反腐的过程中，有很多这样的小利益集团，比如同一个地方出来的人，晚上互相串门，结成利益团体，您给他提拔，我给您提拔："董事长您看，我们部门经理的位置刚刚空出来，您家小孩上学，我可以帮他安排个重点学校"，"领导您看，前几天我正好看见一块翡翠，我知道您喜欢，我送给您"……

为什么人们会形成小团体？因为有私利，这种"亲"不是正常的亲。

真正的悟道之人，您想要拉拢他，也拉拢不了，因为他已经把自己放下了。

您想投其所好，什么美女、宝玉、名人字画、现金……您给悟道之人搞这一套是没有用的，您送什么东西他都无动于衷，这样您就"不可得而亲"了。

很多公司的人际关系复杂，都是因为领导者对员工有亲有疏

"亦不可得而疏"的意思是，您想疏远他，不配合他，也是不可能的。因为您离不开他，他在为大家做事，亲疏皆不可得，才是悟道之人。

我给大家举个一例子，苏州有一家企业叫德胜洋楼，员工有一千多人，这家企业的老板叫聂圣哲。公司主要售卖中国木质别墅，他们的经济效益特别好，整个销售部就只有一个人负责安排销售，订单多到做不过来，整个公司的管理人员一共就十五个人。

老板聂圣哲在公司里推行君子文化——诚信，做好自己的事，让大家认真把工作做好。他们公司对木质别墅工艺的要求超过了德国标准，预定好的钉子在测量时误差不能超过两厘米，如果出现偏差，会有惩罚制度，但如果您做好了，也会有奖励制度。因此，他们的别墅都做得非常精工。

他还有一套考查的标准，来考查您的人品和工艺。只要您认真地做，按照程序做，而且有君子的品行，那您在公司里就会活得很好。

聂圣哲的办公桌就在他们园区里，在咖啡厅的一角，大家去喝咖啡，董事长就在那边坐着。您不用讨好董事长，因为没有用，谁越跟他搞关系，可能越会产生负面的效果。这就是老

子说的"故不可得而亲，亦不可得而疏"。

我觉得领导者如果能达到这种境界，公司的人际关系会非常简单，整个公司的发展也会越来越好。

很多公司的人际关系极其复杂，这都是因为领导者对员工有亲有疏——跟我一起打高尔夫球的，经常一起喝酒的，我们关系就亲近，那些我看不上的员工，我就疏远他。结果员工就开始投其所好，这样发展下去，公司的文化就会一团糟。

像德胜洋楼这样的企业，人际关系很简单，大家都按规则做事，这样的企业管理起来就很简单。这么大的一家企业，订单多到做不过来，全公司的管理人员一共就十五个人，这是难以想象的。他们的宿舍都用不着锁门，因为没有小偷。在食堂吃饭也没有人收钱，就是自己放钱，但是您不要多拿，一旦您多拿被发现了，也会受到惩罚。

聂圣哲建立了一套君子文化，他的员工在这套文化里会活得相对简单，因为他作为领导真的做到了"故不可得而亲，亦不可得而疏"。

老子接着讲，"不可得而利，亦不可得而害。"意思是您想利诱他，多给他点儿利益，让他帮您做一些事，或者您去害他，都不可能。因为人家没有自己的利益，他放下自己了，所以无论您是想诱惑他，还是想害他，都无所谓。

在这种人面前，所谓"亲"和"疏"、"利"和"害"，已经不构成任何威胁了，这是一种特别坦然的状态，也是非常幸福的状态。

我们的人生之所以有很多纠结、很多不快乐，是因为我们太在意外边的事。

我们的评价体系很多，总觉得办公室里这个人说我、那个人不接纳我、领导看不上我……如果您在意这些，您就会很痛苦，就会不开心了。

当您真正明白道以后，您就知道人生应该是"但行善事，莫问吉凶"，无论外面风云变幻，都跟您没什么关系，因为您的内心非常坦然，这是最幸福的。

老子讲的这些道理，不仅适用于领导者，也适用于普通人。只要您能做到内心坦然，外界的亲疏利害都不会影响到您的时候，您晚上睡觉该多踏实啊，您每天出门，脸上的笑容该是多么祥和。这种状态是我们要追求的境界，我们一起努力。

05

所谓的贵贱都是相对的，您不要太在意

> 不可得而贵，亦不可得而贱；
> 故为天下贵

凡事想不通，人生的困苦会有很多

"不可得而贵，亦不可得而贱；故为天下贵。"这句话跟前面的话是连着的，前面老子说进入"玄同"的境界以后，您就进入一种"但行善事，莫问吉凶"的状态，您心中坦然，所以别人就不能用亲疏、利害和贵贱来影响您。

所谓的贵贱可能是您人生中最重视的事之一，大部分人都希望自己"贵"，讨厌"贱"，但是您有没有想过，"贵"、"贱"是相对出现的。比如您特别向往什么位置，到了那个位置就是"贵"，可是您真的到了那个位置以后，如果来了一个比您地位

更高的，您还觉得您"贵"吗？您又变得"贱"了。

我们在一些古装电视剧里经常能看到，有些巡抚在县太爷面前耀武扬威，结果看到了微服私访的皇帝时，他立刻就跪在地上，像捣蒜一样磕头，为什么？因为皇帝的位置更高。

所谓的贵贱都是相对出现的，您不要太在意它，这些东西会互相转化。

我们如果在意，就会陷入无尽的烦恼中。比如《黄帝内经》曾经讲过这样的人，曾经富贵，后来贫贱了，导致心态不平衡，气血逆乱导致生病。

现在这样的人也有很多，比如一些在领导位置工作过的人，退休以后，突然觉得自己失去了这个位置，大家都不围着自己转了，不开心，结果导致糖尿病高发。这都是情绪郁闷、肝气不舒所致。在糖尿病的发病因素里，心理影响绝对是一个非常的重要因素。

"吃百豆不嫌腥"的人，最后会受到他人尊敬

凡事想不通，人生的困苦会有很多；想通了，人生一片坦然。

您把本职工作做好了，那些荣誉也会随之而来，但是您不要在意这些荣誉，这是一种特别美好的人生状态。

举一个例子，我父亲出生于农村，当时家里特别穷，没有

地，只能去给那些有地的人家干活，赚点儿钱以维持全家生计，这在当时叫雇农。有一段时间，我们家乡受了蝗灾，实在没有钱了，我爷爷就往黑龙江那边走，去打工，结果也没赚到什么钱，再加上在回来的路上又生病又饿，结果就死在路边了。

我奶奶认为是家里人没有文化，所以才会遭遇这样的惨祸。于是，她一咬牙就把家里的房子卖了，决定送我父亲去私塾读书，而且她还带着我父亲搬到了已经出嫁的姑姑家里轮班住。也因此，我父亲和我两个姑姑的关系都特别好。

后来，我父亲就开始学习国学文化，努力读书后，考上了东北大学卫星自控专业，结果上学没多久查出了肺结核，就退学了。退学之后他回家复习了一段时间，又考上了辽宁大学的中文系，在中文系毕业以后，就留在学校做了老师，当了系主任。

我父亲这个人看起来是知识分子，没有什么架子，在农村形容他叫"吃百豆不嫌腥"，就是别人说什么他都没有怨言。还有人形容他"一锥子扎不出血"，就是说他这个人不会有什么激烈的反应，您骂他他也没什么事，笑一笑就过去了。

一生中，很多道理都是父亲教我的。比如小时候同学骂我，父亲就说："他骂你，你就跟他斗吗？如果他再骂你是笨蛋，你就对他说'我笨，我非常笨'，你看他还怎么说。"结果我跟小朋友这么一说，小朋友当时哑口无言……这就是我父亲的教育方式。

很多人都说"罗老师,您的性格很平和",其实我的性格跟我父亲比起来,绝对称不上平和。我父亲经常走在街上看到农民卖什么东西,就蹲下来跟人家聊天——因为他是农村出身,他会和这些来卖东西的农民聊天,问,今年地里种什么了?今年收成怎么样?明年打算种点儿什么?……

小时候我很好奇,就想问父亲跟他们有什么好聊的,怎么就能和他们聊到一起去。因为我没有在农村生活过,出生的时候就已经在城里生活了,有时候我们老家来人了,我就想:他们都不洗澡,怎么父亲跟他们还特别亲?

我记得特别清楚,有一次父亲去北京开会,他买了很多糖,结果没给我留几块,全给老家人带回去了——那个年代吃点儿糖是很不容易的,真给我急坏了。

现在我意识到,这说明父亲的心里没有"贵"和"贱"的区别,虽然他从农村出来了,现在是大学老师了,但是他仍然保持了和农民一样的状态。

以前我觉得父亲土,但现在我觉得他非常可敬,这种状态是很难做到的。

我父亲在管理上也是这样,他是中文系主任,其实这个职位不好当。因为中文系每个教授都有自己的个性,一般这种特别有个性的知识分子不是太好管理,有的人彼此学术观念不同,就无法和谐相处。

我父亲曾经给我们讲过一件事,他当了系主任以后,先去拜会了已经退休的老先生们，向他们挨个表达敬意：因为有您的贡献，才有了现在的学术成就，我们要感恩您。

我现在才明白，我父亲这样做事是非常对的。现在有很多人当了领导以后，就觉得我说了算，我的研究生可以全部留校，其他老师带的学生，我就不给您留……这些行为都是不妥的。

父亲放低了自己，挨个拜访各位老先生，为的就是把这种风气给扭转一下。中国人自古就有尊老的习惯，正是因为有了这些学术前辈的努力，我们现在才能这么好，所以我们要摆正自己的心态。

后来我父亲和中文系的其他老师一起办了夜大函授，为什么要办这些呢？因为当时刚改革开放，大家在这之前没有上大学的机会，社会上有大量已经参加工作的人没有读过大学，他们都特别渴望知识，只是缺少一个学习机会。于是，我父亲和那些老师就在辽宁的不同地点举办了夜大函授学习，当时报名的人特别多，老师们就到各地讲课。

到现在我都记得他们讲课的情景，那时候没有话筒，老师在大礼堂里上课，就是扯着嗓子喊。当时也没有空调，讲课时要是太热了，老师就把衬衣脱了，穿着背心讲课。下面的学生们一看，老师讲得这么卖力，都开始鼓掌。

我父亲说，出去讲课一天，不知道喝了多少水，不断地喝，因为出汗太多了。每次他讲课回来，嗓子都是哑的。但也因为他们的付出，为国家培养了大量的人才。

我长大以后，有时候能碰到父亲当年的学生。记得有一次我在外面吃饭，当时坐在邻桌的就是父亲教过的夜大函授学生，认出我之后，马上就问我能不能给我父亲打一个电话。电话接通后，他一说话，眼泪就开始哗哗往下流，为什么？因为当年那种奋斗的日子，全印在他们脑子里了。

那是一个非常火红的年代，大家就是做好自己的事，对于那些荣誉、地位、亲疏、利害、贵贱都不太在意。

我在前文也提到过一件小事，我的一个中学同学，念大学时在我父亲的班级里，同学的父亲是我父亲他们学校的校长。有一天我看到父亲在家里判考试卷，我一看这不是我同学的名字吗，父亲给他写了一个不及格，我就对他说："爸，这是我同学，你能不能照顾照顾他，就差这几分，你就让他及格算了呗？"

我父亲就是一个系主任，您说校领导的孩子在您的班级里，您还不给人家打个高分吗？可是父亲说："这是你同学啊？"我就说："对啊，中学同学。"父亲说："那你告诉他一下，好好复习，准备补考。"

当时我觉得很无语，这就是"故不可得而亲，亦不可得而疏"。为什么他从来不想跟谁"亲"、跟谁"疏"呢？因为他的心里压根儿就没有在意"贵"、"贱"。只有不被这些外在影响的人，才能做一个好领导，所以我父亲才能做系主任好多年，后来从无到有地和大家一起建立起一个新闻专业，现在叫新闻学院，最终一生平安，口碑非常好。

有一次，我在整理家里的书时，发现父亲有很多老子的书，老子各个批注版本的都有。但是说实话，我不知道他为什么看这些书，他从来都没跟人谈论过，但是他做得很好，我就想，他为什么就没有特别强调让我去学老子呢？

这是我到现在都很奇怪的问题，可能是机缘不够成熟，我需要人生的历练才能懂；也有可能是这些书就在那儿放着，我父亲知道迟早有一天我的手会碰到这些书。

一个人的成长，家长的身体力行会起到非常大的作用。如果家长能够言传身教，那么他对孩子的影响、作用，将是不可估量的。

我觉得我父亲除了他自己的专业之外，最大的成果其实是我和我妹妹罗玲，如果我们两个人能够对社会做点儿什么贡献，大部分都是受到了父亲的影响。小时候，可能我会觉得我父亲老实，天天就知道干活，什么都不为自己争取，怎么这么笨？但是随着年纪增长，看事情的角度会慢慢变化，到现在我觉得他的心中是有道的。

因此，如果您想让孩子变成您想要的样子，您自己一定要先变成您想要的样子。只有您做好了，您的孩子才能做好。一个公司的领导也如是，您想让员工变成您想要的样子，那么您一定要变得优秀，这就是老子讲的"不言之教"。

道德经说什么

第五十七章 《道德经》也能当兵法

01

大领导如何在
"有为"、"无为"、"无事"间自如转换

> 以正治邦，以奇用兵，以无事取天下

对内要"以正治邦"，对外打仗要"以奇用兵"

"以正治邦，以奇用兵，以无事取天下。"通常，大家会将这句话解释成，没悟道的领导者会用政令来治理国家，这是"有为"的行为，势必会导致国家大乱，所以才"以奇用兵"——要出其不意地用兵，这样治理国家的结果是不好的。

应该怎么治理？"以无事取天下"，只有您无为才能坐得稳天下——过去多数的注家都是这么讲的。

传统的解释将老子这句话分出了两个层次，一个是悟道，一个是没悟道。如果您悟道了，您就能"以无事取天下"；如

果您没悟道,您就会不断地施行政令,结果导致了战争。

其实,我觉得老子的这句话可能有其他意思。

"以正治邦"和"以奇用兵",不是因果关系,而是两种状态。"以正治邦"的"邦"是城邦的意思。

"正"不是政令的意思,它和"奇"是相对的,指正常的状态。"以正治邦"的意思是,您以稳定的、正常的状态来治理国家,真正打仗的时候就不是这种状态了。

打仗的时候要出其不意地用兵——"以奇用兵"与"以正治邦"是阴阳关系。比如"以正",是以正常状态为阳,出其不意为阴。老子并没有反对用兵,但老子的整体思想是尽量不发动战争,能不用战争来解决问题是最好的。但是到了不得已的时候也可以用兵,怎么用兵?老子在这讲了,要"以奇用兵",就是出其不意地用兵,这讲的是一种管理状态。

老子接着讲了,如果您要"取天下",或者您当了大领导的时候,就要"以无事取天下",这是一种在阴阳之上的更高境界("无事"我后边会讲)。

经常有朋友问我:"罗老师,您讲《道德经》,讲的都是无为不争、放下欲望等,可是真有外敌来犯的时候怎么办呢?难道您用《道德经》就能让他们降服吗?"不是的,老子在《道德经》里也是讲战争的。

老子认为,对内,您要以"无事"、"无为"、"无我利他"来做事,这样您才能够取得团队的稳固,以及稳固发展的状态；而对外，当有外敌来犯时，您要认真地打，而且是有技巧地打。

当年李世民在治国的时候，就特别清楚一定要放下自己的欲望和位置，所以大臣们才敢上谏批评他。众所周知，魏徵在朝堂上批评李世民达两百多次，一般帝王是做不到这一点的。

基本上各个朝代都有史官负责记载皇帝的言行起居，记载李世民的史官叫褚遂良。李世民每天看着褚遂良在旁边记载，也不知道他都记载了什么，他就想：万一我有点儿什么过失，或者什么话说错了，他要是都记下来了，后世人看到了之后我多丢人啊。所以李世民就和褚遂良商量："爱卿，你能不能把你记载的起居录给我看一看？"结果没想到褚遂良不给他面子，把他拒绝了："老祖宗有讲究，史官的作为，皇帝不许干预。"

为什么会有这种讲究呢？就怕您一干预，历史就被篡改了。历史上有些昏君，就会更改历史。

李世民一想，这可不行，万一后世人看了以为我篡改历史怎么办，不看了。但过了两天，李世民又想起来了，就又问褚遂良能不能给他看看……

总之，每次李世民都是被褚遂良怼回去。

这样一位大唐帝国至高无上的君主，居然一辈子都没有看过史官是怎么记载他的言行的。您想这是为什么？他要是想看能不能看到？怎么可能看不到——把褚遂良杀了，他不就能看到了吗？可是他为什么这样克制自己呢？

他觉得我要放低位置,这样大家才能各司其职,充分发挥自己的才能。所以唐太宗李世民说自己"去奢省费"、"克己自勉",我尽量克制自己的欲望,把位置放低。因此,大臣们才努力为民请命,开创一代盛世——贞观之治。

唐太宗是如何"以奇用兵"的

李世民到了晚年的时候,犯了点儿错误,比如大兴宫殿——因为国力太强盛了。但是总体而论,他是一个非常好的领导,唐太宗的这种状态就叫"以正治邦",他以正面、持续稳定的状态来治理国家。

等到要"以奇用兵"——真正打仗的时候,李世民可不这样了,风格马上转变。比如虎牢关之战。当时唐朝刚建立政权,李世民还没有统一天下,全国各地有很多政权割据,主要有郑国的王世充、夏国的窦建德,他们三个人拥有最强的武装势力。事实上,如果李世民把他们两个打败了,就能一统天下。

李世民就先去打王世充——李连杰主演的电影《少林寺》讲的就是这段故事,攻东都洛阳。当时两方各有几万军队,势均力敌,但李世民打仗很厉害,迅速把王世充给逼进了洛阳城里,准备彻底围剿。

王世充一看要完蛋了,遂马上派人联络窦建德,想让他从背后进攻李世民，要不然大家都完蛋。

窦建德接到消息后，立刻出兵十万，开始进攻李世民的后方，李世民腹背受敌。

这时候李世民这边众将议论纷纷，大家都想撤，因为前边久攻不下，后面又有十万大军，李世民军队才几万人，怎么办？但李世民下令要打，他让大家分兵两路，一路继续围攻东都洛阳城，为的是不让他们出来；另一路由李世民亲自率领几千人占据虎牢关，他判断虎牢关这一带的地势特别险峻，十万大军过不来。

令出之后，李世民就带了他的嫡系部队（玄甲军）三千五百人，穿着黑色的衣服，拿着黑色的铠甲，守在虎牢关静候十万大军。

等到大军来了，士气正盛时，李世民下令不打，这虎牢关不是险峻吗，我就让你攻不上来。

窦建德一看李世民也不往前打，他就想：你不打，想让我先跟你打，消耗我自己，我傻啊？我先让十万大军驻扎在这儿，我也不打，我看你们先打，等你们两边消耗得差不多了，我再直接下令一举把你们全部灭了，我就是天下老大了。

窦建德想得挺美，但他犯了一个错误，他的十万大军在虎牢关驻扎下来了，每天得吃多少饭？粮草是个很大的问题，结果李世民还派人偷偷把他的粮草给断了。粮草一断，窦建德的士兵都吃不上饭了，军心开始不稳。

窦建德一看这不行啊，就派了几百人出去解决粮草的问题。李世民一看几百人出来了，立马派人将其全部歼灭，这一仗打得痛快淋漓，着实重挫了一下窦建德队伍的士气。

紧接着，李世民又使了一招，先派人在两军之间的河边放马，把铠甲解去引诱对方，让对方认为他们很骄傲，结果对方一看，就下令全军进攻。这时候李世民仍旧不出战，对方就一直"打、打"地喊口号，从早上喊到中午，累得不得了。李世民一看这情况，就又派了几百人前去虚张声势。对面一看李世民出兵了，虽然饥饿交加，但也得打啊，于是就开始追击这几百人。

这一追，窦建德阵前的破绽就露出来了，只见李世民率领剩下的精锐部队，利剑一样直冲对方中军大帐。不要小看这支不到三千五百人的精锐部队，这是当时天下最精锐的部队，里面有秦琼、尉迟恭，都是干将，后世的门神就是他俩。

就这样，李世民用三千五百人的奇兵打败了窦建德的十万大军。最后一统计，李世民的军队一共杀死对方三千多人，投降的有五万人，余下的四万人都逃跑了。

这场仗就是一个典型的"以奇用兵"的案例。

王世充收到李世民把窦建德打败的消息之后，吓坏了——这李世民用这么点儿人就把十万大军打败了，我们被围在里边还能好吗？他投降之后就被杀掉了。

这一仗打完，李世民基本就奠定了大唐立国的基础，所以您看李世民的身上就有"以正治邦，以奇用兵"这两面。治国的时候以正常状态治国，放低自己的位置，让大家发挥自己的才能，开创了一代盛世；打仗的时候"以奇用兵"，用您完全想不到的状态打仗。

我认为这两种状态结合在一起，才是一位领导必备的素质。李世民是通读过《道德经》的，而且他对《道德经》的解释超过古今很多学者，他真的明白了老子讲的"无为"是什么。

像李世民这样的领导者，知道在打仗的时候要出其不意，但是平时不能这样，平时应该"以正"，以正常状态治国。

这种正常状态治国、稳定状态治国应该是什么样呢？应该是"以无事取天下"。

总之，老子讲"以正治邦，以奇用兵"的意思是，作为领导者，您要懂得如何在"以正治邦，以奇用兵"这两种状态中来回切换，真正到了"正"的时候，应该"以无事取天下"。

02

领导者忌讳越多，下面的人就越活得不好

> 吾何以知其然也哉？
> 夫天下多忌讳，而民弥贫。
> 民多利器，而邦家滋昏

看领导脸色做事的公司，迟早会垮

"吾何以知其然也哉？"什么意思？我怎么知道它会这样呢？

老子接着讲"夫天下多忌讳，而民弥贫"，这句话是什么意思？

老子说，如果天下的忌讳特别多，普通人生活会越来越贫困。也就是说，如果社会上到处都是忌讳，不允许您做这个，不允许您做那个，社会的运行一定会很缓慢，从而进入一

种效率低下、停滞不前的状态，在这样的情况下，大家会活得很难。

为什么会有这么多忌讳呢？因为领导者多事。老子讲的是"以无事取天下"，作为领导者不要多事，为了自己的形象、地位和利益，为了管理方便而设下各种忌讳。

我给大家举个例子，比如我们到了一家公司，就有人和您讲："在我们公司里你要注意，当着 A 部门的经理，不要说 B 部门，你说了之后他不高兴，他们之间不和。""你看那个是小王，你当着小王的面不要说小张，当着小张的面不要提小李，他们几个之间的关系很复杂。"……

或者有的公司还会给您介绍，领导喜欢什么、讨厌什么。比如"我们领导喜欢绿色，不喜欢黄色的衣服，所以你千万不要"……像这种忌讳太多的公司，您说他们能做好吗？

我是搞中医诊断的，中医诊断的特点就是通过收集身体外部的信息来判断身体里面出现了什么问题。所以，我每到一家公司，很快就能判断出这家公司有没有前途。

说实话，有的公司您去了以后，如果问一些员工问题，他们回答的时候闪烁其词，或眼睛不断看着旁边的领导，说话吞吞吐吐，生怕哪句话说错了……这样的企业未来几乎没有什么好的发展。

公司的忌讳多，最终会导致工作效率越来越低下

记得当年我考博士的时候，考完要等着发榜，在等着发榜的几个月里，我到电视台的一个节目组去应聘，想当一个编导。

但是我在那个节目组坐了二十分钟就决定退出了，因为我发现节目组的员工之间几乎不怎么说话，而且说话的时候眼神都非常谨慎。这种同事之间的关系一看就有问题，所以我坐了二十分钟就告辞了。

出来之后我打了个电话："我不去了，对不起，我做不了这个工作。"当时那个节目组的领导还说："没事，你来吧，我需要你这样的人，你尽管提条件吧。"我还是说："对不起，我真的干不了。"

过了半年多之后，这个节目就消失了，所以老子讲的"夫天下多忌讳，而民弥贫"是真的。

很多学者都将"忌讳"解成法制、规则等等。其实不是的，规则是让大家遵守、运行的条文，而忌讳是因为怕冒犯了某些人的尊严而采取的禁止性措施。

当一个公司里有很多忌讳的时候，一定是领导者特别在意自己的形象和地位导致的。因为公司的忌讳多，人们不敢畅所欲言，不敢当众指责领导的错误。这导致了沟通成本变得极高，大家都讲好话，不讲坏话，可能公司遇到了重大的风险都

没人提出，这样下去，公司的运行效率会越来越低，最后一定会出现问题。

公司缺乏好的文化，人与人之间就会有争斗之心

"民多利器，而邦家滋昏。"这句话是什么意思？"利器"就是锐利之器，指武器之类东西，用于互相攻击。

虽然老子在这讲的是"利器"，但实际讲的是争斗之心。这句话的意思是，如果人们的争斗之心多了，整个社会一定会陷入混乱。

有的古代学者将"利器"解成精良之器，我觉得还是当武器来讲合适一些。

为什么人和人之间会有这么多争斗之心呢？

因为整个社会、整个公司缺乏一个好的文化，究其原因，还是领导者没有把正确的理念传递给大家。

因此，"天下多忌讳"和"民多利器"都是导致一个集体混乱的根源，但是我们也必须意识到为什么"天下多忌讳"，一定是领导者的内心出了问题，没有传递好的理念。

当大家在自己居住的小区微信大群里看到很多互相攻击、谩骂的语言时，您就知道这个小区里边的社区文化没有做好，缺乏足够的凝聚力，所以大家才会轻易地陷入一片争斗的氛围中。

03

如果人太有智慧了，天下就会出现很多稀奇古怪的东西

> 人多知，而奇物滋起

现在人已经越来越聪明，但社会真的在越来越好吗

"人多知，而奇物滋起。"这句话是什么意思呢？

这里的"知"是智慧的意思，同"智"。老子说，如果人特别有智慧，"奇物"就会"滋起"。

"奇物"指稀奇古怪的东西。老子在这句话里告诉我们，如果人太有智慧，到处用智慧去做事，天下就会出现很多稀奇古怪的东西。然而，这些东西不是我们正常生活所需的，根本就没有什么作用，而且对生活可能会有不好的影响。

老子的这句话是什么意思呢，难道有智慧是坏事吗？我们可以问自己一个问题，**现在人已经越来越聪明，但社会真的在越来越好吗？**

恐怕未必，比如在古代，人们吃酒席剩了几块肉，就会拿荷叶打包，荷叶烂掉还可以成为泥土，现在我们发明了塑料袋来装东西。您看，人类够聪明吧？为了自己方便，创造出了塑料，但是塑料无法被分解，结果对生态造成了严重影响。

从大自然的角度来讲，塑料就是"奇物"，它就属于非自然的、不正常的东西。

它为什么会出现？因为我们太有智慧了。平心而论，拥有这样的智慧对人类真的有好处吗？对自然真的有好处吗？未必。

我们再看汽车和飞机，这两种都是交通工具，它们的出现主要是为了满足人们想到远处去看看的欲望。

在古代，我们要是想去哪儿，可能要走很久，但现在我们想去哪儿，坐飞机一会儿就到了。可是您知道坐一次飞机的代价是什么吗？飞机飞行需要燃烧大量燃油，这些油都是从地球里抽出来的。

以前我经常到全国各地讲课，每次到了地方，朋友都会热情地推荐我去看当地著名的景点。一开始我很兴奋，每个景点都去看看，但现在我基本上不怎么看了。

为什么？这就像您小时候看一座山，会一直想山的那边有什么，但您翻过那座山，就会发现山的那边还是山……慢慢您会发现这些景点都不出您心中所想，甚至有的去了之后发现还没有想象的好。

汽车也是如此，开车非常便利，可是开车是需要烧石油的，这些从地球开采出来的物质，烧掉之后就没有了。而且除了便利，也会带来一些副作用，比如我没开车之前体形特别好，开车以后就发现自己的肚子明显变大了，因为运动减少了。

对于大自然来讲，车和飞机就是"奇物"，不是自然界应该有的，结果消耗了自然的资源。

什么事要用智，什么事不能用智

老子认为，如果人们的发展是为了满足自己的欲望，用智力来拼命促进社会发展，会走上一条不归路。

现代社会的"人多知，而奇物滋起"的事太多了。举一个例子，现在的保险公司让大家都来办保险，保险的本质是让大家都把钱拿来放到我这儿，谁有问题了我们就给他补偿，从而实现一种共济的模式，帮助大家共同抵抗风险。

但是现在很多聪明人搞了一个万能险，这个万能险可以用于理财，他们把保险人的钱收上来，然后和金融机构合作，利用金融杠杆。这个杠杆可了不得，这就好像我出了十块钱，最后能获得一千块钱。我觉得这种金融杠杆可能带有一些赌博的成分，但是这些金融界人士多聪明啊，能用十块钱赚到一千块钱，他再用这一千块钱去入股，去购买上市公司的股票，等等。

结果这些钱进入实体经济以后就开始有风险了，为什么？因为这些钱进来并不是真的想把公司经营好，而是要借着公司股价的波动赚取差价，从而盈利，所以这里是有风险的。

如果您进来后股价跌了，那么您的钱会被套在里面，您拿什么钱去还给那些买了保险的人呢？

保险资金是社会稳定的基础，是用来抗风险的，但是您吸纳了大家的钱来炒股，这就相当于赌博，如果赌输了，没有钱还的话，就会引起社会波动，所以这是一种非常恶劣的行为。

这种现象之所以会产生，都是因为人们在利用自己的智慧，来满足自己的贪婪欲望。

人的智慧是有两方面的：如果我们用来救人，用来保护环境，让大家更加和谐地生活，这种智慧对人是有好处的；另一方面，如果我们是为了欲望，把智慧用在了更多、更快地攫取和享受上，则会使人们遭受很大的损失，甚至走上不归路。

老子对这种情况有着非常清醒的认识，他认为领导者对这种智慧的把控非常重要，在《道德经》里，老子一直劝领导者要遏制下面人的取巧之心，回到质朴的状态，这是老子的重要思想之一。

我们学了这句经文以后，对自己的智慧也一定要有清醒的认识，什么事要用智，什么事不能用智，我们要有取舍。我们变得质朴一点儿，生活就会变得更加稳固、和谐。可是如果每个人都为了自己的欲望而动用智慧，这样的生活只能用"累"字来形容。

04
珍贵的东西越多,盗贼也就越多

> 法物滋彰,而盗贼多有

领导者喜好什么,他下面的人就会跟着学

"法物滋彰,而盗贼多有。"这句话在通行本写的是"法令滋彰,盗贼多有",意思就是"法令"特别多,您用颁布"法令"的形式来管理百姓,结果盗贼会很多,因为您太"有为"了。

但这句话我觉得还是按照帛书本的写法来讲比较好,"法物"是那种珍贵的好物,如果这种宝贝多,盗贼也就多了。

老子的意思是,可能一种东西本身没有多高的价值,但当大家都喜好它,都崇尚它时,民心就会乱。因为大家会不想认真做事了，都想把这个宝贝弄到手，最后"盗贼"就会越来越多。

老子讲过这样的思想，众人所好的，一定是领导者倡导的，领导者喜好什么，他下面的人就会跟着学。这里暗藏了一个上下的感应关系，整个系统的风气会随着领导者的喜好改变。

这种情况是真实存在的。举个例子，宁波有一家企业叫方太厨具，他们在高端厨具领域属于数一数二的品牌。

大约在十几年前，厨具的品牌特别多，很多浙江企业比方太厨具要大得多，但是有的老板常常陷入赌博的传闻里，后来很多这样的企业都逐渐消失，或者变得默默无闻了。

方太为什么能越做越大呢，因为他们的公司一直在实行国学管理。领导者自己先学，学好了之后传递给员工，后来中层领导、员工都开始学。

怎么学呢？他们公司设立了一个孔子堂，每天早上上班之前二十分钟诵读国学经典。但这不是强迫的，谁自愿学谁就来。而且他们公司还有自己的期刊，董事长在每一期上都有自己写的文章发表，写他学了国学之后有了什么领悟，然后将这些领悟分享给大家。

后来他的员工也逐渐开始喜欢国学，这是一种上下感应。公司再采取其他措施，比如按照仁、义、礼、智、信的标准来发奖金等，结果公司的面貌就一点点改变了。

方太公司的董事长说："我们不着急，学国学和管理不要强行结合,就是一点点铺垫,耳濡目染地让大家去接触国学。"

结果做了八年的国学管理之后,公司的面貌已经全部改变了。

好的改变不是强行带来的,而是从内到外的真正改变

有企业家曾经问我:"罗博士,您说推行国学跟企业管理之间,到底有什么关系?能给企业带来什么改变呢?"

首先,员工的心态改变了,原来可能员工之间钩心斗角,有冲突。但学了国学以后,大家开始慢慢懂得关爱,知道要公平、要互相帮助等,人与人之间就会慢慢形成一种良性循环。而且客户也能慢慢感受到这种良好的气场氛围。比如"哎哟,你们怎么这么愿意帮我","哎哟,还帮我拎包"等等,这都是细节,但很多细节的改变,最终会构成整个公司面貌的改变,大家就觉得这个企业特别有凝聚力,信誉也会越来越好。所以这种改变是"软件"的改变,改变的力量会越来越强大。

但这种改变不是强行带来的,而是从内到外的真正改变。

为什么企业能改变呢?因为领导者改变了。老子在这里讲的看似是公司里员工之间发生的事,其实不是,老子的核心在领导者,就是说领导者的心要安静下来。

心中的"盗贼"被灭了，心态自然就会平和

在我小时候，有一阵子流行养达木兰，其实达木兰就是一种宽叶的兰花，但是不知道为什么，当时达木兰特别珍贵，两千块钱一盆。那个年代，一家人一个月的生活费估计也超不过五十块钱，所以两千块钱一盆达木兰可太贵了，大家都争先恐后地养达木兰，就想着卖钱。

其实现在看达木兰就是一种很普通的花，要是白送您，您都未必养。可是当时我就觉得这种花很珍贵，这就叫"法物"。

当时很多人都没有心思工作了，都觉得养达木兰之后再卖掉的收入更高，就索性放弃本职工作去养达木兰。还有人打歪主意，看见别人家养的达木兰花盆放到外面，他就顺手给捞回来。这样的事在当时经常发生，谁家的达木兰要是丢了，就是很了不得的大事了。

后来这阵"风"过去了，达木兰就变得一文不值了。这本来就是普通的花，很多人养了一屋子的达木兰，这下花变得一文不值，这些人一下子损失了很多钱，也扰乱了正常的社会秩序。

达木兰本身就是一株草，为什么它会变得很珍贵？这是人为赋予它的一种珍贵。老子特别反对给这种普通的东西赋予特别高的附加值，让别人觉得这个东西是个神奇的东西、是个宝贝。

老子说的"法物滋彰，而盗贼多有"是什么意思？其实"盗贼"未必是外面的盗贼，可能是我们心中的盗贼。如果我们不能

正常看待一件事物，人为地给这个事物加上一种虚幻的外表光环，心中的盗贼就会出现，这对我们的人生是有影响的。

比如您觉得能当上部门经理就很了不起了，对您的人生太重要了，您就可以随便对大家发号施令，让大家都围着您转。那么，您怎么才能坐到这个位置呢？很多人就会开始考虑，应该把谁先干掉？或者我应该写封匿名信举报谁？我是不是得给我的竞争对手设个圈套？

您太过于看重部门经理的位置，结果您心中的"盗贼"就出来了。其实所有的领导岗位都是为大家服务的，当领导的责任更重大。只有您扎扎实实把自己的工作做好，您的实力够了，自然就会坐到那位置上。但如果您一定要获得这个位置，这时候您心中的"盗贼"蜂起，您的行为就没法再正常了。

因此，如果您能识破这个局，您的人生会变得睿智得多。就像我在前面分享的那个碗的故事，在沙漠里，用不同材质的碗喝水，导致了两个人不同的心态。拿泥碗的人觉得自己自卑，拿金碗的觉得自己了不起。其实他们两个人就是把金碗当作"法物"了，当作宝贝了，从而心就乱了。其实，这个碗无论是什么材质都只是一个喝水的器具，随缘拿来而已。

在生活中，如果您能明白这个道理，您心中的"盗贼"被灭了，您的心态就会自然平和，人生会从容得多。

05

领导者不为了自己捞取，下面人的心就会被感化

> 是以圣人之言曰：
> 我无为而民自化

我怎么对别人，别人就会怎么对待我

"是以圣人之言曰"，这句话是什么意思？

其实，老子在《道德经》里提到的"圣人"，并不是那种做大学问的圣人，比如孔子，那是后世讲的。老子在《道德经》里讲的圣人是有道的领导者。

老子认为，所有有道的领导都是这么讲的。那么，上古时代这些有道的领导都说什么了呢？下面这四句话是本章的落点，前面的话都是为了后面做铺垫。

老子说："我无为而民自化，我好静而民自正，我无事而民

自富，我欲不欲而民自朴"，这几句话是什么意思呢？

这几句话的含义都是在讲领导者和被领导者的感应关系。也就是说，前面提到的那些乱象，看似在讲社会现象，实际上跟领导者非常有关系。

首先老子说"我无为而民自化"。

我在前面提到过，很多人把"无为"解释成什么都不做，下面的人自己做就好了，您觉得这可能吗？一个公司的领导者上班了什么都不做，什么都不管，就让大家顺其自然，这样的公司怎么可能越来越好，业务越来越多呢？

因此，"我无为而民自化"的意思不是领导者什么都不做，而是领导者不为了自己的利益去刻意作为，设置各种各样的规章。所谓的"无为"是放下自己的欲望，不为自己捞取。"无为"是领导者对自己的，如果领导者不为自己捞取，员工的心就会慢慢被感化，从而随之改变。

为什么会这样？这就是上下感应的关系，如果您只为自己，员工也会只为自己，他们的争斗之心就会由此而生；如果您放下自己为大家做事，大家也会为您、为公司做事，这时他们就会放下争夺之心，和您朝一个方向一起努力。

老子讲的"我无为而民自化"是有心理学基础的，就是我怎么对别人，别人就会怎么对待我，这是一种正常的心理学互动。在一个正常的社会里，这种互动是能够建立起来的。我不相信一个人一辈子遇到的都是恶人，无论您怎么对别人好，别人都一直对您不好，这是不大可能的。

为什么皇帝身边的御医众多，却还十分短命

"我好静而民自正，我无事而民自富，我欲不欲而民自朴。"这几句话讲的道理和上一句是一样的，都是在说领导者和员工之间的感应关系。

生活中处处都有这种感应关系，比如我们的心和身体，从某种程度上讲，您的心是身体的领导者，它来指导身体的运转。如果您的心"有为"会怎么样？就会总想为自己争取，比如您看到好的东西，就一定要拿到；看到好吃的，就一定要多吃；看到美色，就一定要想办法去接近；看到豪华的房子，就想要拥有它……

心的欲望是无穷的，如果您的心"有为"，身体会很累很累。

我听过很多人说："中医那么有效，而且古代皇帝的身边都是御医，为什么皇帝的命还那么短呢？比如明朝的皇帝几乎都短命，如果中医有效，为什么不能让他长寿呢？"

其实，这是因为皇帝的欲望太多了，他能控制的资源太多了。他控制不了自己的欲望，当然面临的就是灾难。

明朝的皇帝都在不遗余力地选美女充实后宫，比如从朝鲜选来美女，从西域选来美女，等等。皇帝看到美色无法控制自

己,日日纵欲,结果驱动身体过度消耗。

薛立斋是一位很有名的御医,也是当时太医院的副院长。他的医术那么高,最后都因为侍奉皇帝把自己累趴下了——因为您根本跟不上皇帝的脚步,您这边刚给他补上一分,他那边泻出十分,您说他能长寿吗?

而现代人的欲望更多了,现代人所见的东西比皇帝见的多很多,想去哪去哪,想吃什么吃什么。比如皇帝吃到的海鲜往往是干的,像干贝什么的海鲜,能运到北京就不错了。现在皇帝吃不到的东西,我们都能吃到。

很多人一看到这么多美食,就控制不了自己,吃着吃着就把自己的脾胃给吃坏了。

我们的见识增多了,欲望也上来了。有些人看到酒店里有黄金马桶,就想着我家是不是也搞一个。或者有的女士买了一些名牌,就想着我得赶紧跟姐妹们炫耀一下。而且,人们见得越多,就越想拥有它。最后,为了拥有这些东西,消耗自己的资源——我们要加倍地去钻营,找市场的空白点,去多赚钱。有的女士说,我没有这样,我很轻松,那您一定是驱动您老公去多赚钱了。多赚钱就要熬夜,就要拼命地工作。我看到很多人为了生意,每天到处飞,通宵都要跟人谈事,身体十分劳累。因此,一旦您的心"有为",您的身体就非常劳累。

活到百岁的秘诀：想得特别简单，勤而力行

现在我正在考察一些长寿村，考察这些村里人长寿的原因。很多人都一百多岁了，还是身体健康。而现代人差不多六十多岁就已经形容憔悴了，甚至好多人才五十多岁就一身是病，这究竟是为什么？

如果您能看到这些百岁老人，就会发现他们有一个共同的特点——生活特别恬淡、安静。他们不会多想，内心特别简单，也不会想拥有什么法拉利的车和爱马仕的包。每天就是正常作息，屋子里的家具也很简单。

您说这些人会因为没拥有这些奢侈品而觉得自己不幸福吗？没有，他们每天看着远处的云彩不断变化，这其实也是一种幸福。我观察他们一段时间之后，觉得他们的生活简单得不能再简单了。但是仔细想想，好像生活确实也只需要这些东西而已，没有必要要那么多东西。

著名的台湾女歌手蔡琴也曾有过这种感受，在被医生诊断出乳腺癌之后，她回到家一想自己要死了怎么办，就开始把自己的东西一个个送人，因为她觉得反正死了以后这些东西也没有用了。最后她就只留下了自己生活需要的，锅碗瓢盆和几件衣服这种必要的东西。结果，后来医生联系她说诊断错了，她没有得癌症。由此，她感悟到，原来自己的生活就需要这么点儿东西，其他东西都是多余的。

其实，生活就需要这些东西而已，那些多余的东西都是被欲望驱动买回来的，为了买这些东西，我们消耗了许多身体的正气和能量。如果我们能简单、恬淡地生活，没有那么多欲望，内心始终保持"无为"，我们的身体自然气血通调，而精气也能保持充沛。这就是"我无为而民自化"在身体上的一个表现。

保持内心的"无为"，不是说您什么都不做了。那些百岁老人，几乎都是内心特别安静、简单的人，而且他们每天都在干家务活，甚至有的百岁老人还出去砍柴。其实，这就是修行。

老子的这句话讲的就是我们要心中放空，但是身体要把每天的工作做好，要勤而力行，这样才能保持气血的通畅。

因此，您就知道老子讲的无为，从来不是让我们什么都不做，而是要心中无为，对自己无为。不要被自己的欲望驱动而去做什么事，但是对我们该做的事，要认真、扎实地做好。老子说的"我无为而民自化"，在身体健康方面有它很好的解释，这句话在家庭和工作里的解释更是如此。

06

一旦您明白了道，
内心想不安宁都不行

> 我好静而民自正

欲望是野马，我们要做的就是不让它脱缰

"我好静而民自正。"这句话是什么意思？是不是我安静下来，什么都不做就行？这句话的解法和"无为"的解法是一样的，如果我们单看字面的意思，就会很片面。实际上老子的这句话是有深意的。

"我好静"的"静"并不是说行动上安静，而是内心安静。心为什么安静呢？因为心没被欲望驱使而产生躁动。

老子讲的"静"是一种非常坦然的状态，也就是说，这个人明白了道以后，知道世间的法则就是这样，他尽量放下自己的欲望，不去想结果，坦然地做事，那么他的生活一定会越来越好。

只有您真正明白了道以后，内心安定了，您才能静得下来，这是一种人生的从容状态。

有的人会问，如果我们将欲望都清空了，人活着还有意思吗？

我相信很多人的心里都有这个疑问，实际上，人是有动物性的，它驱使我们不断去攫取，很少有人能彻底把欲望去干净。

我们只要活着，欲望就会不断地出现。那么，圣人教我们做什么呢？

欲望就好像一匹脱缰的野马，会一直往前跑，圣人是在教我们怎么样能把缰绳往回拉一拉，稍微控制一下它。虽然几乎没有人能完全控制住，但我们只要朝着这个方向努力就行了。

一旦您明白了道，看见事物的实质，就能把心放到一种坦然的状态，从而将欲望保持在一种非常低的状态，这样就不会妨碍您的行为决策了。

真正爱孩子，是家长给孩子当好榜样

"我好静而民自正"这句话，还讲了一种上下感应关系，一个领导者如何让他的员工和他一起朝着一个目标走，且保持端正的态度呢？

首先，作为领导要保持"静"，不是不让您动，而是说您的内心要安定，不为欲望所驱动。您只要做到了，您的员工自然就会跟着效仿。这是一种感召，也是一种气场。

这样的情况，在生活中比比皆是，比如孩子和家长的关系。家长是孩子的第一任导师，而孩子其实就是家长的镜子。家长什么样，孩子就会有感应。

记得有一次，我从家出去，刚进电梯，就看到里边有两位老人带着一个小孙女，小女孩六七岁的样子。他们可能以为电梯会直接到一楼，没想到中间被我截停了，小女孩就特别不耐烦地斜了我一眼，手也不停地按着关门键——我还没进去，她已经开始按关门键了。

我一看这个孩子，就知道她处于什么状态。首先看她的脸——两个下眼袋很大，且下眼袋微微发红、发紫，说明这孩子脾虚，脾阴不足。也就是说，这个孩子一定吃了太多肉，最后伤到了脾胃，才导致了脾阴不足。为什么她会吃这么多肉呢？这是现代家长疼爱孩子的一种方式：你想吃什么我就给你吃。再看她的身材——很瘦弱，这也是因为脾虚。

这个孩子一直在按关门键，还用眼睛不高兴地斜了我一眼，从这个细节我可以看出，这个孩子一直是以自己为中心的。她这个时候想的可能是：你干扰电梯正常往下走了。

一个中医，有时候跟侦探差不多。因为中医的诊断，特别擅长从外表来揣测您身体内部有什么问题。一个特别有经验的中医，一看他人的外表和行为，或者听别人说几句话，就能把这个人的大概健康情况说出来，这就是一种经验。

这个小朋友让我很感慨，她之所以这样，一定是家长特别溺爱她，什么都围着她转。一旦家长没有做出好的引导和影响，长此以往，孩子就会朝自私的一面发展。而这样的孩子将来走入社会，跟周围的人会难以协调——您说一个只想着自己的人会幸福吗？她会处处与人为敌，只要违背了她的想法，她就会觉得这是对她的干扰。

作为家长，一定要做出一个榜样来影响孩子。您把孩子带到世界上，如果给他一个不好的心灵状态，让他处处受苦，那您到底是爱他还是害他？

经常有些家长对我说自己的孩子难管，甚至我都见过有的孩子在街上闹、打家长。最后家长说"孩子的脾气管不了"。

您说为什么管不了？如果一个家长整天在家里看书、学习，您难以想象他的孩子会乱闹。如果您能保持一种内心安定的状态，小孩一定会感受到的，他会跟着效仿。

再给大家举一个例子，我的一位沈阳的朋友，就把小孩教育得非常好。逢年过节，他都会带着小朋友到养老院去给老人包饺子，或者到儿童福利院去给小朋友包饺子。我觉得他在教育孩子这方面做得可圈可点。平时，我经常看见他在朋友圈发他带着孩子做公益的事。

很多家长逢年过节，都是在家里惯孩子，让孩子玩儿命吃，导致孩子吃完就积食，积食后又容易感冒……但是您看我的这个朋友却在这时带孩子去养老院或者福利院，您说孩子会不会跟着效仿？一定会的，孩子的内心就会认同这种关爱的行为。

人和人之间需要互相体贴、互相尊敬，一旦孩子从小接受这种教育，他的品行就会很端正，一个品行端正的孩子成年后，事业发展也会非常好。

当年我离开沈阳时，这个朋友还是一个公司的普通职员，如今他已经是一个社团的领袖了，而且这个社团是专门负责配合银行给小微企业贷款的。银行为什么信任他呢？因为相信他的人品，所以他才能组织这个社团，把这些小微企业给聚集起来，然后想办法帮助他们拿到贷款，让他们的企业蓬勃发展。我觉得他的凝聚力特别强，这些小微企业的老板对他都非常尊重。

为什么他的人生变化这么大呢？因为他的思想境界提升了，就单说逢年过节带着孩子到养老院或儿童福利院去献爱心这件事，有几位家长能真正做到呢？一般大家过节都会到大饭店去，可是人家能想到这个社会上还有很多需要帮助的人、需要温暖的人，过节时要带着孩子去陪伴他们。

其实，能做到这点的人，境界是很高的，也是非常不容易的。以这样的品行，孩子必定会跟着效仿，这比您给孩子讲多少道理，但自己却天天打麻将的教育强太多了，这就是言传身教的力量。

经常有朋友问:"罗博士,您和您的妹妹罗玲,讲育儿心理的,为什么都做得这么好?你们的父母是怎么教育你们的?"

其实仔细想想,这个问题非常不好回答,但是我特别清楚地记得,在我和罗玲小的时候,我父亲捧着书给我们念书的情景。记得有一位法国著名的科幻小说作家儒勒·凡尔纳,他写过几本特别好的小说,其中有一本叫《神秘岛》。我记得我父亲每天都会给我们读一段《神秘岛》,就讲这个少年如何在岛上发现新的东西,如何神奇。当时,我和妹妹听得如痴如醉,每天都在想象,盼着父亲来读。

其实这就是教育。当时我们可能没有条件到大自然去玩儿,但是父亲用他的语言,为我们展开了一个文学的天地。在那里有神秘的岛屿,有森林,有草丛,有各种神秘可爱的生灵,这对我们开启心智特别有好处。

父亲经常为我们读这些书,对我们的影响也很大。现在我们家里书特别多,光我父亲留下的书就有五书架。我自己买的中医书,也差不多五书架了,我们家要是搬家的话,书是最重的东西。

教育这件事既不简单又简单。如果您能做到言传身教,把自己先做好,那么教育一定会变得容易起来。正如老子说的"我好静而民自正"。

07
想让自己富裕，
就要先让下面的人富裕起来

> 我无事而民自富

如果员工幸福了，领导者一定是幸福的

"我无事而民自富。"这句话是什么意思呢？我们在前面一再提到，老子讲的"我好静"，"我无事"，并不是说您什么都不做，而是要您不被欲望驱使做什么事。

"无事"指领导者不被欲望所驱动，而为自己去做什么事。一旦领导者不这样做，他手下的人就富了。

比如老子说："民之饥，以其上食税之多"，"民之饥"就是老百姓挨饿，也就是老百姓不富。他们为什么会挨饿呢？"以其上食税之多"，这个"上"指领导者，因为领导者收税太多

了，导致老百姓没有钱了。这句话可以对应本章的这句"我无事而民自富"，这里的"无事"就是不要收太多税了，实际的根源是领导者不要为了自己捞取。

老子讲的"我无事"，绝对不是领导者什么都不做，而是领导者要为老百姓做事，放下自己，这样老百姓才会富裕起来。

这句话还有另外一个含义，是"民自富"这三个字。

什么叫"民自富"，就是老百姓富裕。很多人都容易误解成老子是在愚民，以为老子要把老百姓变得安于现状，让大家变成一个尽管贫穷，但是吃粗茶淡饭也觉得很香的人。

我认为老子的想法并不是如此，老子希望老百姓富裕，他希望"民自富"，这是他的核心思想。好多人解释成老子让大家安于现状、安贫乐道，什么叫"安贫乐道"？老子在《道德经》里就没有写过什么让老百姓贫，写得多清楚——"我无事而民自富"，让老百姓富裕才是老子追求的一个理想状态。

因此，老子的这句话讲的还是领导者和员工之间的感应关系。只有一个领导者把自己的欲望放下，竭尽全力为大家做事，大家才能富裕起来，这是互动关系。

大家幸福了，领导者怎么可能不幸福呢？

下面的人贫穷，是领导者不幸的开始

领导者和员工的关系非常有意思，当领导者让大家先幸福起来后，他一定会幸福；可是当领导者自己幸福了，把资源捞过来了，下面的人没有资源了，最后就会失去大家的支持。因此，下面的人贫穷，是领导者不幸的开始，历朝历代都是如此。

比如汉朝的"文景之治"，让老百姓休养生息，只收一点点税，盐和铁都让大家随便经营。这样大家都加紧生产，就逐渐富裕起来了。

您说老百姓都富裕了，国家还能穷吗？怎么可能呢？所以在"文景之治"的时候，国库里的钱都花不完，据说穿钱的绳子都烂了，因为钱太多了。

有人会问，为什么老百姓富裕了，政府就能富裕呢？

比如说一家人一年就赚一千块钱，如果您跟他收九百块钱的税，他仅剩一百块钱，来年就会无以为计，生存会很艰难；可是如果您先不对他收税，让他们加倍经营，大家都富裕起来，家里有了一千万，他给您一百万的税都觉得是个零头。

您看，这就是杀鸡取卵这个成语的内涵，一旦没有鸡，您也活不好。当您把鸡养得漫山遍野都是的时候，一只鸡下一只蛋，您都吃不完这么多鸡蛋。

如果看不清这一点，不懂得休养生息的道理，就会与民争利。比如蒋介石在末期收税收得特别多，谁坐个船、过个桥都要交税，甚至吃顿饭也要交税，当时老百姓说这叫"民国万税"。

那按理说您收了这么多税，应该国富民强吧？可是蒋介石的统治很快就崩溃了。为什么呢？民不聊生，怨声载道。所以老子讲"我无事而民自富"，里面的含义特别深刻。这个"无事"也包括新建宫殿了、为自己买什么珍宝了……这都是您通过收税来完成的，这就是老子讲的治国法则。

亲密关系里也离不开"道"

普通人从这句话里也能学到很多。当您放下自己的利益，把利让给大家的时候，大家幸福了，最终您也一定幸福。因为大家会来成就您，会来帮助您，向您靠拢，这就是老子讲的道。

实际上，道贯穿在《道德经》的每一句话里，这些道理在生活中比比皆是。像我在前文讲到的教育孩子的感应关系也是"道"；心和身体的关系里也藏着"道"。

亲密关系里也有"道"，比如一对小夫妻，妻子整天跟单位里其他已婚女性攀比名牌——看见别人买了，那我回家也得买名牌。您的先生一个月赚三千块钱，但是您非得要买那个包："我看中了一个包，你必须给我买，你不买就是不爱我！"

您这是什么？您这就叫"有事"，不是"无事"了。

您为了让他证明爱您，就让他买包，如果您每个月都需要这么证明，您的先生能幸福吗？他也没钱奉养自己的父母了，甚至连抽包烟、喝瓶酒的钱都没有了。虽然此刻他证明了他爱您，可是这种爱会持久下去吗？

反过来我们再看先生，有的先生一下班回到家就看手机、玩电子游戏，什么都不管。他们会说"我无事而民自富"！您没事就在家里玩儿游戏，家里就能富裕了？您这是歪解《道德经》了，像您这样被欲望驱使，不断地玩儿游戏，就叫"有事"。

大家一定要分清"有事"和"无事"的区别。为欲望驱使而做的事，就是"有事"；把个人欲望放空做的事，就是"无事"。所以这些被欲望驱使玩儿游戏的人，就是典型的"有事"，也不带孩子，也不做饭，也不做家务，全让您的妻子来做，您这就是"民易贫"。

这个"贫"并不是说您的钱一定就少了，而是夫妻之间的精神幸福开始少了。所以，您要放下自己的欲望，多为妻子做事，帮她买菜、做菜，两个人一起带孩子、一起做家务……您让妻子幸福了，您才能幸福，夫妻之间的精神生活才能越来越富裕，这就是老子说的"民自富"。

08

领导者要把没有欲望当成自己的欲望

我欲不欲而民自朴

领导者要把自己世俗的一面压制住，把神圣的一面抬高

"我欲不欲而民自朴。"这句话是什么意思呢？什么叫"我欲不欲"呢？意思是我以没有欲望来当作自己的欲望。

老子认为，人是有欲望的，且可以选择欲望，您可以选择把欲望搞得特别大，按照欲望去走，也可以选择把欲望渐渐地清空。老子在此用了一个特别巧妙的语法，展示出他的想法——人有欲望，但您可以做选择。

那么，什么是欲望呢？每个人的人生会有很多念想，或者有很多愿望，这些愿望会分出若干层次，最低的层次就和动物一样,被自己的感官所驱使,为自己索取,这就是"慾"。"慾"字上面的左边一个是"谷",右边一个"欠",下边一个"心"。

现在很多人不懂古代的字是怎么造的,把两个字的含义放到一起就认为这是造字的源头。其实并不是这样,上面左边的"谷",代表字音,并不是谷子的意思,而是代表"峪";右边的"欠"才代表这个字的意思,是不满足的意思。下面的"心"用来表现这是您心里的状态。

通过这个字我们能看出,基本上"欲"跟自己的感官有关,这是第一层。第二层就是,如果您是为了大家,比如为大家做什么,为这个社会做什么,甚至为了这个世界做什么,有一种责任感的愿望,这种层次的欲高一些。

人之所以跟动物不同,是我们除了动物性之外,还有为社会付出的一面。大部分人都在两者之间来回摇摆。老子要求,做领导者,一定要走在前面,尽量走到高尚的、神圣的层次里,尽量压制自己低级的欲望。

作为一个领导者,如果您把自己的欲望摆到前面,您就会更有资源,您为了得到资源,也会更有手段,这会导致很多人受伤。所以,领导者要把自己世俗的一面压制住,把神圣的一面抬高,只有这样,大家才能团结起来,跟着您往前走,这是领导者的素养。

无论什么美食，吃饱了就不想再吃了

每个人都是有欲望的，我在前面讲过，几乎没有人能把自己的欲望彻底清干净。欲望是与生俱来的，但是我们要尽量压制它，不要让它泛滥，否则会把您的生活搞得一团糟。

比如口欲。我们总是想吃各种美食，可是真正吃过很多美食的人，现在能记住多少味道呢？无论是什么美食，您都不可能全部吸收，否则您的身体绝对受不了。

我们的身体会将大多数吃的食物都代谢出去，随着粪便回到土地里去，而我们吃进去的这些美味，只是满足了口腹之欲，这些口腹之欲是无法永久保留的。比如说您吃过的大龙虾是什么味道，您现在回味一下，还能记得起吗？我估计大部分人都记不住了。

记得有一次，一位朋友全家到海南来旅游，我作为东道主来接待。当时，我请大家吃了一顿海鲜，开车带大家到了渔村，渔村的海鲜都非常好。一开始所有人的眼睛看着海鲜都放着亮光，迫不及待地抢着吃。我觉得也怪我，因为我太热情了，点得比较多，大家吃着吃着慢慢饱了，但还剩很多。我依旧在劝大家多吃点儿，不然海鲜第二顿吃就不新鲜了，结果大家勉强地往里吃，吃到最后都吃撑了。

我这时才发现，自己犯错误了。我是搞健康工作的，犯这种错误不应该，结果我马上又带着大家去买保和丸，买消食、导滞的中药去了……

口腹之欲是在变化中的。当您缺的时候，它就会显得很强烈；可是您有了以后，它就会显得微不足道。无论多香的美食，如果您肚子饱了，再看这些美食，都不想吃了，闻着也没有那么香了。

因此，口腹之欲是一种虚幻的、转瞬即逝的东西。无论我们吃什么，达到吃饱的目的就好，未必就需要那么香。如果您非要追求香而吃饭，就会吃多，从而伤到脾胃。如果您长期这么吃，血脂会高，会得脂肪肝、糖尿病等疾病，身体会越来越糟。

冷静地对待眼睛里看到的美好东西

眼睛的欲望也是一样。我们的眼睛喜欢美好的东西，可是您看到的美好东西就真的存在吗？

记得有一次我和一帮朋友聚会，其中有一位男士长得非常英俊，也很有才华，事业有成。大家就问他为什么不结婚。他说："我有一个奇怪的情况，我每谈一个女朋友，总是谈了一年就分手，又谈了一个刚到一年，我又不喜欢她，就又分手了。每个都是这样，已经好多年了。"

大家听完都没有说话，因为不知道这是因何而起。结果在座的一位中文系的老师冷不丁说了一句话："你发现没发现你谈朋友有季节性，春天开谈，冬天分手。"他的话说完，我们都愣了片刻，然后反应过来，都开始爆笑。

他的节奏跟动物是一样的，在春天的时候，身体里阳气上升，激素分泌开始改变，他看见对方就觉得美得不得了；然后到了冬天，动物开始冬眠了，他的激素水平也下降了，看别人就不美了，就想要跟人家分手……每年都是这么轮回，他就是没有摆脱这个动物性。

一般人或多或少都会摆脱一些动物性，如果您完全按照动物性来生活，那么您眼睛里的美和丑就会随着季节而变化，您的节奏也和动物的节奏是一样的。

随着年龄渐渐增长，人生阅历增加，我看到了太多这样的事。有的家庭过着过着就解体了——当然很多家庭解体也确实有两个人性格不合的因素。但是也有这样的人，比如丈夫看到另外一个美女，就想着自己要是跟她在一起该多幸福啊……

其实，我们看到的现象，大多数是这样的——您离婚了，再娶一位特别漂亮的美女，娶到家里后慢慢跟您之前的婚姻状态又变成一样了，您在以前家庭遇到的问题，又会在这个家庭里一模一样地出现。

多么美丽的女人，在您这儿也会变成一个普通的家庭主妇。然后您再看到外面出现了一个美女，可能您又会跟着欲望走……

实际上婚姻的本质是一样的，就是爱与责任。如果您将自

己的欲望摆在前面，就会不断地追求外面出现的新鲜面孔，周而复始，您的生活会一团糟。

如果一个家庭经常这么动荡，您的事业能做好吗？您的人生能稳定吗？

因此，这些为了满足自己的感官滋生的欲望是非常短暂的，这和我们体内的激素变化有关，也和生理需求有关。但这种感觉往往会转瞬即逝，如果您能看清实质，就不会让它放大，也不会把它当成生活的目标去追求。

事实上，老子在本章说的"我欲不欲而民自朴"，就是在说领导者如果能够尽量把自己的欲望控制住，为下面的人做事，自然会上下感应，大家也会变得质朴。

质朴的反面是算计、是斤斤计较，是互相争斗，如果一个团体里的人出现不质朴的状态，这和领导者是有直接关系的。

如果领导者能把自己摆到一个非常端正的位置上，放下自己的欲望，那么整个团队的氛围和风气都会逐渐改变，这种质朴的互相信赖的文化也会慢慢建立起来。

道德经说什么

第五十八章

只要内心纯净,
管他狡猾不狡猾

01

领导者施行严政，
下面的人就会变得特别狡猾

> 其政闷闷，其民淳淳，
> 其政察察，其民缺缺

当政令特别严苛的时候，往往社会都很动荡

"其政闷闷，其民淳淳；其政察察，其民缺缺。"这里的"闷闷"在不同版本里有不同的写法，比如傅本写的是"闵闵"，帛书乙本写的是一个没有见过的字，外面是个"门"，里面是"糸"，代表丝绸的"丝"，这个字现在也没有，所以我们就当"闵闵"来讲。

"闵闵"的意思是混沌、简单的状态。

"其政闷闷"的"政"是管理的意思。

"其政闷闷"的意思是，管理者的管理手段比较简单，没有那么重的心机，其结果就是"其民淳淳"（"淳淳"在其他版本也有不同的写法，比如帛书乙本写的是"屯屯"，还有的版本写的是"醇醇"。这些字的字音都差不多，讲的都是淳厚的意思，同时这个"淳"也当质朴、简单讲）。管理者变得简单的时候，被管理者也就变得简单了。

"其政察察"指管理者的手段明晰，明察秋毫，政令特别多。当一个领导者的管理特别细致的时候，就会"其民缺缺"（"缺缺"在各个版本里也不一样，帛书甲本只写了右边"夬"，实际上这个字的左边很可能是个"犭"）。如果领导者的管理特别严厉、细致，施行条目繁杂的苛政，被管理者就会变得特别狡猾。

我们看看历史就知道，当政令特别严苛的时候，往往社会都很动荡。比如，秦国崇尚法家，所以用商鞅变法来治国，法令严苛到连商鞅逃亡的时候都没地方逃，最后被抓回来车裂而亡。您看，法家的代表人物最终死在了自己起草的法令上。

秦始皇统一六国以后，觉得法令很重要，所以他严格依照法令来施政。这时候，缺的是仁德执政。

秦始皇认为，施政不需要仁德，只要用法令管理，下面的人就一定会老实。结果大家群起反抗，秦朝就灭亡了。

相反，汉朝初年，皇帝们开始遵循老子的思想——放下，放低自己的位置，让老百姓休养生息，所以才有了"文景之治"。

我们参观汉代的陵墓就会发现，里面陪葬的陶俑都非常小,因为他们不想浪费钱。

这种不为自己捞取利益的状态就叫"无为而治",汉朝的领导者不会不断地向社会收税,而是让大家休养生息。结果老百姓都特别淳朴,不断生产,社会的财富不断增加,政府也跟着富裕起来。这就是老子说的"其政闷闷,其民淳淳"。而秦始皇时期则是"其政察察,其民缺缺",导致大家变着法儿地跟领导者斗。

老子讲的"政",是道、德、法里"法"这个层面的东西。老子认为,如果您的德行不够,没有建立好的文化,没有把自己的境界提升,就只靠法来运行,是不行的。您推行的法越严苛,越"察察",下面的人越会使出各种计谋来跟您斗。如果您放下自己,提升自己的境界,建立好的文化,这个时候您推行法反而很简单。

"闷闷"指领导者没有什么大的作为,让管理处于一种混沌状态,结果被管理者反而非常淳朴。为什么?因为有关爱的文化在里面。

当企业把管理做到极致,
员工就会花费大量精力来应对管理系统

这句话应用在现代的管理中也是如此。

为什么很多日本的企业现在衰败了?因为他们最后把管理

做到了"极致",甚至员工上卫生间多少分钟都要打卡,都要记录,导致员工把很大的精力用来应付管理系统,大大打击了员工的工作热情,而且精力也被消耗了很多。所以,日本的企业也在反思,是不是管理系统用得太多了,反而导致了企业的衰败。

其实,这就是老子讲的"其政闷闷,其民淳淳,其政察察,其民缺缺"。如果我们单看字面意思,看到的只是结果,其根源是"政",是道、德、法三个层面里最低的一层,前面有没有做好才是老子讲的潜台词。前面的道德层面做好了,"其政"才能"闷闷",被领导者才能"淳淳";前面的道德层面没有做好,"其政"一定会"察察",一旦"其政察察",被管理者就会变得"缺缺",不断用各种心机来应对您。

当您特别在意得失的时候,您做人就会复杂

作为一个普通人能从中学到什么呢?当您的境界提升了,能看清世界的本质了,不在意自己必须追求到什么的时候,您就会变得简单,这就叫"其政闷闷"。当您变得简单,您会发现慢慢地周围的环境也变得单纯起来。

有的人说,我们办公室里都是狡猾的人,就我一个人清醒。

您别在意他人是否狡猾,您保持纯净心态,您放心,只要

您足够坚定，大家都会跟着您改变。别人变不变自有机缘，但是您像太阳一样，散发自己的光芒，当环境适合了，小草就会长出来。

您尽管对大家好，别人改不改无所谓，机缘到了，他就改了，他改了就自然会获得幸福。如果他没改，您也不用着急，只是机缘没到而已。

如果您的境界没上来，您就会特别在意得失，做人就会变得复杂。因为您想要得到，得到了还要防止失去，这时候您做人就开始"察察"了。

生活中这样的人有很多，他们每天患得患失，在办公室里盯着别人，想方设法给别人捣乱、说别人坏话，从而自己才心理平衡。这就叫作"其人察察"。

当您"察察"的时候，您怎么对待别人，别人就会怎么对待您，您周围的人也会变得"缺缺"。

如果您长期生活在这种环境里，您的生活能幸福吗？

因此，只有我们做人"闷闷"，混沌一些，周围的环境才会越来越美好。

这些思想，可以用来治理公司，也可以用来指导我们做人。

02

福和祸，都当不得真

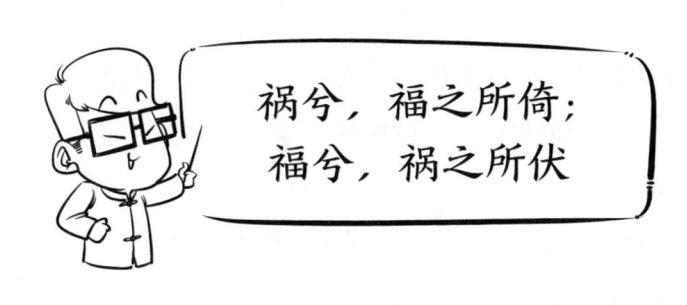

> 祸兮，福之所倚；
> 福兮，祸之所伏

每一个灾祸，其实都是得福的机会

"祸，福之所倚；福，祸之所伏。"这是帛书本的写法，其他版本在后面都加了一个"兮"字，"祸兮，福之所倚；福兮，祸之所伏"。

我觉得，加"兮"字和不加"兮"字没有大的区别，但是加了"兮"字读起来比较上口，所以这句话我们就不按照帛书版本来讲了。

这句话的意思是，虽然您看到有灾祸了，觉得很倒霉，但是您要认识到，灾祸里很可能蕴含着幸福。

当您觉得非常幸福时，不要太高兴，因为您看不到幸福的短暂，所谓的幸福就是灾祸的源头。

老子的这句话流传千古。在生活中，我们经常会遇到这种福祸相伴的事。所以一定要保持心态平和，幸福来临时不要太高兴，碰到灾难的时候也无须太沮丧。要知道，万事都是在不断变化的。

如果您能看清所有的事情都是在不断转化的，我觉得您就已经到了一定的境界，这些道理只有经过人生的历练才能明白。

一般人讨厌灾祸，一碰到灾祸就觉得不舒服、痛苦。但是您也别小瞧灾祸，灾祸有可能激发人的动力，让人静下来好好思考、认真做事，一旦人静下来，可能幸福就在这时候产生了。

古代有很多这样的事。比如，司马迁为什么能写《史记》？就是因为当时他直言得罪了皇帝，被处以宫刑，这对一个男人来讲是奇耻大辱，但司马迁在痛苦中最终写出了《史记》。

试想一下，如果他在人生中没有受过如此奇耻大辱，也未必有这个决心能静下来每天研究历史。

这样的事在古代比比皆是，比如古代著名的医生黄元御。黄元御是山东学子，本来他要考科举，但因为他的眼睛有病，找医生治的时候被庸医治瞎了一只眼睛。当时清朝规定但凡五官不完整者，都不能考科举。黄元御因此断送了所有的前途，这是倒霉事。但是从此以后他开始认真研读医书。他的医术越来越高，最后成了皇帝的御医，写出了很多名方，而且创立了特别完整的医学思路——中土回环论。黄元御调病就是调脾胃之气，调整升降之气。用这样的思路治病，效果非常好。

为什么黄元御最后能成为名医？眼睛瞎了到底是好事还是坏事呢？如果他能通过科举当官，也未必能当大官或有非常好的前途。所以，如果没有这些挫折，他的一生很可能就没有什么成就。

很多古代的名医都有这样的背景，本来是一个要考科举的读书人，结果家里父母生病了，找医生也没有治好，最后父母去世了，他受了很大刺激，从此发奋读书，最终成为名医。比如，李东垣就是因为母亲生病去世，才发愿学医的；朱丹溪也是因为母亲生病去世，从此开始学医；吴鞠通是因为父亲生病去世，发奋学医的。

古代人把孝顺是排在第一位的。吴鞠通的父亲生病了，请了很多医生看，都不知道什么病，最后眼睁睁看着自己的亲人离世。当时吴鞠通说："我尚有何脸面立于天地之间？"连自己的亲人生病，都压根儿不知道是什么病，更对此无能为力，这还叫孝顺吗？于是吴鞠通在守孝期间买了《黄帝内经》，从头学，硬是靠自学成为一代中医名家。吴鞠通写的《温病条辨》，被誉为中医四大名著之一。

人生经历了一定灾祸以后，痛定思痛，开始提升自己，这就叫"祸兮，福之所倚"。因此，当我们遇到灾祸的时候不要太悲伤,这有可能是上天给您的一个机会,您要珍惜这个机会。

另外,当灾祸出现,您要想想为什么会出现灾祸,一定是有什么地方出了问题,您只要把这个问题给解决了,您的人生就开始改变了。

每一个灾祸,其实都是提升自己的一次机会,也都是我们反思自己有没有什么问题的一次机会。如果您能这么看问题,就会觉得不同。

如果事事都能想到祸福不分家,您的人生一定会非常了不起

老子接着讲"福兮,祸之所伏"。我觉得老子讲的这句话太老辣了,只有有了一定人生历练的人,才能说出来。

什么意思呢?您遇到好事别太高兴,因为事物都是有两面的,是在变化的,一件好事,如果您处理不好,它就会包藏祸端。

其实,这个世界上任何一件事本身都是阴阳合体,有阴有阳,有好有坏,这两者是结合在一起的。也就是说,一件事,不太可能纯然是好的,或者纯然是坏的。

因此,我们看到事物的一面,就一定要想到另外一面。比如,厨师的水平高,把红烧肉烧得绵软,入口即化,您说吃这

个红烧肉好不好？有的人说当然好。可是您看到吃红烧肉好的一面，嘴里觉得香，您也要想到吃红烧肉有坏的一面。您天天吃红烧肉，您的血脂情况就会改变，脂肪肝也会随之出现。您的脾胃就会开始运化失当，然后导致痰湿堆积，身体就会出现问题。

很多东西表面看起来好，但是您要知道它有另外一面。我们如何利用，决定了它到底是好还是坏。

同时，所有的事物都在变化。您站在高峰，幸福得不得了的时候，您要知道事情有可能已经向着不好的一面转化了。如果您处理不好，就很容易出现问题。

比如，我们在二三十岁的时候，身体正处于顶峰，这个时候我们身体强健，跑起来也轻快，每天精神抖擞。

但是，您要注意了，因为您的身体就要开始走下坡路了。如果您在此时恣意地放纵，觉得自己的身体是铁打的，天天熬夜、胡吃海塞等各种消耗，结果您会发现自己刚过了四十岁，头发也白了、眼睛也花了、腰也酸了……

为什么会如此？因为好和不好的事情是在一直转化的。我们站到好的位置时，一定要想到长远之处，否则好事很快就会转化为灾祸。

给大家举一个例子。有的朋友家里有一些存款，就买了大房子，配套设施很好，不仅送您大露台，还送您一个大的地下室。这对很多人来说是开心的事，但是房子要装修，大家都认为，人生就买这一次房子，必须一步到位，买房子这么多钱都花了，装修的钱还能吝啬吗？于是还会再花好多钱装修，结果等装修完搬进去，却发现家里的人都开始生病了。这真不是开玩笑的，我见过很多小朋友得白血病，都是在家里刚装修完一年左右的时间内。

装修材料里含有太多有毒、有害的成分，这些成分到目前为止我们都未必了解得完全清楚。我曾经见过一个小孩儿，因为家里刷了油漆，导致他得了白血病。家长带着孩子来找我的时候，我问他："家里装修了吗？"他说："没怎么装修，就是把墙漆刷了一遍，孩子就得病了。"还有的人家里刚把水泥地做好，卫生间的防水还没做完，打的家具还没放进去，家人就得了慢性肾炎……

因此，装修的污染到底有多少，是说不清楚的，大家一定要注意防备。很多人买了一套大房子特别开心，但如果您没有及时处理好、控制好，家人因为装修污染得病了，您说这是不是"福兮，祸之所伏"？

在幸福的时候，我们要懂得节制，否则您很快就会发现，灾祸接踵而来。老子讲的"福兮，祸之所伏"太对了，所谓的福和祸是互相依存的。就好像中国八卦的阴阳鱼一样，阴和阳是抱在一起互相转化的。

如果在生活中我们能够意识到这一点，在幸福的时候保持一分冷静，知道事情会变化；在低谷的时候，也别太消沉，知

道此时生机才刚刚出现。只要您能处理好，就会越来越幸福。

如果一个人能有这种智慧，那么他一定是个睿智的人。

大部分人是不容易想到这一点的，他们会在好的时候得意忘形，不好的时候失望透顶，觉得自己的整个人生毁了。如果您能经常想到"祸兮，福之所倚；福兮，祸之所伏"，您的人生一定会非常了不起。

03

知道福祸相依是智慧，能看清福和祸的转折点在哪里才是大福之人

> 孰知其极？其无正也，
> 正復为奇，善復为妖，
> 人之迷也，其日固久矣

福和祸的转折点，就在"道"上

"孰知其极？其无正也，正復为奇，善復为妖，人之迷也，其日固久矣。"这句话是什么意思？

在前面，老子讲福祸之间会来回变化，然后接着说，"孰知其极"？"极"是一头的意思，"孰知其极"就是谁知道它到底是哪个方向，到底哪一端是对的？

"其无正也"的"正"是正常、正规的意思。"正"字的甲骨文为"正"，"正"字上面的一横在古代的写法是一个方块，

代表方向；下面的"止"代表脚指头，引申为脚对着的方向，只有脚趾的方向对正了，才是正常、正规的状态。

"其无正也"的意思是，它好像没有一定的常规。

"正復为奇"的意思是，今天您看着好像是正规的，但转眼就变成不是正规的了。"正"和"奇"之间会来回转变。

"善復为妖"的"善"指善良、正常，"妖"指邪恶的，意思是本来它是正常的、善良的，但它一转眼也有可能变成"妖"。

生活中这样的事有很多，有的人原来是英雄、是劳模，但您让他做官以后，他反而成贪污犯了，这就是"善"变成了"妖"。

为什么会来回变呢？老子说，"人之迷也，其日固久矣"。大家知道了这两者会来回变化以后，一直很困惑。

难道我们只能任其变化吗？只能被动地在这儿接受吗？这里面的秘密在哪儿呢？

在本章，老子讲了一个特别大的秘密。大部分人能了解到福祸相依就已经是拥有人生智慧了，但这只是被动适应的一种智慧。真正高明的智慧，能看清楚福和祸的转化都是表面现象，都是一个结果而已。

因此，福和祸转化的终极秘密就在"道"上。**如果凡事在做的时候有一颗利他之心，您就能从祸慢慢走向福；如果您忘记了这点，开始为自己捞取利益，您就会从福走向祸。**

福祸就在于您是否有利他之心

福和祸的转折点就在道上，这在任何小事上都能体现出来。

比如，一个人做生意，或者推销一个产品，如果他的产品能给大家带来健康、便利等，并且把每个细节都做得很好，他的生意会越做越大，因为他在做事时，每一个细节都能体现出来是在为大家着想。当别人感受到这是在为我着想，他的顾客也会越来越多，口碑也会越来越好。

如果一个人做事只有利己之心，只想着要多赚点儿钱，最终就会失去人心，生意也会越做越小。

因此，福祸就在您的一念之间，怎么对待周围的人之间。也就是说，福祸就在于您是否有利他之心。如果把利己摆在前面，即使您现在还处于高位，最后一定会摔得很惨。

一般来说，能当上领导的人智商都是很高的，可是很多人上位以后，马上就想我怎么做能多捞点儿，帮孩子多搞点儿，要多赚点儿钱，至少搞几个亿在家里放着……您说这钱您能花得了吗？这就是利己，最后由福到祸，一念之间就转化。

很多人都是这样，看着谁正风光，心里就想着他迟早倒霉，别看他现在在高位上，福祸相依，不一定哪天就跌倒了。有时候也会跟别的同事讲："我告诉你，别看他得意，没准儿哪天他就栽一个跟头。"

说这些话的人，看似很有智慧，实际上他只学到了表面的意思。确实福祸会转化，但他不知道这其中到底是如何转化的，"孰知其极？"——哪知道这两者是怎么变化的呢？"其无正也"，没有正的，"正復为奇，善復为妖"，一会儿正转变为奇，一会儿善良变为妖邪，"人之迷也，其日固久矣"，人们都很困惑。

老子在本章告诉我们，福祸变化的道理是有奥秘的，这奥秘就在道的法则里。如果您能够尽量心存利他之心，幸福的大门就会向您打开；如果您天天把利己放到前面，灾祸的大门也会就此打开。

04

只要领导者把道和德的境界做好，法用的地方就非常少了

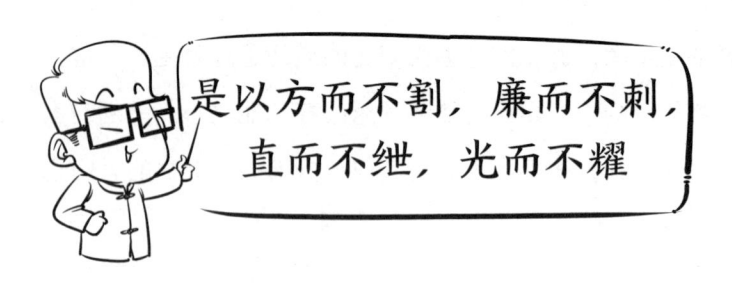

> 是以方而不割，廉而不刺，直而不绁，光而不耀

如果您一味地束缚大家，就会产生冲突

"是以方而不割，廉而不刺，直而不绁，光而不耀。"这里的第一句话在不同的版本里写法不同，有的是"是以圣人方而不割"，帛书乙本写的是"是以方而不割"。这里，我们选用帛书乙本的写法。

"是以方而不割"的"割"是拿刀割的意思，在此引申为去伤害别人。"方而不割"是说一个人做人方正、有原则，但是他不会因为有原则去伤害别人。"廉而不刺"是说一个人廉洁、品格端正，但是他不会因为品行高洁去刺伤别人。

"直而不绁"是说一个人正直，但是他不会因为正直去束缚别人，让别人感觉到难受。这里的"绁"字当拴绳子讲（通行本写的是"直而不肆"，我认为应该是"直而不绁"才对）。

"光而不耀"，是说一个人发出光来，但是这个光不会让别人觉得耀眼。

一般对这四句话合起来的解释就是，有道的领导者，不仅品行高洁，非常正直，而且为人低调，不会因为自己品行高洁而去伤害别人，也不会让别人觉得不舒服。这样有道的领导者是非常高明的。

这么解释行不行？我觉得是可以的，但是有点儿没点透。

如果照这样来解释，会让人觉得这种领导者就是一个老好人，就是自己很端正，也不去伤害别人，别人有错误也不说，只是管好自己而已。

有的人说，这样的人才高明，他懂得无名无形，放低自己的位置，无为而治。

那么，为什么圣人能够做到"方而不割，廉而不刺，直而不绁，光而不耀"？实际上，老子是在讲道、德、法三个层面的管理方法，包括本章开始的"其政闷闷，其民淳淳，其政察察，其民缺缺"，讲的都是这个道理。

如果领导者把道和德的境界做好了，法用的地方就非常少了，而法在运行的时候，会产生这种"割"、"刺"、"绁"、"耀"的伤害。如果您没有道和德，单运行法，在运行的过程中就会跟大家产生冲突，因为您必须束缚大家，大家又不愿意被束缚，他们心里没想通，不愿意，这时候会有冲突，会有"割"、"刺"、"绁"、"耀"的感觉。

老子讲的这种管理境界，需要领导者先把道和德的层面做好。您把道和德的层面做好了，靠您的行为影响民众，民众心里想通了，法用的就很少了，因为他们已经守法了，这才是里面的原理。只有这样做，最后结果才能是"方而不割，廉而不刺，直而不绁，光而不耀"。

家长没有做到"方"、"廉"、"直"、"光"，孩子就会出现"割"、"刺"、"绁"、"耀"的情况

在我小的时候，我父亲他们那一代流行打孩子。现在可能家长打孩子打得少了，我小时候挨揍是经常的事。当时流传一句话叫"棍棒出孝子"，所以家长打孩子是家常便饭。

现在，我发现家长打孩子能打出两种结果，不知道各位体会过没有？

第一种，有的孩子越打越淘气，打他的时候像"杀猪"一样，"啪啪"使劲儿打屁股，打完了之后他出去接着淘气，该干坏事还干坏事。时间长了，您再怎么打都不好使了，最后这个孩子就会变成一个特别顽劣、几乎没法教育的孩子，好像没有任何办法能够管得住他了。

第二种，有的家长很少打孩子，但是这些孩子最终成才了。

现在我回过头来想，我父亲他们单位同事的孩子都跟我差不多大，其中有些人成才了，成了国家栋梁，有当科学家的，有在海外大有成就的，这些人基本都发展得非常好。也有一些人，小时候顽劣不堪，长大了一事无成，居无定所，甚至连固定的工作都没有。

为什么会有这样的差别呢？我仔细体会后发现，这跟家长的作为有关。有的家长经常在外面喝酒，回到家醉醺醺地一看，孩子没做作业在那儿玩，然后借着酒劲儿暴怒不已，"啪啪"地把孩子打得鬼哭狼嚎……

我觉得这样的孩子打完算是白打了，因为家长没有给他做榜样，家长没有做到"方"、"廉"、"直"、"光"，所以当要求对方做的时候，就会有"割"、"刺"、"绁"、"耀"的感觉，给对方带来伤害。

但有的家长做得好，每天很认真地读书，孩子自然就跟着学，结果当家长做到"方"、"廉"、"直"、"光"的时候，他再提倡这些，孩子很容易就能做到。虽然有时候他也打孩子，但是他做到了，孩子也会跟着做，就不至于在他提倡这些的时候，给孩子带来伤害。

领导者道德层面做得好，
大家在法的层面就很容易做到

在公司里也是如此，当一个公司的领导者把道和德的层面做好了，可能法就不用那么多了。

只要领导把道德层面做得好，法就很容易做到，根本用不着考虑上班时间的问题。员工心里就想多为企业做一些事，很多人都是早早就来了。

为什么有的企业天天要按指纹？因为刷卡都不管用，刷卡可以让别人代刷。您看这些员工多么狡猾，所以老板更狡猾，刷指纹、刷虹膜、刷面孔……各种技巧层出不穷，这都是法的层面用得多了。

您将道和德的层面做好了，就算您不用法去强行束缚大家，大家也会自觉在法的范围内做事，这就是老子讲的"是以方而不割，廉而不刺，直而不绁，光而不耀"的真正含义。

这四句话绝对不是像有些人讲的那样，领导者或悟道的人是老好人，保持自己的方正就行了，不去干扰别人，举世都混浊，自己独清高。如果您这样理解就是歪解了老子。

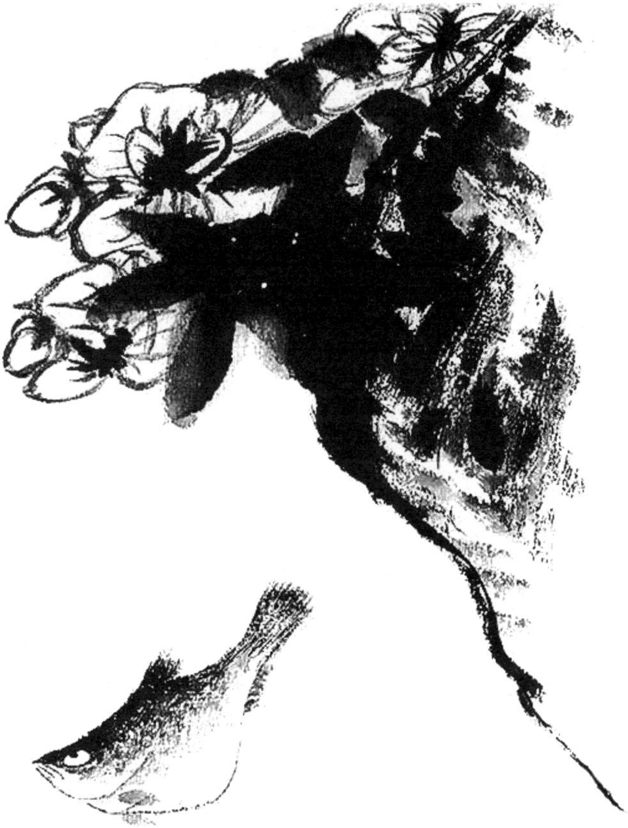

道德经 说什么

第五十九章 好好积德，度人度己

01

积德，人间才值得

> 治人事天莫若啬，夫唯啬，是以早服，早服是谓重积德。重积德则无不克，无不克则莫知其极

为什么要求尊老爱幼是"道"，尊老爱幼是"德"

"治人事天莫若啬，夫唯啬，是以早服"说的是您在管理社会组织、管理人时，"事天"——按照天之道的方法做，"莫若啬"——要节俭、节省、克制欲望。

"夫唯啬"的意思是，只有这种节俭的品德，才能让您早早地顺服了道——"是以早服"。"夫唯"是只有的意思。

"早服是谓重积德。重积德则无不克，无不克则莫知其极"的意思是，当您早早地按照道的法则去做事，克制欲望、节省、节俭，并且保持这种状态，就是大大地积德。

这句话的核心概念是"积德"，"德"是什么？"德"里面的内涵可太多了。

"德"字最早指往高爬、登高，后来指美好的品德。

道和德有什么区别？道是这个世界运行的原理、内在的规律；德是根据道制定出来的美德和规范。比如，尊老爱幼是美德，而为什么要求尊老爱幼是道？也就是说，尊老爱幼的原理是道，原理所体现出来的美德是德。

而德和行的区别是什么呢？德是内心的规范，行是外面的体现。德是人内心具备的美好品性，行是人在外面做的事，所以合称为德行。

古代人有各种各样的美德，但是从根本上讲，德是一些人美好的品行。因此，德基本上代表了一个人美好的素养和品行。

我们这辈子要做的事，就是积累美好

老子讲"早服是谓重积德"，"积德"这个词我觉得非常了不起，它揭示了人世间一个非常重要的法则——要积累美好。我们这辈子要做的事就是要积累美好。

世界是一个整体，在这个整体里，您发出什么，世界就会向您回馈什么。您发出的东西都不会消失，无论是一个念想，还是一个行为,世界都会不断地传递,最终它们会在某个时间段,以各种倍数、形式回到您身上来。也就是说,您发出什么,最终就会回来什么。

这种事我们无须过多用理论去推断,您可以做一个试验,早上上班的时候在办公楼里看到同事,您先恶狠狠地瞪他一眼,您看看他会有什么反应;您轻轻点头说句"早上好",您再看他是什么反应。这两种反应是截然不同的,您瞪人家,人家可能也瞪您,而且还会想"这个人有病吧,怎么这样"?如果您微笑着说"早上好",通常人家也会和您说"早上好",这是正常人的反应。由此您就会知道,您发出的一切都没有消失,都会回来。

越早按照道的法则做事,就相当于越早开始积德

每个人每天发出的信息可以有两种选择:一种是您不断发出恶的信息——每天从早上起来开始,看谁都不顺眼,全是负能量,看谁都想骂……

试想一下,您发出的都是负能量,大家肯定会在您背后互相传递:这个人特别坏。别人收到这个信息以后,见到您还会笑吗?最后,您会被别人恨很久,这就是积累了恶的能量的后果。

您还可以做另外一个选择——您每天发出温暖和关爱，发出善的能量，这样坚持下去，您看看会怎样？大家自然也会回报给您善的能量。

因此，老子的目的绝对不是让别人生活美好，让自己的生活悲惨。而是您让别人生活美好了，最终大家都会反过来一起成就您，您的生活也自然会美好。这是道的法则。

这种不断发出善的能量、积累善的能量的行为就叫德行，也叫积德。那么，有的朋友会问了，善和恶的标准难道是一定的吗？

善和恶的标准有时确实会变，有的以前是好的，但现在看起来就不好。但是您要记住，有些最基本的道德要素是不会改变的，比如您在家人特别冷的时候给他披件衣服，您看到一个孩子在您身边要跌倒了去扶他一把，这种关爱和温暖到现在也没有变过。

公平也没有变过。我们希望每个人都有自己的权利，老人有饭吃，孩子也有饭吃，干完活大家能够共享劳动成果，这种公平的原则也没有变过。

朋友之间的许诺也没有变过。比如说到做到，我说明天几点、在哪儿，我一定会给你什么帮助，这种忠诚和信义没有变过。

从古代到现代，这些都是让人温暖的、可信赖的美德，这些道德要素如关爱、公平、忠诚等，从来没有变过。

如果您能不断地积累，给大家发出这些信息，别人一定也会回馈给您同样的信息。您不断积累这些善行，就是"积德"，"积德"是我们美好生活开始的基础。

善是要累积的。在一个社会组织里，您如果一直在发出善或恶的信息，大家会有评价的。比如，您之前一直发出恶的信息，现在您发出善的信息，其影响都未必有恶的信息大。如果您想在一个社会组织里让自己越来越美好，就应该尽早地发出善的信息，让它积累起来，由此才能逐渐形成一个好的评价体系。

因此，老子才说"早服是谓重积德"，您要尽早明白这些道理去做事。

我讲《道德经》的时候，听说很多家长都是带着小朋友一起学习，我觉得这是天大的好事，因为您把古人的智慧提早放到了孩子的心里，孩子们越早按照道的法则做事，就相当于越早开始积德。

一个人最终的生活如何，完全取决于您到底积累了什么东西，取决于您在大家的心里积累的是恶的东西，还是善的东西。只有您积累了很多善的内容，您周围的人才会越来越幸福，您也会越来越幸福。

只要在生活中不断积德，无论您做什么事都能行

"重积德则无不克。"这句话是什么意思？

"无不克"的"克"是能的意思，您能做很多事。比如，香港有一个著名的歌星叫李克勤，"克勤"的意义就是李家希望孩子能保持勤奋的状态。很多人的名字里有"克"字，您千万不要以为是相克的意思，它是能的意思。

老子认为"重积德"，在生活中不断积累善的能量，那么无论您做什么事应该都能行，因为大家都会来成就您、支持您，这就是老子讲的"无不克"。

"无不克则莫知其极"的意思是，当您达到这种境界以后就会知道，原来道的功用是没有边界的，道在我们生活中是无处不在的。"莫知其极"的意思是，不知道它的终点和边界在哪。

因此，老子这几句话讲了人生中的一个重要法则——"积德"。它提示我们，每个人的生活，其实完全都是由自己一点一滴的言行积累而成的。您可以积累恶，也可以积累善，无论您积累什么，最后您得到的都是自己积累的后果。老子在此告诉我们，积德才是人生幸福最重要的法则。

02

积德才是人生幸福最重要的法则

> 莫知其极，可以有国。
> 有国之母，可以长久。
> 是谓深根固柢，
> 长生久视之道也

什么时候可以做一个组织的领导者

"莫知其极，可以有国。有国之母，可以长久。是谓深根固柢，长生久视之道也。"这句话是什么意思？

当您知道道的功用没有尽头，而且无论大事、小事，都有道的法则在里面的时候，您也按照道的法则行事，这种状态就是"重积德"——积了很大的德行。只有这种情况您才能"莫知其极，可以有国"。

"可以有国"的字面意思是可以拥有国家、可以做组织的领导者了。因为您明白了道的法则以后，就知道了"凡所有相，皆是虚妄"，无论您怎么为自己捞取利益，最后也什么都带不走。

只有当您明白了道的法则，按照道去做事，才能真正成为一个好的领导，这叫"可以有国"。

知道了立国的根本，您和这个国家才会根深蒂固

"有国之母，可以长久"的"有国之母"就是您知道了立国的根本——为老百姓做事，放低自己的欲望。

您明白这个道理以后，无论是您还是国家，都可以长久生存下去，这就是"是谓深根固柢"。

"深根固柢"这个成语是根据老子的这句话而来的，这个成语是什么意思？"根"字最早指树根部，"深根"就是树根连须子带根都深；"固柢"的"柢"指直根，不包括须子，直的根叫"柢"。

老子认为，一个人悟道以后的品性，可以使一个组织稳固，就像大树深深地把根扎到地下，扎得又深又稳固这种状态。因为领导者已经做到了，按照道做事了，所以员工一定会来支持您，实际上这里的树根就是代表被领导者。

无论是管理还是养生，都要遵循道的法则

"长生久视之道也。"这句话非常有意思，从这句话可以看出，老子讲的道的思想，上到治国，下到处理人际关系，中到调整自己的身体，都是可以起到指导作用的。

老子在这儿笔锋一转，前面讲治理国家，在这儿讲的是身体的调养。

"长生久视之道也"的"长生"是长寿的意思，"久视"指视力好能看到世界。后来，"长生久视"这个词逐渐引申为形容一个人长寿、修炼得法。

"长生久视之道也"的意思就是，如果您能保持节俭、去掉自己的欲望，为大家做事，您不仅可以治理好一个组织，还可以管理好自己的身体。

在本章开始我讲过，如果我们浪费气血、被欲望驱动着走，就会消耗很多精气，比如，您不睡觉，天天晚上看微信，看您"朋友圈"里的人都去哪儿旅游了、吃什么了……您不爱惜精气，结果您的视力减退了，看东西时发现眼睛花了，这就是您没法"久视"了。还有的人放纵自己的欲望，每日肥甘厚味，夜夜歌舞升平，这种人也绝对不会"长生久视"。

因此，要节俭，这里的节俭有保持精气，不要浪费精气的意思，这对身体是有好处的。

学习完本章，您一定要避免一个误区，就是"治人事天莫

若啬"。"啬"是吝啬、节俭的意思，大家千万不要以为是对别人节俭，而是要对自己节俭，对别人要慷慨、要付出。老子在本章告诉我们只有对众生付出，才能管理好一个组织。您也可以理解为对别人慷慨、为大家付出，对自己节俭，因为这些精力、金钱您没有给自己用，这两者是一种辩证关系。

也就是说，您为他人多付出，也就相对地是在对自己节俭，这种品性就是做人、做事的最高原则。凡是这样做的人，大家感受到您的温暖，自然也会向您回馈能量，结果您的生活幸福，大家也幸福。

一个有大胸怀的人，
做事的格局会体现在种种细节上

我曾经看过一篇文章，是讲玻璃大王曹德旺的。曹德旺先生的玻璃企业在当时一年能赚几十个亿，他被称为"中国的首善"，因为他每年都会拿出很多钱来捐款。

他刚办工厂的时候，就拿钱捐建了一座寺庙——他说很多人烧香拜佛都抱着一种让菩萨保佑自己发财的心理，带有功利心，他捐建寺庙就是纯粹的付出，为了能让众生的心里有一个安心的地方。

文章里还写道，曾经有一次他到九华山去旅游，在街上看见一个老僧人在化缘，老僧人希望大家能一起捐建一座塔。他就过去跟老僧人聊天，老僧人说自己只筹到了三万块，曹德旺就跟他说这座塔我来帮您盖，结果为了这个塔他捐了两千多万。

佛塔是一种建立信仰的标志，就像他最初办厂的时候捐建寺庙，最终也捐了两千多万才把寺庙建起来，他说这是佛经"六度"里的第一度：布施。（六度包括布施、持戒、忍辱、精进、禅定、般若。布施是第一度，意思是您只有布施了，为大家的心立下了，才能继续下面的修行）。

而且，他这人除了捐钱给寺庙之外，哪里招灾、哪里修路，他也都捐钱。比如，青海玉树泥石流灾害，他一下子捐了一个亿，西南五省干旱的时候他又捐两个亿，福清市修路、危房改造他捐了三个亿，福州市新建图书馆他捐了四个亿……

早些年他的工厂还没有完全盈利，他就为自己曾经读过书的小学捐了两千多万。所以，这个人是很不得了的，前几年，他为母校投入的资金已经高达上亿元了。类似这样的捐款，简直不计其数。

很多人就会纳闷，他这么爱往外捐钱，这跟他经营得好坏有什么直接关系吗？难道不断捐钱的企业就能成功吗？这里面有什么直接逻辑关系吗？

当然有。从低层次来讲，当您捐钱的时候，心里就会培养起一种为大家做事的心念，就会自然地强化这种行为，这种行为会在您做事的时候体现出来。比如，您在对待工人的时候、对待合作伙伴的时候，一个有大胸怀的人，做事的格局一定是不一样的，这种不一样会体现在种种细节上。

因此，您一定要记住，一旦您按照道的法则去做事，道就会贯穿于您生活中的点点滴滴。当大家感受到您做人做事的态度，就会觉得您的胸怀很宽广，对大家真好，从而团聚在您的周围。

从高层次来讲，这个世界有很多我们看不到的力量，肉眼看不到的事情有很多，比如 X 光您看不到，核磁共振您也看不到，很多东西都需要通过仪器才能检测到。除此之外，还有更多东西是仪器也检测不到的，而这些东西您看不到，不代表它不存在。比如天之道，连科学家都不知道宇宙生成之前的物质是什么、一百多亿年之前有什么、我们是怎么形成的……其实都是谜团。

既然我们对自己是怎么来到这个世界上的都感到迷惑，连最聪明的科学家都无法完全解释清楚，您怎么就敢说没有其他的力量存在呢？尽管我们从不多提这个，但是心中要对此有所了解。

无论是从做人的角度来讲，还是从心理学的角度来讲，遵循道的法则做事的人，一定会最大限度地获得大家的支持。

几乎所有有成就的企业家，在这方面都做得很好，如果我们能够理解这点，就知道能放下自己、对大家慷慨、为大家努力的胸怀，才是一个领导者最重要的品质。

道德经 说什么

第六十章

无须探知世间神秘的力量,做好自己就能转境

01

作为领导者，
不要轻易折腾下面的人

> 治大国若烹小鲜

"小鲜"应该怎么炖才鲜美

"治大国若烹小鲜"是老子的名言，很多领导讲话都曾引用过这句话。

帛书乙本写的是"治大国若烹小鲜"，帛书甲本的这句话全部残缺，楚简没有这一章，不知道是丢失了，还是当时没有抄写。实际在帛书甲本里，凡是"治大国"的"国"几乎写的都是"邦"字，帛书乙本年代稍微晚一些，是汉代的，避了刘邦的字，但因为帛书甲本残缺，所以这句话我们还是按照"治大国若烹小鲜"来解读。

这句话特别容易引起误解，很多人听到这句话，就以为是在说治理国家特别容易，领导者要是手法很高超、心态很轻松，治理国家就像炒一盘小菜一样容易。但实际上这句话本身和这个解法完全是不同的意思。

首先我们要搞懂"小鲜"的意思，"鲜"字最早指一种鱼，这个字左边的"鱼"指这种东西的种类是鱼，右边的"羊"是美味的意思。

古代人觉得羊肉的味道最好，一直到宋代，人们最喜欢吃的都是羊肉，那个时期羊肉的价格是最贵的。宋代皇宫里每年杀的羊至少有几十万头之多，有的皇帝奢靡，每年宰杀多达几百万头。很多人都知道苏东坡当时创了一道菜叫东坡肉。因为他不断被贬，也没有钱，吃不起羊肉，所以就买别人剔下的羊骨头，回到家自己拿小刀剔下羊骨头上的肉丝吃，他觉得这样吃非常鲜美。后来他把大家不愿意吃的猪肉买回来，加佐料炖，炖到最后，猪肉变得绵软，味道、口感跟羊肉差不多。从此他就用猪肉来代替羊肉，后来这道菜就逐渐传播开了。

"小鲜"在这里是小鱼的意思，不是大家理解的炒一盘小菜的意思。

"治大国若烹小鲜"的"烹"不是大家经常说的油煎，在老子那时候，还没有油煎这种形式，用油煎方式做菜是汉代以后才出现的。

老子那时候，做菜的方式有两种，一种是烤，另一种是拿大鼎来煮。"烹"字下面的四点水代表火，上面的字实际原型是像鼎一样的器皿，架起火来煮，也就是我们现在说的炖。

"治大国"就像炖一条小鱼一样，是什么意思呢？炖小鱼有什么特点呢？

通常我们炖小鱼都会放点儿水，咕嘟咕嘟开了，再放点儿佐料。这时候需要注意的是要慢火，否则一会儿就焦了，慢火才能保持稳定。还要注意的是不要随意去翻动它，如果您在炖鱼的时候来回翻它，这条鱼很快就会被您翻碎了，等炖出来之后就成一锅烂鱼肉汤了。

这里的"治大国"应该是保持一种稳定的状态，不要随意折腾大家，这才是治理大国的方法，也是老子这句话的本意。

我们一定要搞清楚一件事，为什么领导者不要轻易地去扰动大家？实际上这些扰动下面人的领导者，都是为了自己的名誉、地位等，想着自己去捞取利益而不断折腾下面的人。

作为一个领导者，这种为我的状态一定要放下，一旦您能放下，您就不会去扰动大家了，这是这句话更深的含义。

因此，"治大国若烹小鲜"讲的还是领导者要按照道做事，放下自己的利益，不要轻易扰动下面的人。

一旦老板替员工考虑，员工就会替公司考虑

"治大国若烹小鲜"应用在实际工作中也一样。老子为什

么要强调"治大国若烹小鲜"？因为大公司和小公司不一样，小公司人员少，调整起来很灵活，政策随时变可能没什么问题；但如果您的公司有五万人，政策还随时变，今天这个政策还没有传达完，您就又改新政策了，下面的人就没法做事了。

曾经有人跟我讲，说他们公司上级下的文件，他们还没有消化完，没等执行呢，又来新的文件了，就这样来来回回地改，这就很容易导致系统混乱。

我觉得老子的这句话说得非常到位，治理大的组织机构要像烹小鱼一样，要慢火，不要着急，不要随意去搅动——不要为了自己的利益去不断搜刮，不断折腾，否则系统是绝对会崩溃的。

大家都知道海底捞火锅做得非常好，他们没有一分钱贷款，也没有什么风险资金进来，却在全国开了两百多家店，每家店的生意都很好。就是因为他们的老总对员工特别好，他每个月都会给所有领班以上级别员工的父母汇养老金，很多农村的老人没有养老金，每个月收到这笔养老金以后非常感动，所以员工也都十分感恩。

而且他还给员工安排了白领宿舍、白领社区，店开在哪儿，员工宿舍就会安排在附近。比如，北京国贸店的员工就住在国贸边上的小区里。一般能在国贸附近住的人都是企业高管，但是海底捞的员工就住在这儿，而且他们还专门配服务员负责打扫宿舍卫生……

他对员工好，员工也主动对企业好，所有员工都会想出很多方法来回报企业，据说每个月能上报几百条改进措施，员工都在不断地为企业出谋划策。

有的企业老板想投机取巧，就派人到海底捞"卧底"，让人去海底捞应聘、上班，让他每天把在海底捞干了什么都传回来，然后把他在海底捞学到的服务顾客的高招赶快推行。可是他们公司的员工做了一段时间就不做了，而是想着法儿见招拆招。

为什么呢？因为这些都是老板让员工为了他做的，是为了老板多赚钱，跟员工一点儿关系都没有。老板让员工做这些，相当于给他们增加了劳动负担，员工怎么可能愿意做呢？

可是海底捞的老板很简单，好多办法都是员工想的，老板不想这些，老板想的就是怎么对员工好，员工感受到老板的温暖，就会主动地去做这些。像这种老板的状态是很稳定的，他就是把恩惠给员工，对员工好就行了，所以他们的企业都很有活力，老板做得也很轻松。

而其他企业的老板都很紧张，每天玩儿命地督促员工，这样的老板是为了自己多赚钱，他不断搞招数，一招接着一招，最后搞得员工不堪其扰，长此以往，这个系统就会崩溃，因为这样的企业没有任何文化和凝聚力。

因此,"治大国若烹小鲜",并不是"若烹小鲜"就什么都不做了,而是您不要为了自己的利益去干扰员工,您应该放下自己,为大家做事,这样才能做得越来越好。如果您只为了自己捞取利益,员工就会不胜其烦,最终与您离心离德,甚至导致整个公司的崩溃。

02

人之所归就是"鬼"

> 以道莅天下，其鬼不神。
> 非其鬼不神也，
> 其神不伤人也

"未能事人，焉能事鬼"

"以道莅天下，其鬼不神。非其鬼不神也，其神不伤人也。"这是《道德经》里第一次提到了"鬼"。

其实这种话题儒家也很少探讨，比如有弟子请孔子讲讲鬼神的事，孔子的回答特别有名："未能事人，焉能事鬼。"连人的这点儿事您还没整明白，还谈什么鬼神的事？

弟子接着请他谈谈死的事，他说："未知生，焉知死？"连生这点儿事您都没整明白，谈什么死去以后的事？

孔子的回答非常有智慧。第一，巧妙避开了一些玄妙的、难以探讨的问题。第二，他这句话有一个含义，您把生的事调整好了，其余的事也会慢慢理顺，也会跟着好的。如果您生的时候作恶，还祈望死了之后能幸福吗？

老子在本章谈到了鬼，严格地说，老子的态度和孔子的态度基本一样。老子说"以道莅天下"，这里的"莅"字当面临、管理讲。"以道莅天下"就是有道的领导者，用道的法则管理天下，这时候您会发现天下发生改变了，"其鬼不神"了。

什么意思呢？古人认为，人之所归就是鬼，因为"归"和"鬼"的音一样，这表明人死了以后，身体的形骸化为尘土，归回大地。但是我们灵魂的存在方式叫"鬼"，后来人们讲"鬼"，还掺进一些神秘的、怪异的、我们所不了解的事情。

按照"道"的法则在人间行事，没有任何"鬼"能够阻挡

"其鬼不神"是什么意思呢？"神"不是神仙的意思，是灵验的意思。这句话的意思是如果有道的领导者，按照道的法则去管理天下，就会发现那些特别显神通的鬼，现在也不怎么灵验了。

老子又接着说，"非其鬼不神也"，也不能说鬼就不灵验了，是"其神不伤人也"，就是它灵验也不会伤害人。

老子在这儿讲了一个科学之外的事：这里的"鬼"是我们

看不到、不理解的神秘东西。老子认为，只要我们行道，"其鬼不神"，鬼也施展不出什么非常手段。

我们一般会把自己不了解的事和看不到的那部分化为一体，其实老子在这儿分得很清，天之道是创造世界的力量，但鬼是这个世界跟道拉得很开的一种东西。

"吉人居善地"

我们到底要怎么面对"鬼"呢？它到底存不存在呢？老子的态度很有意思，他认为，您甭管"鬼"存不存在，如果它存在，只要您能按照道做事，它就不会那么频繁地"显灵"，即使它有灵通，也不会随便伤人，它也会来帮您的。这是老子对自然界里一些不可测力量的态度。

首先您要清晰自己走的是不是正道，如果您走的是正道，即使有什么莫名的力量，它也会来帮您。

我觉得老子的这种观点有助于我们去面对那些不可知的力量。这些力量到底存不存在？我们不置可否，有的人坚信它存在，有的人是无神论，坚信它不存在。我觉得我们都没有看到，所以不要轻易下结论。

其实老子和孔子的态度都是一致的，即使有这种力量来帮您，我们也要先把自己做好。

在生活中，有一些恶人经常请风水先生摆风水，但是无论风水摆得怎么样，最后这些人依旧倒霉。因为他有恃无恐，觉得有风水保佑了，作恶就肆无忌惮，结果倒霉得更快。

还有的地方环境很差，可如果一个人是善良、正直的，他居住在此以后什么事也没有，而且会越来越幸福——"吉人居善地"。

也就是说，如果世间真的有一些说不清、道不明的力量，只要您是按照道做事，能保持心里的坦然、正直、诚信、善良，就不会受到任何伤害，相反您还会得到这种力量的帮助。

做人堂堂正正、心地坦然，则鬼神之事不用多求

现实生活中这样的事也有很多。比如香港的李嘉诚一生中遇到过很多这样的事。有些地方的位置特别不好，工厂开一家倒闭一家，因此这块地就被人说是风水不好，价格也都相对便宜一些。但李嘉诚会买这样的地。

他说："诚信就是风水，如果我坚持诚信的原则好好经商，我相信这个地方就是吉祥之地。"所以，只要他把厂子开到哪儿，基本上就会不断盈利，最终让这个地方地价上升。

其实，这种现象用老子的话也可以解释，"以道莅天下，其鬼不神。非其鬼不神也，其神不伤人也"，意思是如果它灵验，它也会来帮您，不会伤害您。

什么情况下人们会不断求助于鬼神呢？一定是困难特别多

的时候，如果没有困难，人人都幸福安康，很少有人会去求菩萨保佑。

古人把它当作一个标准，如果人们不断地求鬼神，说明管理者没有按照道的法则做事，大家苦难多多。如果领导者按照道的法则做事，为大家付出，让大家富足，大家就不会感到无助。

这种理解特别深刻，也是一个管理者应该反思的。

我们理解了这种思想，就知道当我们做人能够堂堂正正、心地坦然时，鬼神之事是不用多求的，这是老子通过这几句话给我们的启示。

03

得道的人，
不会伤害他人，也不会被伤害

> 非其神不伤人也，
> 圣人亦弗伤也。
> 夫两不相伤，故德交归焉

**因为有道的领导者不伤人，
所以"鬼"也不会害人**

"非其神不伤人也，圣人亦弗伤也。夫两不相伤，故德交归焉。"这句话是什么意思呢？

在这一章里，老子的话非常口语化，他认为只要您按照道的法则来管理天下，我们所害怕的鬼就不会那么灵验——也不能说它不灵验，因为就算它灵验也不伤人——"非其鬼不神也，其神不伤人也"。

老子接着又递进一步"非其神不伤人也",也不能说它灵验了不伤人,因为"圣人亦弗伤也",意思是圣人也不会伤害人。

这句话的意思特别深刻,表面上老子说,您用道来治理天下,鬼就不灵了,但也不能说它不灵,而是它虽然灵却不伤人,也不能说它灵却不伤人,其实是因为圣人不伤人。

这句话到底蕴藏着什么含义呢?您说鬼为什么不灵验?或者为什么灵验了不伤人呢?其根源就在于有道的领导者这里,因为有道的领导者不伤害人,所以鬼也一样受影响,即使灵验了也不会伤人。

"夫两不相伤,故德交归焉。"这句话是什么意思?有了这种德行,无论有道的领导者还是鬼神,都不会伤害人,最终都是让人受益的。

表面上看,老子写的是鬼的灵验和有道的领导者,其实这两者是并列关系,好像是"两不相伤",但实际上这里面在层层递进,蕴藏了一个道理。老子告诉我们事情的根源在领导者这儿。有道的领导者,按照道的法则做事,为了员工和周围的人去做事,即使鬼神灵验也不会伤害人,而且它还会跟着您去利益大家。

只要您把自己做好，
世界上的力量都会来帮助您

我们能受到什么启发呢？老子在暗示我们什么呢？

实际上，老子认为，在人世间除了天道之外，还有我们看不到的力量。这个力量的运转分为两种趋势，一种是作乱，另一种是使人受益。也就是说，它的行为在向两极分化，说明这个力量有可能会伤人，但同时它也有可能会利益人，能让人过得好。

在人世间，我们是得到利益还是受到伤害，都取决于自己的发心如何。

如果您能放下自己为大家做事，按照道做事，能"以道莅天下"，就会"其鬼不神"，即使它神，它也不伤人，而且它还会来帮您，这就是老子说的"德交归焉"，把德行给老百姓。如果您为了自己做事，投机取巧，"鬼"就会来给您捣乱。所以鬼的行为或好或坏，是靠人来影响的，这是老子的思想。

其实中国人在读老子的时候，很多人没有读懂老子的思想，经常会犯"不问苍生问鬼神"的错误，好多事我们拿不定主意，去问鬼神怎么办，或者找人帮忙算一算，等等。按照老子的思想，您根本不用求，只要您把自己做好，做的事发心都是正的，一心为大家做事，不在意回报，如果世界上真的有这种力量，这种力量也绝对会来帮您的。

发心决定命运

在古代,这样的故事有很多,在我身上发生的也有很多。

我曾经和大家分享过我自己的故事,我在三十七岁之前不懂这些道理,整天到处求鬼神,什么地方都去,比如寺庙、道观、教堂等,我去这些地方不断地求,还不断地学一些风水知识,比如每年要在家里面摆什么,今年的飞星是怎么转的,哪个方位可以催财,风水轮应该摆到什么位置等。这些东西每年都在变化,所以我就每年来回摆,但没有一年发财。

每次我到寺庙都发愿:"我兜里就两百块钱,我捐出来,您保佑我发财吧……"我到了道观去也一样,可是从来没有灵验过。

后来我就变成了一个彻底的无神论者,我认为这个世界根本没有神秘的力量,如果有这种力量存在,我给它两百块钱,它怎么也要还我两千块钱吧?这是我当时的真实感受。而且我身边还聚集了一批懂易经、懂风水的人,我跟他们的关系都很好,总是不断求助于他们,希望他们能借助各种力量来帮助我,但最终我还是一事无成。

等到我三十七岁到了北京中医大学读博士,我的人生从此改变了。我博士毕业以后,去了北京的雍和宫发愿,我想的就是要放下自己,不应该只想自己,应该先为大家着想,大家幸福,我才能幸福。所以我虔诚地在雍和宫里发愿:"我愿意奉献自己的生命，去传播中医知识，让大家获得健康；去传播国学知识，让大家获得心灵的解脱。"

当时，我在雍和宫的每一尊佛像面前都发了这个愿。

等我发完愿刚要出门，我的手机就响了，是北京电视台打来的电话，说他们要办一个节目叫《养生堂》，问我能不能来协助办一下，就这样我成了《养生堂》的创办人之一。

我坐公交回家，刚回到家里手机又响了："我们是中央电视台《百家讲坛》栏目，您能不能来一下，我们试录一下《百家讲坛》。"

接完电话，我当时汗毛都立起来了，那一刻我突然觉得，一定有一种非常强大的力量，不然不会我刚发完愿，就有人马上联络我。

我生命里最重要的两件事：《养生堂》这个节目让中医、养生的概念在大家心里扎根了；《百家讲坛》让我有了一个平台去讲古代大医的故事。这两件非常重要的事，在我发完愿两个小时之内，都跟我联系上了。为什么呢？这种力量到底什么时候可以起作用？到底什么时候不起作用？

老子给我们讲得很清楚，当您为了自己做事的时候，这种力量基本不会起作用，就算起作用也是给您捣乱，让您穷困潦倒、一事无成；当您放下自己，心里想着大家的时候，这种力量就会迅速起积极的作用。

因此，到目前为止，我坚信这个世间是有某种力量存在的，这个力量与我们息息相关，我们的心念它都能感知，您发的愿它也都知道，一切悉知、悉闻。

我以前在读古书的时候，不怎么相信古人讲的内容，我觉得这些都只是民间传说。但是自己亲身体验过以后，我目瞪口呆，从此对这个事不再怀疑了。

本章的内容非常重要，因为老子的话涉及我们和未知力量之间的互动。也就是说，老子在这章没有讲天之道，而是讲了在天之道指导下，我们能看到的力量和看不到的力量之间的互动。

很多时候，我们都在探求世间到底有没有这种力量，这个力量如此神秘，但老子的话将这些都点了出来，告诉我们您不用知道这种力量到底是什么样，它到底什么样完全取决于您怎么做事，取决于您是一个什么样的人。

因此，我觉得老子的这句话是千古明灯。您明白了这句话的道理，就不必再去探求那些未知的、神秘的、看不到的力量了。因为它究竟如何，完全取决于您自己的发心如何，您是否按照道的法则做事，这也是指导我们生活的一个特别重要的原则。

感谢

在喜马拉雅FM及
罗博士微信公众号
热情留言并参与互动的朋友们

知者弗言

图书在版编目（CIP）数据

道德经说什么. 3 / 罗大伦著. -- 北京：北京联合出版公司，2020.12
ISBN 978-7-5596-4638-5

Ⅰ.①道… Ⅱ.①罗… Ⅲ.①人生哲学–通俗读物 Ⅳ.①B821-49

中国版本图书馆CIP数据核字(2019)第197899号

道德经说什么3

作　　者　罗大伦
出 品 人　赵红仕
责任编辑　管　文
监　　制　黄　利　万　夏
特约编辑　马　松　张美可
营销支持　曹莉丽
装帧设计　紫图装帧

北京联合出版公司出版
（北京市西城区德外大街83号楼9层　100088）
天津联城印刷有限公司印刷　新华书店经销
字数265千字　880毫米×1280毫米　1/32　14.75印张
2020年12月第1版　2020年12月第1次印刷
ISBN 978-7-5596-4638-5
定价：79.90元

版权所有，侵权必究
未经许可，不得以任何方式复制或抄袭本书部分或全部内容
本书若有质量问题，请与本公司图书销售中心联系调换。电话：010-64360026-103